KB043840

게임과 저작권

게임과 저작권

2017년 7월 10일 초판 1쇄 인쇄
2017년 7월 20일 초판 1쇄 발행

지은이 하병현, 윤용근
발행인 손건
편집기획 김상배, 홍미경
마케팅 이언영
디자인 이성세
제작 최승용
인쇄 선경프린테크

발행처 LanCom 랜컴
주소 서울시 영등포구 영신로 38길 17
등록번호 제 312-2006-00060호
전화 02) 2634-0178 02) 2636-0895
팩스 02) 2636-0896
홈페이지 www.lancom.co.kr

ISBN 979-11-88112-18-0   03300

저작권 시리즈 6

하병현 · 윤용근 지음

게임과 저작권

북스데이
BOOK'S DAY

머리말

초등학교 시절, 수업만 끝나면 오락실로 달려가서 방과 후 대부분의 시간을 보냈던 기억이 있다. 당시 어린 아이들에게는 유일한 놀이 공간이라고 할 수 있었던 그곳에서 그때 필자가 즐겨했던 게임은 갤러그였다. 지금 생각해 보면 참 단순하기 그지없는 게임인데 그때는 얼마나 재밌고 가슴 설레었는지 모른다.

필자가 대학을 다닐 때만 해도 PC가 별로 보급되지 않았던 시절이라 대부분의 게임은 오락실에서 할 수밖에 없었고, 유명 오락실이 약속 장소가 될 정도로 오락실은 필자 세대에게 있어서 매우 친숙한 장소였다. 스트리트파이터 등과 같은 게임들이 인기를 끌었는데, 사실 그때 대학가 남학생들 사이에서는 오락보다는 당구가 훨씬 더 인기가 많았다. 그러다가 인터넷이 발달하면서 온라인 게임이라는 새로운 형태의 놀이가 등장하기 시작했고, 대학가 당구장은 그 왕좌를 PC방에게 내주었다. 그리고 어느덧 아빠가 된 필자는 때와 장소를 가리지 않고 모바일 게임을 하느라 정신 없는 아이들을 보면서 격세지감을 느끼곤 한다.

이처럼 게임은 다양한 형태로 진화를 거듭해 왔고 그 결과 이제는 거대한 산업으로 자리매김했다. 이는 국내 게임시장 규모가 10조 원이 넘고 수출액 또한 수조 원에 달하는 것만 봐도 쉽게 알 수 있다. 이러한 게임 산업의 성장을 단적으로 보여주는 것이 바로 최근 유명 연예인들을 활용한 TV 광고 마케팅이라고 할 수 있다. 이와 같이 현재 게임 산업은 과거 그 어느 때보다 호황기를 누리고 있고 이런 분위기는 계속 지속될 것으로 전망된다.

게임시장에서 온라인 게임과 모바일 게임이 차지하는 비중은 단연 높다고 할 수 있다. 이는 끊임없는 기술 개발과 인간의 숨겨진 욕구를 쉽고 다양하게 표출할 수 있는 게임 환경의 조성 결과라고 할 수 있다. 하지만 상상을 초월하는 파급력과 파급 속도에 비해 그 수명은 상대적으로 짧기 때문에, 이른바 '흥행작 베끼기'로 인한 폐해는 그 어떤 저작물보다도 심각하다고 할 수 있다.

이러한 유사 게임의 등장은 게임이 가지는 저작권적인 한계 때문이기도 하지만, 저작권 침해에 따른 손해배상보다 그로 인한 이득이 훨씬 많다는 데에 더 큰 원인이 있다. 그렇기 때문에 온라인 게임이나 모바일 게임과 같이 금방 그 성패가 결정 나는 저작물의 경우에는 그 피해를 줄일 수 있는 특별한 법적·제도적 장치가 필요한 것이고, 특히 최근 해외에서 자주 발생하는 게임 표절과 같이 신속한 국제적 공조가 요구되는 사안에 있어서는 더욱 그러하다 할 것이다.

필자는 이러한 점을 감안하여 이 책에서 게임과 관련된 여러 다양한 이슈들을 최대한 읽기 편하고 이해하기 쉽게 압축하여 담아보려고 노력했다. 이러한 필자의 마음이 게임과 관련된 사람 등 이 책을 읽는 모든 독자들에게 고스란히 전해질 수 있기를 바란다.

전작 〈캐릭터와 저작권〉, 〈음악과 저작권〉, 〈미술과 저작권〉, 〈극저작물과 저작권〉, 〈출판과 저작권〉에 보여주신 독자 여러분의 격려와 응원에 힘입어 여섯 번째 책 〈게임과 저작권〉을 출간하면서 앞으로도 독자 여러분들의 관심이 변함없이 뜨겁기를 기원해 본다. 끝으로 이 책이 나오기까지 도움을 주신 모든 분들과 특히 바쁜 변호사 업무에도 불구하고 이 책을 위해 판례와 자료 검색에 도움을 준 정상경·이선행 변호사에게 깊은 감사의 마음을 전한다.

2017. 5.
화창한 오후 어느 날 여의도 사무실에서

목차

사건별 목차

게임과 저작권
이야기를 시작하며

1) 게임 산업이 급속히 성장하면서 게임과 관련된 여러 법적 이슈들이 여기저기서 터져 나오고 있다. 물론 아직은 게임 이용에 관한 기본적인 사항들을 정하고 있는 「게임산업진흥에 관한 법률」 관련 내용이 대부분이지만, 최근에는 저작권 문제도 뜨거운 감자로 떠오르고 있고 이와 더불어 저작권을 보완하기 위한 「부정경쟁방지 및 영업비밀보호에 관한 법률」(이하 '부정경쟁방지법'이라고 함) 위반 여부도 중요한 쟁점으로 부각되고 있다. 게이머들 사이의 욕설이나 명예훼손으로 인해 「정보통신망이용촉진 및 정보보호 등에 관한 법률」 위반 문제가 발생하기도 하고, 심지어는 욕설이나 명예훼손을 유도하여 합의금을 뜯어내는 공갈범죄가 기승을 부리기도 한다. 이 밖에도 게임과 관련된 분쟁들은 많지만, 이 책에서는 저작권에 관한 이슈를 중심으로 다루도록 하겠다.

2) 게임과 관련해서는 저작물성이 그 어떤 저작권 사건에서보다도 치열하게 다투어진다. 그 구성요소들의 저작물성 여부에 따라 승패가 좌우되는 경우가 대부분이기 때문이다. 게임은 기본적으로 영상저작물과 컴퓨터프로그램저작물로 보호 받을 수 있다. 게임 캐릭터나 이미지 등의 개별 콘텐츠가 미술저작물 등으로 보호 받을 수 있는지와 관련해서는 크게 다투어지지 않는다. 문제는 양 게임의 규칙과 전개방식, 단계별 변형 등과 같은 게임의 기본원리가 비슷한 경우에 이를 저작권 침해로 볼 수 있는지에 있고, 여기서 등장하는 것이 바로 위에서 본 게임의 기본원리 등에 관한 저작물성에 관한 논의이다.

저작권법은 작성자의 개성 있는 표현을 보호하는 법률이기 때문에 표현된 것이라도 창작성이 없는 경우, 창작성이 있더라도 표현된 것이 아닌 경우에는 저작권법상 저작물로 보호 받을 수 없다. 그런데 창작성과 표현은 사실의 문제가 아닌 법적 판단의 문제이다 보니 일반인이 그 인정 여부를 판단하는 것은 쉽지 않고, 특히 표현과 관련해서는 법적 소양을 갖춘 사람이라도 명확하게 그 여부를 가리기 어려운 것이 사실이다. 게임 저작권 사건에서는 문제가 되고 있는 게임 요소들이 저작권법상 보호 받을 수 있는 표현에 해당하는지 아니면 누구나 이용 가능한 공중의 영역에 속하는 것인지를 판단하는 것이 가장 어려우면서도 핵심적인 부분이다.

스크린 화면상에 나타나는 시각적·청각적 표현물로서의 게임은 영상물에 해당하기 때문에, 창작성과 표현이라는 두 가지 요건을 모두 갖추고 있어야 영상저작물로 보호 받을 수 있다. 그렇다면 게임이 영상저작물로서 창작적 표현을 갖추고 있다는 것은 구체적으로 무엇을 의미하는 것일까? 게임 장르에 따라 차이는 있지만, 게임에는 기본적으로 규칙과 전개방식, 단계별 변형 등과 같은 게임의 기본원리가 내재되어 있고, RPG(Role Playing Game)[1] 등과 같이 에피소드나 스토리가 있는 경우도 있다. 게임의 기본원리는 소설, 시나리오 등의 소재나 주제, 줄거리 같은 것으로, 게임의 기본 틀과 방향 등 게임에 관한 전체적인 밑그림에 해당한다.

---

[1] 게임 이용자가 게임 속 캐릭터의 역할을 수행하며 문제를 해결해 나가는 형태의 게임

따라서 게임의 기본원리는 시각적으로 구현된 표현이라기보다는 게임의 기획단계에서 나온 아이디어에 불과하다고 할 수 있기 때문에 그것이 아무리 독창성이 있더라도 그 자체는 저작권법상 보호대상인 저작물이 될 수 없다. 만일 게임의 기본원리를 저작물로 보호한다면, 특정인이 게임 규칙이나 전개방식 등을 독점하는 결과가 발생하게 된다.

게임이 저작권법상 보호 받기 위해서는 게임의 배경, 캐릭터, 아이템 등 시각적 요소들과 배경음악과 효과음과 같은 청각적인 요소들이 결합하여 표현할 수 있는 무수히 많은 창작적 표현 형태 가운데 게임 개발자의 개성이 드러날 수 있는 표현을 스크린 화면에 구현해 내야 한다. 이는 극저작물로 치면 소재나 주제 또는 전체적인 줄거리를 기초로 해서 작가의 창작성이 가미된 구체적인 이야기를 만들어 내는 것과 비슷한 것이라고 할 수 있다.

에피소드나 스토리가 있는 게임의 경우에는 게임 전체를 이끌어가는 구체적인 이야기의 저작물성 또한 게임의 저작물성 여부를 판단하는 또 하나의 기준이 된다. 게임 캐릭터 역시 단순 캐릭터인지 아니면 에피소드나 스토리가 있는 게임의 등장인물인지에 따라 그 보호범위가 달라질 수 있는데, 단순 캐릭터는 미술저작물로서만 보호 받을 수 있지만, 게임 내 구체적 스토리에 등장하는 캐릭터는 어문저작물인 게임 시나리오의 일부로, 또는 그러한 시나리오를 녹여낸 영상저작물[2]인 게임의 일부로도 보호 받을 수 있다.

따라서 에피소드나 스토리가 있는 게임은 일반 게임보다는 저작물로 인정받기가 좀 더 수월하고, 저작권 침해 판단기준 가운데 하나인 실질적 유사성 여부를 판단할 때에도 그 스토리 등을 비교대상으로 삼을 수 있기 때문에 일반 게임에 비해서는 저작권 침해의 인정 가능성 또한 더 높아진다.

예를 들어, 플레이어가 상대방을 총으로 쏴서 쓰러뜨리면 점수가 올라가고 일정 횟수 이상 상대방의 총에 맞으면 종료되는 게임이 있다고 하자. 이 게임은 총 10단계로 나누어져 있고 각 단계별로 전투장소와 배경, 무기의 종류와 화력 등이 달라진다. 특별한 캐릭터가 등장하지는 않고, 게임 규칙과 전개방식에 따라 게임이 진행되며 게임 전체를 이끌어 가는 에피소드나 스토리는 존재하지 않는다.

그렇다면 이 게임은 총으로 상대방을 제거하는 슈팅게임 장르에 속한다. 총을 쏴서 상대방을 쓰러뜨리면 점수가 올라가고, 일정 횟수 이상 총을 맞으면 게임이 종료된다는 설정은 게임의 규칙이다. 10단계로 나누어져 있고 각 단계별로 전투장소 등이 달라진다는 설정 역시 게임의 전개방식 내지 규칙과 관련된 것이다. 슈팅게임이라는 게임 장르는 게임 기획단계의 아이디어에 불과한 것이고, 게임 규칙이나 게임의 진행방식 역시 표현이 아니라 아이디어에 해당한다.

---

2) 게임의 기본원리를 창작적으로 구현한 것이 아니라 게임 시나리오를 바탕으로 구체적인 이야기를 화면에 구현한 것으로서의 영상저작물을 의미함

게임을 구성하는 요소들 모두가 저작권법상 보호 받을 수 없는 아이디어에 해당하거나 창작성이 없다면 영상저작물로도 보호 받을 수 없는 것일까? 그렇지는 않다. 게임의 요소들이 저작권법상 보호 받을 수 없는 것과 게임 자체가 영상저작물로 보호 받는 것은 전혀 다른 문제이다. 즉, 게임의 기본원리가 저작권법상 보호를 받을 수 없는 아이디어 등에 해당하더라도 게임 개발자가 위 요소들을 바탕으로 스크린 화면상에 창작성이 있는 시각적·청각적 표현을 더하면 얼마든지 영상저작물로 보호 받을 수 있는 것이다. 게임의 기본원리가 아이디어 또는 창작성의 결여로 저작권법상 보호 받지 못한다는 것이 의미를 가지는 경우는 저작권 침해 여부를 판단할 때 방어하는 측에서 "게임의 기본원리는 저작권 침해 주장자의 창작적 표현이 아니므로, 실질적 유사성 판단의 대상으로 삼을 수 없다"고 주장할 때라고 할 수 있다.

어떤 게임이 규칙 또는 전개방식에 따라 단순하게 진행되는 것이 아니라 각 단계별 에피소드나 스토리를 비롯하여 게임 전체를 관통하는 하나의 스토리로 이루어져 있고 그 스토리 속에 여러 캐릭터들이 주요 인물로 등장하고 있다고 가정해 보자. 이런 경우에는 앞서 본 내용들 뿐만 아니라 극저작물로서의 게임 시나리오가 게임 전체에 미치는 영향에 대해서도 추가적으로 살펴볼 필요가 있다. 캐주얼 게임(casual game)[3]이라도, 게임의 기본원리와 게임 내 배경, 캐릭터, 아

---

3) 대규모 다중 사용자 온라인게임인 MMORPG에 대응되는 것으로, 게임방식이 쉽고 간편해 자투리 시간에 즐길 수 있는 소규모 온라인게임 장르

이템 등이 결합됨으로써 게임 개발자의 창작적 개성이 드러난다면 그것만으로도 하나의 영상저작물이 되는데, 거기에 에피소드나 스토리까지 더해진다면 그 게임은 스토리가 있는 새로운 형태의 게임으로 재탄생하게 되는 것이다. 따라서 게임에서 에피소드나 스토리의 유무는 영상저작물성 자체를 결정짓는 요소라기보다는 영상저작물인 게임의 내용을 구별짓는 역할을 한다고 보아야 할 것이다.

그렇다면 게임의 에피소드나 스토리 유무가 저작권적인 측면에서는 어떤 의미를 갖는 것일까? 게임 자체와 관련해서는 게임의 장르를 결정짓거나 그 내용을 보강하는 역할을 하는 것이지만, 저작권 침해 여부가 문제되었을 때는 양 게임의 요소들이 서로 비슷하지 않더라도, 구체적인 줄거리와 등장 캐릭터들이 만들어 내는 구체적 사건의 전개과정 등이 비슷하다면 어문저작물인 게임 시나리오 저작권 내지 이러한 시나리오를 녹여낸 게임 영상저작물의 저작권을 침해하는 것이 될 수 있어서, 이러한 측면에서 게임 내 에피소드나 스토리는 게임 저작권 사건에서 그 침해 여부를 결정짓는 중요한 판단기준이 될 수 있다.

그리고 이러한 게임에 등장하는 캐릭터들은 시각적인 부분과 관련해서는 미술저작물로 보호 받을 수 있고, 성격과 상호관계 및 역할 등과 관련해서는 어문저작물인 게임 시나리오의 일부로서 또는 그러한 시나리오를 내포하고 있는 영상저작물인 게임물의 일부로서 보호 받을 수 있다.

3) 게임 저작권과 관련된 핵심적인 내용들에 대해서는 이 정도로 정리하고, 이하 이 책에서는 게임 관련 여러 판례들을 살펴보면서 법원이 어떤 기준으로 게임 관련 분쟁을 해결하고 있는지 그리고 그 판단의 서변에는 어떠한 논리가 깔려 있는지 자세히 살펴볼 예정이다. 게임 산업 관련 종사자들이 게임을 개발하는 과정이나 그 후 게임을 유통하는 과정에서 저작권 등의 침해를 최소화 하는데 도움이 되었으면 하는 바람에서, 이 책에서는 몇 안 되는 우리나라 게임 저작권 판례에 대해서는 되도록 내용 전부를 분설해서 실었다.

게임 저작권에 대해 본격적으로 살펴보기에 앞서, 저작권과 관련된 기본적인 내용들을 숙지하고 그 기초를 다짐으로써 저작권을 바라보는 보다 넓은 안목을 키울 필요가 있을 것으로 생각된다. 이에 다음 Part 02에서는 저작권 침해 여부를 판단함에 있어서 거의 전부라고 해도 과언이 아닌 '저작물성'에 관한 내용을 비롯하여 저작권 전반을 이해하기 위한 여러 핵심적인 내용들을 담아 보았다. 독자들은 다음 Part 02의 부분적인 내용만을 읽는 것보다는 전체 내용을 한 번 정독하는 것이 이 책에 있는 게임과 관련된 사례들을 보다 깊이 있게 이해하는데 도움이 될 것으로 생각된다.

그럼 지금부터 그동안 우리가 대략적으로만 알고 있었거나 미처 알지 못했던 게임 저작권에 관한 여러 가지 이야기를 해나가도록 하겠다.

핵심만 요약한
저작권법

개요

저작권 침해 사건에서는 보통 저작권 침해를 주장하는 사람은 "네 것이 내 것과 똑같거나 비슷하다"라고 주장하고, 상대방은 그 반대로 "내 것은 네 것과 똑같지도 비슷하지도 않다"라고 반박한다. 물론 그런 경우에 어느 한쪽이 틀렸다고 딱 잘라 단정하기 어렵고, 각자의 주장에 나름대로의 논리가 있다 해도 실제 저작권 소송에서는 이렇게 단순한 반박 논리만으로 자신의 주장을 관철시킬 수 없기 때문에 자신의 주장을 뒷받침하는 뚜렷한 근거를 제시할 필요가 있다. 그래서 저작권에 관한 전체적인 개요를 먼저 알 필요가 있는 것이다.

예를 들어, 갑은 을이 만든 B 콘텐츠가 자신이 창작한 A 콘텐츠와 똑같거나 비슷하다고 하면서 저작권 침해를 주장하고 있다. 이 경우 을은 뭐라고 반박하면 될까? 보통은 앞에서 본 것처럼 "B는 A와 똑같지도 않고 비슷하지도 않다!"라고 주장하게 될 것이다. 그런데 누가 봐도 B가 A와 똑같거나 실질적으로 비슷하다면 어떻게 해야 할까?

그냥 저작권을 침해했다는 사실을 인정해야 할까? 을의 입장에서는 절대로 인정할 수 없는 상황이라도 입 꾹 다물고 그저 갑이 청구하는 손해배상금액이 많다는 것만 다투어야 할까? 결론부터 말하면 절대로 그렇지 않다!

갑의 저작권을 침해당했다고 주장하기 위해서는, ① 갑이 창작한 A가 저작권법상 보호 받을 수 있는 저작물이어야 하고, ② 그 저작권자가 갑이어야 하며, ③ 을이 정당한 권원(행위를 정당화하는 법률적 원인) 없이 A를 보고 A와 똑같거나 실질적으로 비슷한 B를 만들었어야만 한다. 이 세 가지 모두를 충족해야만 비로소 '을은 갑의 저작권을 침해했다'고 할 수 있는 것이다. 그렇다면 이렇게 B가 A와 똑같거나 실질적으로 비슷한 경우에 을은 어떻게 반박할 수 있을까? 을은 크게 세 가지를 주장할 수 있다.

첫째, 갑이 창작했다는 A는 저작물이 아니다.
둘째, A가 저작물이라 하더라도 갑은 저작권자가 아니다.
셋째, A를 보고(의거해서) B를 만든 것이 아니다.

이 세 가지 가운데 어느 하나라도 입증할 수 있으면 을은 갑의 저작권을 침해하지 않은 것이 된다. 따라서 이 세 가지는 저작권 침해 사건에서 방어자가 항상 마음속에 새겨 두고 있어야 하는 가장 기본적이고 중요한 반박 논리라고 할 수 있다.

2
저작물

저작물은 '인간의 사상이나 감정을 표현한 창작물'이다.

저작권 침해 사건에서 당사자들이 가장 치열하게 다투는 것이 바로 저작물성에 관한 것이다. 앞에서 예를 든 것처럼 A가 저작물이 아니라면 저작권 자체가 발생하지 않으므로 갑은 A에 대한 저작권을 갖지 못하고, 당연히 을을 포함한 그 누구에게도 저작권 침해를 주장할 수 없게 된다. 따라서 을은 갑이 만든 A가 저작물이 아니라는 것을 주장하고 입증할 필요가 있다.

저작물은 '인간의 사상이나 감정을 표현한 창작물'이라고 정의된다(저작권법 제2조 제1호). 따라서 저작물이 되기 위해서는 ① 인간이 만들어야 하고 ② 표현되어야 하며 ③ 창작성이 있어야 한다. 저작물이 되기 위해서는 이 세 가지 요건 모두를 반드시 충족해야 하기 때문에 이들 요건 가운데 어느 하나라도 흠결이 생기면 저작물이 아니게 된다. 그렇다면 A의 저작물성 여부와 관련된 을의 반박 논리는 이미 정해져 있는 셈이다.

첫째, A는 인간이 만든 것이 아니다.

둘째, A는 표현된 것이 아닌 아이디어에 불과할 뿐이다.

셋째, A는 창작성이 없다.

1 저작물은 **인간**이 만든 것이어야 한다.

저작물은 인간이 만든 것이어야만 한다. 외국에서는 원숭이가 촬영한 셀카 사진이 저작물에 해당하는지 여부가 문제된 경우가 있었지만, 이와 관련하여 크게 이슈가 된 경우는 현재까지 거의 없다. 참고로 그 사건에서 법원은 원숭이 셀카 사진은 인간이 아닌 원숭이가 찍은 것이기 때문에 저작물이 아니라는 판결을 내렸다.

물론 앞으로는 알파고와 같은 인공지능(AI)이 그린 그림이나 문학작품 등이 저작물에 해당하는지 여부가 문제될 가능성도 있다. 그러나 이러한 것들은 아직 현실적으로 크게 문제되는 경우가 없고, 추후 저작권법의 개정 등 보다 심도 있는 논의가 필요한 영역이기 때문에 이 책에서는 이에 관한 추가적인 논의는 생략하기로 한다.

2 저작물은 **표현**되어 있어야 한다.

저작물이 되기 위해서는 표현되어 있어야 한다. 저작권법은 표현된 것만을 그 보호 대상으로 삼고 있기 때문에 표현되지 않은 아이디어는 저작권법상 보호 대상이 아니다. 이를 '아이디어와 표현의 이분론'이라고 하는데 요약하면 '아이디어는 그것이 아무리 독창성이 있어도 저작권법상으로는 보호 받지 못한다'는 이론이다. 그래서 다른 사람의 아이디어를 무단으로 빌려 쓰더라도 이는 표현을 베끼는 것이 아니기 때문에 도덕적으로는 문제가 될지언정 저작권 침해에는 해당하지 않게 된다.

예를 들어, 갑이 창작한 캐릭터 A와 을이 만든 캐릭터 B는 모두 머리가 크고 몸이 작은 형상을 하고 있지만 구체적인 디자인은 전혀 다르다고 하자. 이런 경우에 갑이 을에게 저작권 침해를 주장한다면 그 주장의 내용은 A와 B 모두 '머리가 크고 몸이 작다'는 점이 같다는 것이다.

그런데 캐릭터의 머리가 크고 몸이 작다는 것은 구체적인 표현을 의미하는 것이 아니다. 머리가 크고 몸이 작다고 했을 때, 그것은 단지 머리 비율과 몸의 비율이 정상적인 인간이나 동물의 형상과 다를 뿐 표현하는 사람에 따라 얼마든지 달라질 수 있는 것이어서, 이를 그림으로 표현할 수 있는 방법은 무한대라고 할 수 있기 때문이다.

이처럼 표현되지 않은 관념 등을 아이디어라고 하고, 이러한 아이디어는 그것이 기술적 사상 등으로 특허법상 보호되는 것은 별론으로 하고, 저작권법상으로는 어떠한 경우에도 보호 받지 못한다.

3 저작물은 **창작성**이 있어야 한다.

저작물이 되기 위해서는 그것이 창작성 있는 창작물이어야 한다. 창작물은 '저작자 자신의 작품으로서 남의 것을 베낀 것이 아니면 되고, 그 수준이 높아야 할 필요도 없다. 다만, 저작권법에 의한 보호를 받을 가치가 있는 정도로 최소한도의 창작성은 있어야 한다.[4] 그래서 A와 B가 그 표현에 있어서 동일성 또는 실질적 유사성이 있는 경우라면, 을은 A가 창작물이 아니라고 주장하는 것 말고는 별다른 방법이 없다. 이런 경우에 을은 어떤 주장을 할 수 있을까? 크게 네 가지를 주장할 수 있다.

첫째, 그것은 누구라도 그렇게 밖에는 표현할 수 없다.
둘째, 종래부터 이미 존재하던 표현이다.
셋째, 통상적인 표현이다.
넷째, 문구가 짧고 의미가 단순해서 사상이나 감정의 표현이라고 할 수 없다.

(1) 누구나 그렇게 표현할 수밖에 없는 것은 창작물이 아니다.

저작물을 표현할 수 있는 방법이 제한적이어서 누구라도 그렇게 표현할 수밖에 없는 경우라면 그러한 것은 창작물이라고 할 수 없다. 이를 '아이디어와 표현의 합체' 라고 한다.

---

4) 대법원 1997. 11. 25. 선고 97도2227 판결 참조

만일 이러한 것을 창작물로 인정해서 맨 처음 표현한 사람에게 저작권을 부여한다면, 그 후 그것을 그렇게 표현할 수밖에 없는 다른 사람들은 항상 맨 처음 표현한 사람의 저작권을 침해할 수밖에 없게 된다. 또한 맨 처음 표현했다고 주장하는 사람 이전에도 다른 누군가가 그것을 똑같이 또는 거의 비슷하게 표현했을 가능성이 상당히 높기 때문에 결국 그것은 누구의 창작물인지 정확하게 가릴 수 없는 경우가 되어버린다. 따라서 이러한 저작물의 경우에는 그것과 똑같거나 거의 비슷하게 표현했더라도 타인의 창작물을 베낀 것이라고 볼 수는 없기 때문에 저작권 침해라고 하지 않는다.

예를 들어, 갑이 디자인한 야구 방망이 A와 을이 디자인한 야구 방망이 B가 서로 똑같거나 거의 비슷하다고 하자. 이런 경우에 만일 갑이 A와 B가 서로 똑같거나 거의 비슷하다는 이유를 들어 저작권 침해라고 주장한다면, 이 경우 을은 뭐라고 해야 할까?

외관상으로 볼 때 A와 B가 똑같거나 실질적으로 비슷한 경우에는, 단순히 똑같지 않다거나 실질적으로 비슷하지 않다고 주장하는 것은 아무 소용이 없으니 다른 반박 논리를 찾아야만 한다. 그럴 때 필요한 것이 바로 아이디어와 표현의 합체! A는 이렇게 주장할 수 있다.

"누가 그리더라도 야구 방망이는 그렇게 그릴 수밖에 없다. 그런데 갑이 먼저 야구 방망이를 그렸다고 해서 그것이 창작성이 있는 저작물이 된다면, 그 이후에 야구 방망이를 그리는 사람들은 모두 갑의 저작권을 침해하게 된다는 것인데, 이건 말이 안 된다. 그리고 갑이 그린 야구 방망이와 똑같거나 거의 비슷한 야구방망이 그림은 갑이 A를 그리기 이전에도 많이 있었다."

창작물은 거기에 저작자의 개성과 독창성이 녹아 있어야 한다. 그런데 누가 하더라도 그렇게 표현할 수밖에 없는 경우라면 거기에 그 저작자만의 개성과 독창성이 녹아 있다고 할 수는 없을 것이다. 따라서 이러한 경우는 저작물이 될 수가 없는데, 그 이유는 물론 창작성이 없기 때문이다.

(2) 종래부터 이미 존재한 표현은 창작물이 아니다.

저작권 침해라고 주장되는 부분과 똑같거나 거의 비슷한 표현이 종래부터 이미 존재하고 있는 경우라면, 그것은 저작권 침해를 주장하는 사람의 창작물이라고 할 수 없다. 때문에 이런 경우 누군가 그 표현과 같거나 비슷한 것을 만들었더라도 이를 저작권 침해라고 할 수는 없다. 물론 그 종래 표현의 저작권자가 저작권 침해를 주장한다면 다른 특별한 방어 논리가 없는 한 저작권 침해가 되는 것은 어쩔 수가 없다. 그러나 분명한 건 저작권 침해를 주장하는 사람의 그것이 예전부터 이미 존재하고 있던 표현이라면 그것은 그 사람의 저작물이라고 할 수 없기 때문에 저작권 침해 문제는 발생하지 않게 된다는 것이다.

예를 들어, 갑이 독수리 모양의 풍선 A를 만들었는데, 을이 A와 똑같이 생긴 독수리 모양의 풍선 B를 만들었다고 하자. 이 경우 갑이 저작권 침해를 주장한다면 을은 뭐라고 반박해야 할까?

"독수리 모양의 풍선은 누가 만들어도 그렇게 만들 수밖에 없다!"라고 주장할 수 있을 것이다. 그러나 아무리 독수리 모양을 단순화한 풍선이라고 해도 완전히 똑같은 모양으로 만들었다면 아무래도 설득력이 부족하다. 그렇다면 어떻게 해야 할까?

이런 경우에 가장 좋은 방법은 갑이 만든 독수리 풍선과 똑같거나 거의 비슷한 기존의 독수리 풍선을 찾아내서 갑도 종래부터 존재한 독수리 풍선을 보고 베꼈다고 주장하는 것이다. 만약 을이 똑같은 모양을 가진 기존의 독수리 풍선을 찾아낸다면 갑은 저작권 침해를 주장할 수 없게 된다. 하지만 그런 풍선을 찾지 못한다면 을은 결국 저작권 침해를 피하기 어렵게 될 것이다.

이처럼 저작권 소송에서 저작물성에 관한 주장과 입증은 재판의 승패를 판가름하는 매우 중요한 역할을 한다. 따라서 방어를 하는 사람의 입장에서는 먼저 자신이 어떤 식으로 주장하고 반박해야 하는지 알아야 하고, 자신의 반박을 뒷받침할 수 있는 증거를 찾기 위해 많은 시간과 노력을 들이는 것이 무엇보다 중요하다.

(3) 통상적인 표현은 창작물이 아니다.

저작권이 침해되었다고 주장되는 부분이 통상적인 표현에 불과하다면 그것이 아무리 똑같거나 비슷하더라도 이를 두고 저작권 침해라고 할 수는 없다. 일상생활에서 흔히 쓰이는 표현을 창작물로 볼 수는 없기 때문이다.

예를 들어, 갑이 저작한 희곡 A에 '팩트(fact) 체크하세요!'라는 대사가 나오는데, 을이 저술한 소설에도 위와 같은 문구가 나온다고 하자. '팩트 체크하세요!'라는 말은 '어떤 말이나 문구 등이 사실과 일치하는지 여부를 확인하라'는 의미로 일상생활에서 흔히 쓰는 표현이다.

따라서 이러한 통상적인 표현을 갑이 자신의 어문저작물(언어나 문자, 말로 표현된 저작물)에 먼저 사용했다고 해서 거기에 저작권이 부여된다면, 그 이후에 그 말을 사용하려고 하는 사람들은 항상 갑의 허락을 받아야 하는 불합리한 상황이 발생하게 된다.

다만, '팩트 체크하세요!'라는 표현이 통상적인 표현에 해당하는지 여부에 관해서는 다른 작품 등에서 그와 똑같거나 비슷한 표현을 찾아 이를 증거로 제출할 필요가 있다. 그러나 이러한 통상적인 표현은 누구나 흔하게 사용하는 말이기 때문에 갑이 희곡 A에 사용하기 이전에 이미 발표된 다른 작품들 속에서 그러한 표현은 쉽게 발견할 수 있을 것이다.

그렇다면 결국 '팩트 체크하세요!' 라는 표현은 갑이 창작한 것이 아니게 되고, 그러면 당연히 그것은 갑의 저작물이 아닌 것이고, 따라서 갑은 그 말에 관해 저작권을 가지지 못하게 되므로, 결과적으로 을은 갑의 저작권을 침해하지 않게 되는 것이다.

⑷ 문구가 짧고 의미도 단순한 제목 등은 창작물이 아니다.

문구가 짧고 의미도 단순한 것은 거기에 어떤 보호할 만한 독창성이 있다고 할 수 없으므로 창작물로 보기 어렵다. 특히 제목의 경우, 법원은 일관되게 "제목 자체는 저작물의 표지에 불과하고 독립된 사상이나 감정의 창작적 표현이라고 보기 어렵다"는 이유로 그것의 창작물성을 부정하고 있다.[5]

2ne1의 〈내가 제일 잘나가〉와 삼양식품의 〈내가 제일 잘나가 사끼 짬뽕〉 사건에서도 법원은 "대중가요의 제목인 〈내가 제일 잘 나가〉는 '내가 인기를 많이 얻거나 사회적으로 성공하였다'는 단순한 내용을 표현한 것으로써, 그 문구가 짧고 의미도 단순하여 창작성이 없고, 비록 노래에 '내가 제일 잘나가' 라는 가사가 반복해서 나온다고 해도 그것만으로 저작물로 보호되는 것은 아니다"라고 판시함으로써, 대중가요 제목의 저작물성을 부정했다.[6]

---

5) 대법원 1977. 7. 12. 선고 77다90 판결
6) 서울중앙지방법원 2012. 7. 23.자 2012카합996 결정

1̂3̂1̂
저작권

1 저작권의 발생 시기

누군가의 작품이 저작권법상 저작물에 해당한다면, 그 저작물에 관한 저작권은 그것을 만든 사람이 가지게 된다. 그리고 이러한 저작권은 그 발생 시기와 관련하여 다른 지적재산권인 특허권, 상표권, 디자인권과는 확연한 차이가 있다. 특허권 등은 그것이 등록될 때 권리가 발생하지만 저작권은 그 등록 여부와는 상관없이 해당 저작물이 창작될 때 발생한다. 물론 저작권법에도 저작권 등록에 관한 규정을 두고는 있다. 그러나 이러한 저작권 등록은 그 등록으로 저작권을 발생시키는 효력이 있는 것이 아니라, 저작권 발생에 관한 확인적인 의미만을 가질 뿐이다. 그렇다고 해서 저작권 등록이 아무 의미가 없는 것은 아니다. 저작권법은 저작권 등록자에게 해당 저작물의 저작자로 추정하는 효력을 부여하고 있고, 저작권 침해에 따른 손해배상청구를 할 때는 법정손해배상을 청구할 수 있는 근거를 마련해 주는 역할을 하기도 한다.

2 저작권의 종류와 침해 주장 시 유의점

저작권은 크게 저작재산권과 저작인격권으로 구성되어 있다. 그리고 저작재산권에는 '복제권, 공연권, 공중송신권, 배포권, 전시권, 대여권, 2차적저작물작성권'이 있고, 저작인격권에는 '공표권, 성명표시권, 동일성유지권'이 있다. 이처럼 저작권은 총 10가지의 권리로 구성된 권리의 다발인 셈이다.

저작권은 학문적인 개념이기 때문에 소송 등에서 저작권 침해를 주장할 때에는 저작재산권 가운데 어떤 권리가 침해되었고, 저작인격권 가운데 어떤 권리가 침해되었는지를 명확하게 특정해야 한다. 즉, "……를 무단으로 사용함으로써, ……의 저작권을 침해하였습니다"라고 주장하는 것은 적절하지 않고, "……를 무단으로 사용함으로써, 저작재산권 가운데 ○○권, ○○권을, 저작인격권 가운데 ○○권, ○○권을 각각 침해하였습니다"라고 주장해야 한다.

특히 저작권 침해에 따른 손해배상청구 소송에서는 각 권리별로 그 침해에 따른 손해배상액을 청구하는 것이 원칙이기 때문에 더더욱 침해된 권리를 특정하는 것이 중요하다. 만약 이러한 손해배상청구 소송에서 단순히 저작권 침해만을 주장하게 되면 대개는 법원으로부터 침해된 권리의 특정을 요구받게 된다.

일반인들의 경우에는 대부분 저작권법에 대해 잘 모르기 때문에 저작재산권 침해에 따른 손해배상만을 청구하는 경우가 많다. 그러나 저작재산권 침해 문제가 발생했다면 보통은 저작인격권도 침해되었을 가능성이 높기 때문에 그에 따른 손해배상 청구도 함께 하는 것을 잊지 않도록 해야 한다.

3 저작재산권의 양도

저작재산권과 저작인격권 가운데 양도가 가능한 것은 재산권에 해당하는 저작재산권에 한한다. 저작인격권은 말 그대로 인격권이기 때문에 제3자에게 양도할 수 없다. 이런 이유에서 저작권법에서도 저작권의 양도가 아닌 저작재산권의 양도라고 규정하고 있다.

그래서 저작물을 창작한 저작자는 생존하고 있는 동안에는 언제나 저작권자가 된다. 저작권은 저작물의 창작과 동시에 발생하므로 저작자는 저작물을 창작할 때 그 저작물에 관한 저작재산권과 저작인격권 모두를 가지게 된다. 저작자가 그 저작권을 제3자에게 양도하더라도 양도가 되는 것은 저작재산권에 국한되기 때문에 저작인격권은 여전히 저작자에게 남아 있게 되고, 저작인격권은 저작권의 한 종류이기 때문에 저작자는 언제나 저작권자가 되는 것이다. 심지어 저작자가 저작인격권을 제3자에게 양도한다는 의사표시를 하더라도 이러한 약정은 무효가 된다.

저작재산권 양도와 관련하여 또 하나 주의할 것이 있다. 저작재산권 전부를 양도할 때 2차적저작물작성권을 양도한다는 것을 당사자가 특별히 약정하지 않으면 2차적저작물작성권은 양도되지 않는 것으로 추정된다(저작권법 제45조 제2항). 따라서 저작재산권을 양도 받는 입장에서는 2차적저작물작성권도 함께 양수한다는 점을 콕 찍어서 서면에 남겨둘 필요가 있다. '양도인은 위 저작물에 대한 저작재산권 전부와 2차적저작물작성권 모두를 양수인에게 양도한다' 라고 명확하게 써두어야만 2차적저작물작성권을 포함한 저작재산권 전부를 양수받게 되는 것이다.

반대로 저작재산권 양도인의 입장에서는 구체적인 언급 없이 저작재산권을 양도했거나 서면 상에 '양도인은 위 저작물에 대한 저작재산권 전부를 양수인에게 양도한다' 라고만 기재했다면 저작재산권 가운데 2차적저작물작성권은 자신에게 여전히 남아 있는 것으로 추정 받게 된다. 그러나 이는 어디까지나 추정에 불과하기 때문에 양수인이 2차적저작물작성권을 포함한 저작재산권 전부를 양수하였다는 점을 정황 증거 등을 통해 입증한다면 그 추정은 깨지게 되고, 그렇게 되면 결국 양수인이 2차적저작물작성권을 포함한 저작재산권 전부를 양수하였음이 인정된다.

소설 A를 저술한 갑은 출판사를 운영하고 있다. 어느 날 을이 찾아와서, 갑이 저작권을 가지고 있는 소설 A의 저작권을 양도할 것을 갑에게 제안했다. 갑은 어차피 잘 팔리지도 않는 소설책이어서 흔쾌히 그 제안을 받아들였다. 을은 그 날 바로 대금을 지급하고 갑으로부터 소설 A의 저작권을 양수했다. 저작권 양도 계약은 구두로 이루어졌고 2차적저작물작성권 양도에 관한 어떠한 언급도 없었다.

이런 경우에는 원칙적으로 갑이 소설 A에 대해 가지는 2차적저작물작성권은 양도되지 않은 것으로 추정되기 때문에 소설 A에 대한 2차적저작물작성권은 여전히 갑이 보유하고 있는 것으로 추정된다. 그러나 B가 저작권 양도 계약을 체결할 때, 영화를 만들기 위해 소설 A의 저작권을 양수받는 것이라고 말하면서 갑에게 영화 제작사 대표 명함을 건넸다면 얘기는 달라진다. 비록 갑과 을이 저작권 양도 계약을 구두로 체결했고, 명시적으로 소설 A에 관한 2차적저작물작성권을 양도 및 양수한다는 언급을 하지는 않았더라도, 갑의 입장에서는 을이 소설 A를 영화화할 것이라는 점을 충분히 알 수 있었다고 볼 수 있기 때문이다.

그렇다면 결국 갑은 묵시적으로 소설 A에 대해 자신이 갖고 있던 2차적저작물작성권까지 을에게 양도한 것으로 봐야 한다. 따라서 갑이 만약에 소설 A에 관해 가지는 2차적저작물작성권은 양도되지 않은 것으로 추정된다고 주장한다면, 을은 위와 같은 사정을 들어 그러한 추정을 깰 수 있을 것이다.

4 저작재산권의 보호 기간

(1) 일반적인 저작물의 경우

저작물은 영구히 보호되는 것이 아니라, 저작재산권의 보호 기간 동안만 보호가 되고, 그 이후에는 누구나 그 저작물을 자유롭게 이용할 수 있도록 공중의 영역(PuBlic Domain)에 놓이게 된다.

현행 저작권법상 일반 저작물의 저작재산권은 저작자가 생존하고 있는 동안에는 계속 존속하고, 저작자가 사망한 이후에도 추가적으로 70년간 더 존속한다. 이와는 달리 업무상저작물과 영상저작물의 저작재산권은 공표한 때부터 70년간 존속한다. 여기서 일반 저작물의 저작재산권의 보호 기간과 관련된 70년의 기산일은 저작자가 사망한 다음 해의 1월 1일이고, 업무상저작물과 영상저작물의 그것은 공표한 다음 해의 1월 1일이다.

따라서 일반 저작물이 그 저작재산권 보호 기간이 지났는지 여부를 확인하기 위해서는 그 저작물과 관련된 몇 가지 정보가 필요하다. 간단하게는 해당 저작물의 저작자가 누구인지, 그 저작자가 언제 사망하였는지, 그리고 저작재산권 보호 기간의 연혁은 어떻게 되는지에 관한 것이다. 이를 통해 현재 시점에서 해당 저작물의 보호 기간이 지났는지 여부를 확인할 수 있다.

여기서 저작자와 그 저작자의 사망일은 사실적인 정보에 해당하지만 저작재산권 보호 기간의 연혁은 법령에 해당하는 것이고 다소 복잡한 면이 있기 때문에 이에 대해 간단히 살펴보기로 하자.

1957년 제정 저작권법에서는 일반 저작물의 저작재산권은 저작자가 생존하고 있는 동안 존속하고, 저작자가 사망한 후에도 30년간 존속하도록 규정하고 있었다.

1987년 저작권법에서는 일반 저작물의 저작재산권을 저작자 생존 기간 동안 그리고 사후 50년간 존속하도록 개정하면서 그 보호 기간을 연장했다. 다만, 부칙에서는 1987년 저작권법이 시행되던 1987. 7. 1. 이전에 1957년 저작권법에 따른 저작재산권 보호 기간이 이미 지난 저작물은 더 이상 보호되지 않는 것으로 정했고, 이와 함께 1987년 저작권법 시행 전에 공표된 '연주·가창·연출·음반 또는 녹음필름'(1957년 당시 저작권으로 보호되었음)과 사진 및 영화는 계속해서 1957년 저작권법의 적용을 받도록 정했다.

2011년 저작권법에서는 일반 저작물의 저작재산권을 저작자 생존 기간 동안 그리고 사후 70년간 존속하도록 개정하면서 그 보호 기간을 연장했고, 이 경우에도 부칙에서는 2011년 저작권법이 시행되던 2013. 7. 1. 이전에 1987년 저작권법에 따른 저작재산권 보호 기간이 이미 지난 저작물은 더 이상 보호되지 않는 것으로 정했다.

예를 들어 A저작물[7]을 저작한 저작자 갑은 1956년에, B 저작물을 저작한 저작자 을은 1957년에, C 저작물을 저작한 병은 1962년에, D 저작물을 저작한 정은 1963년에 각각 사망했다고 하자.

갑은 1956년에 사망했으므로 A 저작물의 저작재산권은 1957년 저작권법에 따라 사후 30년간 존속하게 된다. 때문에 A 저작물은 갑이 사망한 다음 해 1월 1일부터 30년이 되는 1986년 12월 31일에 그 저작재산권 보호 기간이 만료되었고, 그 만료 시점은 1987년 저작권법이 시행된 1987년 7월 1일 이전이다. 이런 경우는 부칙에 의해 1987년 저작권법에 의한 저작재산권 보호 기간 연장 대상에 해당하지 않게 되어 공중의 영역에 놓이게 된다. 따라서 현재 시점에서는 누구나 A 저작물을 자유롭게 이용할 수 있다.

1957년에 사망한 을의 경우에는 1957년 저작권법에 따라 B 저작물의 저작재산권은 사후 30년간 존속한다. 그러나 사후 30년이 되는 1987년 12월 31일 이전에 1987년 저작권법이 시행되었으므로, 부칙에 따라 B 저작물은 1987년 저작권법에 따라 그 보호 기간이 사후 50년으로 연장되어, 결국 B 저작

---

7) 1987년 저작권법의 부칙 제2조에서 1987년 저작권법 시행 전에 공표된 연주·가창·연출·음반 또는 녹음필름과 사진 및 영화에 대해서는 1957년 저작권법을 계속 적용하도록 한 점을 감안하여, 여기서 예를 드는 저작물은 연주·가창·연출·음반 또는 녹음필름과 사진 및 영화가 아닌 그 밖에 저작물로 상정한다.

물의 저작재산권의 보호 기간은 2007년 12월 31일까지가 된다. 그러나 현재 시점에서 볼 때 그 보호 기간은 이미 만료가 된 상태이므로, B 저작물 또한 누구나 이를 자유롭게 이용할 수 있다.

1962년에 사망한 병의 경우, C저작물의 저작재산권은 1957년 저작권법에 따라 사후 30년간 존속하지만, 사후 30년이 되는 1987년 12월 31일 이전에 1987년 저작권법이 시행되었으므로 1987년 저작권법에 따라 그 보호 기간이 사후 50년으로 연장되어 C 저작물의 저작재산권 보호 기간은 2012년 12월 31일까지가 된다. 2011년 저작권법 개정으로 일반 저작재산권 보호 기간이 70년으로 연장되었지만, C 저작물의 저작재산권은 그 시행일인 2013년 7월 1일 이전에 그 보호 기간이 만료되었다. 이런 경우는 부칙에 따라 2011년 저작권법에 의한 저작재산권 보호 기간 연장 대상에 해당하지 않게 되어 C 저작물은 저작재산권 보호 기간이 경과되어 공중의 영역에 놓이게 된다. 따라서 현재 시점에서는 누구나 C 저작물을 자유롭게 이용할 수 있다.

1963년에 사망한 정의 경우에는 1957년 저작권법에 따라 D 저작물의 저작재산권은 사후 30년간 존속하지만, 사후 30년이 되는 1987년 12월 31일 이전에 1987년 저작권법이 시행되었으므로, 1987년 저작권법에 따라 그 보호 기간이 사후 50년으로 연장되어 2013년 12월 31일까지가 된다. 그리고 다시 2011년 저작권법 개정으로 일반 저작재산권 보호 기간이 70

년으로 연장되었고, 그 시행일이 2013년 7월 1일이기 때문에 부칙에 따라 D 저작물의 저작재산권 보호 기간은 2033년 12월 31일까지가 된다. 따라서 D 저작물은 현재까지도 그 보호 기간 중에 있으므로, 저작권자의 허락 없이는 무단으로 D 저작물을 이용할 수 없다.

(2) 업무상저작물 및 영상저작물의 경우

업무상저작물과 영상저작물의 저작재산권 보호 기간은 일반 저작물과는 달리 저작자를 기준으로 하는 것이 아니라, 해당 저작물의 공표 시기를 기준으로 한다. 즉, 현행 저작권상 업무상저작물 또는 영상저작물의 저작재산권은 그것이 공표된 다음 해의 1월 1일부터 70년간 존속한다.

이 점을 제외하면 업무상저작물과 영상저작물의 저작재산권 보호 기간 산정 방식은 앞서 본 일반 저작물의 그것과 다를 것이 없다.

업무상저작물과 영상저작물의 경우에는 법인 또는 단체가 저작권을 가지고 있는 경우가 많은데, 해당 법인 또는 단체가 해산되어 그 권리가 〈민법〉과 그 밖의 법률 규정에 따라 국가에 귀속되는 경우에는 저작재산권이 소멸하게 된다(저작권법 제49조). 따라서 업무상저작물과 영상저작물의 경우에는 그 저작재산권 보호 기간이 경과되지 않더라도 이를 자유롭게 이용할 수 있는 경우가 있다는 점도 기억해 둘 필요가 있다.

(3) 외국인 저작물의 경우

외국인 저작물의 저작재산권 보호 기간은 그 연혁이 국내 저작물보다 더 복잡하다. 이 책에서는 간단하게만 소개하도록 하겠다.

1957년 제정 저작권법은 외국인의 저작물에 대하여 조약에 규정이 없는 경우에는 국내에서 처음으로 그 저작물을 발행한 외국인에 한하여 보호하도록 규정하고 있었다. 그러나 당시에 우리나라는 외국인의 저작물 보호에 관한 어떠한 조약에도 가입한 적이 없었기 때문에 외국인의 저작물은 국내에서 최초로 발행된 것에 한하여 보호되었다.

그 후 우리나라가 가입 또는 체결한 조약에 따라 외국인 저작물을 보호하도록 한 1987년 저작권법 시행과 함께 우리나라는 세계저작권협약 등에 가입하였고, 이에 따라 외국인 저작물이 보호를 받을 수 있게 되었다. 그러나 그 개정법이 시행되던 1987년 7월 1일 이후 창작된 외국인 저작물만 보호 대상이 되었다. 즉, 1987년 7월 1일 이전에 창작된 외국인 저작물은 여전히 보호 대상이 아니었다.

그러다가 1996년 저작권법은 Trips 협정 체결에 따라 베른협약을 받아들이면서 1987년 7월 1일 이전에 창작된 외국인 저작물도 소급해서 보호 받게 되었다.

이에 따라 현행 저작권법은 우리나라가 가입 또는 체결한 조약과 상호주의에 따라 외국인 저작물을 보호하고 있다. 우리나라에서 외국인 저작물은 외국인 저작물과 관련된 국가의 저작권법상의 저작재산권 보호 기간과는 무관하게 우리 저작권법의 저작재산권 보호 기간 동안만 보호된다.

따라서 앞서 본 국내 저작물의 저작재산권 보호 기간 산정 방식과 동일한 방식으로 외국인 저작물의 저작재산권 보호 기간을 산정하면 된다.

저작(권)자

1 창작자 원칙

저작물을 창작한 사람을 '저작자'라고 하고(저작권법 제2조 제2호), 저작권은 저작물을 창작한 때부터 발생한다(저작권법 제10조 제2항). 따라서 저작자는 저작물을 창작한 바로 그 순간에 저작권을 가지게 되고, 그 저작물의 저작권자가 된다. 이를 '창작자 원칙'이라고 한다. 창작자 원칙은 저작권법을 관통하는 가장 중요한 원칙이다. 그리고 저작권 가운데 저작재산권은 양도가 가능하기 때문에 저작재산권을 양도받은 사람 역시 저작권자가 될 수 있다.

2 저작자와 저작권자의 개념과 그 구별

이와 같이 저작자와 저작권자의 개념에는 약간 차이가 있다. 저작자는 저작물을 창작한 사람만을 가리키기 때문에 저작권을 양도받은 사람은 저작권자인 것이지 저작자는 아니다. 그러나 저작자는 언제나 저작자인 동시에 저작권자가 된다. 왜냐하면 저작자는 저작물을 창작하는 순간 저작권을

가지게 되고, 저작권을 제3자에게 양도하더라도 저작인격권
은 여전히 저작자에게 남아 있기 때문에 그런 의미에서 저작
자는 항상 저작권자가 되는 것이다.

3 작품 소장자와의 구별

작품 소장자는 저작(권)자와는 전혀 다른 개념이다. 작품 소
장자는 원칙적으로 해당 작품의 소유권만을 가지기 때문에
저작권과 관련된 어떠한 권리도 없다. 따라서 해당 작품을
임의로 복제하는 등의 행위를 하면 해당 작품 저작권자의
저작권을 침해하는 것이 된다. 다만, 미술저작물 등의 경우
에는 작품 소장자가 그 저작권자의 동의 없이도 전시할 수
있다. 그렇지만 가로·공원·건축물의 외벽 그 밖에 공중에게
개방된 장소에 늘 전시하는 경우에는 해당 미술저작물 저작
권자의 동의를 받아야만 한다(저작권법 제35조 제1항).

4 업무상저작물의 저작자

저작물을 창작한 저작자가 저작권을 가진다는 창작자 원칙
은 저작권법을 관통하는 대원칙이다. 그런데 창작자 원칙의
유일한 예외가 바로 업무상저작물의 저작자이다. 업무상저
작물의 저작자에 관한 법리는, 일정한 요건을 갖춘 경우에
는 법인 등을 저작자(창작자)로 본다는 것이다. 단순한 저작
권자가 아닌 저작자로 인정하는 것이다. 따라서 법인 등이
저작재산권뿐만 아니라 저작인격권도 가지게 된다.

업무상저작물의 저작자가 되기 위해서는 ① 관련된 저작물이 업무상저작물이어야 한다는 것, ② 그것이 업무상저작물임을 전제로 하여 법인 등의 명의로 공표될 것, ③ 법인 등과 실제 창작한 자 사이에 저작자에 관한 별도의 다른 정함이 없어야 한다는 것을 충족해야 한다.

먼저 업무상저작물에 관해서 살펴보면, 업무상저작물이란 '법인·단체, 그 밖의 사용자의 기획 하에 법인 등의 업무에 종사하는 자가 업무상 작성하는 저작물을 말한다'(저작권법 제2조 제31호). 업무상저작물은 통상적으로는 고용 관계에 있는 상태에서 그 피고용자가 업무를 보는 과정에서 창작하는 저작물을 의미하는 것이지만, 반드시 그런 것도 아니다. 비록 고용 관계는 아니더라도 법인 등이 실질적으로 지휘·감독하는 관계에서 그 지휘·감독을 받는 자가 만드는 저작물이라면 이 또한 업무상저작물이 될 수 있다.

그러나 이런 경우에는 업무상저작물보다는 공동저작물로 인정될 가능성이 더 높다. 왜냐하면 법인 등이 저작물의 창작을 외주업체에 외주를 주고 그 법인 등이 실제 그 저작물의 창작에 일부 기여를 하는 경우가 있을 수 있는데, 이러한 경우라도 기본적으로는 창작자 원칙에 따라 해당 저작물의 창작에 기여한 자는 저작자가 되는 것이므로 그 저작물은 외주를 준 법인 등과 외주업체의 공동저작물이 되어 법인 등은 공동저작자 가운데 하나가 될 여지가 훨씬 더 높기 때문이다.

한편, 어떤 저작물이 업무상저작물이라고 하더라도 법인 등이 항상 업무상저작물의 저작자가 되는 것은 아니다. 법인 등이 업무상저작물의 저작자가 되기 위해서는 앞서 본 바와 같이 그 업무상저작물이 법인 등의 명의로 공표되는 것이어야 하고, 법인 등과 실제 창작한 자 사이에 그 저작물의 저작자를 실제 창작한 자로 한다는 등의 별도의 다른 정함이 없어야만 하기 때문이다.

개정 전의 저작권법에는 법인 등의 명의로 '공표된'이라고 규정되어 있었다. 그래서 법인 등의 명의로 '공표된' 업무상저작물에 대해서는 법인 등이 업무상저작물의 저작자가 되는 것이 분명했지만, 업무상저작물이라 해도 법인 등의 명의로 공표되지 않고 남아 있는 업무상저작물은 창작자 원칙에 따라 실제 창작자가 저작자가 되는 것인지 아니면 이런 경우에도 여전히 법인 등이 업무상저작물 저작자가 되는 것인지 여부에 관해 다툼이 있었다.

그러나 그 후 저작권법은 위 '공표된'을 '공표되는'으로 개정하면서 법인 등의 명의로 공표될 예정에 있는 모든 업무상저작물에 대해서까지 그 저작자를 법인 등이 될 수 있도록 하였다. 따라서 비록 법인 등의 명의로 공표되지 않고 남아 있는 업무상저작물이라고 하더라도 그것이 애초에 법인 등의 명의로 공표될 예정에 있었던 것이라면 이제는 그 모두가 그 법인 등이 그것의 저작자가 되는 것이다.

현실적으로는 업무상저작물의 저작자에 관해서 법인 등이 별도의 정함을 하는 경우는 거의 없기 때문에 법인 등이 업무상저작물의 저작자가 되기 위한 요건으로서 '별도의 정함이 없을 것'이라는 요건이 문제되는 경우도 거의 없다. 그러나 필자가 맡았던 저작권 소송 가운데 이러한 것이 문제된 경우가 있었다.

캐릭터에 관한 저작권 침해 사건이었는데, 그 캐릭터는 업무상저작물이었고 해당 법인의 명의로 공표되었기 때문에 누가 봐도 그 캐릭터의 저작자는 그 법인이라는 것이 분명했다. 그런데 그 캐릭터를 실제로 창작한 해당 법인의 직원이 캐릭터의 저작권은 자신에게 있고 소송의 상대방이 자신이 저작권을 가지고 있는 캐릭터의 저작권을 침해했다는 이유로 침해금지가처분 신청을 한 것이다. 그 사건에서 법원은 그 캐릭터는 업무상저작물이고 해당 법인의 명의로 공표되었기 때문에 해당 법인이 그 캐릭터의 저작자이자 저작권자가 된다는 이유로, 신청인의 가처분 신청을 기각하였다.

필자의 입장에서는 사실 당연한 결과였다. 그런데 해당 사건에 관한 본안소송(원고의 청구 또는 상소인의 불복주장에 대한 판단을 하는 판결)을 하는 동안 해당 법인의 사실확인서가 증거로 제출되었다. 해당 법인과 실제 창작한 직원 사이에 그 캐릭터를 창작한 직원을 저작자로 하는 별도의 정함이 있었다는 취지의 내용이었다. 요즘 흔히 하는 말로 멘붕이었다. 정말 흔치 않은 실제 사례를 경험하는 순간이었던 것이다.

⌂5⌂
저작권 침해

1 저작권 침해의 요건

일반적으로 저작권 침해가 인정되기 위해서는

① 저작권 침해를 주장하는 사람의 저작물이 저작권법에 의해 보호 받을만한 창작성이 있어야 하고,

② 상대방이 그 저작물에 의거하여 이용하여야 하며,

③ 저작권 침해를 주장하는 사람의 저작물과 그 상대방의 저작물 사이에 실질적 유사성이 있어야 한다.

위 세 가지 요건 가운데 ①은 이미 저작물에 관한 부분에서 충분히 설명했기 때문에 여기서는 ②와 ③에 관해서만 살펴보겠다. 흔히 ②를 의거성이라고 하고, ③을 실질적 유사성이라고 한다. 그런데 사실은 ①의 저작물성에 관한 것은 독자적으로 판단되기 보다는 ③의 실질적 유사성을 판단할 때 동원되는 법리라고 보는 것이 맞을 것이다.

왜냐하면 저작권 침해를 주장하는 사람(이하 '저작권 침해 주장자'라고 함)의 저작물 전체가 저작물성이 없는 경우는 흔하지 않

고, 그의 저작물의 일부와 상대방(이하 '상대방' 또는 '저작권 침해 방어자'라고 함) 저작물의 일부가 실질적으로 비슷하다고 주장하는 경우가 대부분이기 때문이다.

그러다보니 결국 실질적 유사성을 판단할 때는 저작권 침해 주장자의 저작물 가운데 침해 주장 부분(이하 '침해 주장 부분'이라고 함)이 저작물성이 있는지 여부를 가려서 저작물성이 있는 경우에만 비교 대상으로 삼고, 저작물성이 없는 경우에는 애초에 비교 대상에서 제외시키게 된다.

이와 같이 저작물성에 관한 판단은 실질적 유사성을 판단할 때 함께 이루어지는 경우가 대부분이기 때문에 저작권 침해 여부의 판단은 결국 의거성과 실질적 유사성 여부를 판단하는 것이라고 해도 틀린 말은 아니다.

저작권이 침해되었다고 하기 위해서는 의거성과 실질적 유사성이라는 두 가지 요건을 동시에 만족해야 한다. 따라서 의거성이 없다면 양 저작물이 아무리 실질적으로 비슷하다 해도 저작권 침해가 아닌 것이고, 의거성이 인정된다 해도 양 저작물이 실질적으로 비슷하지 않다면 이 또한 저작권 침해에는 해당하지 않게 된다.

2 의거성(남의 것을 보고 하는 것)

의거성이란 쉽게 말하면 남의 저작물을 '보고 하는 것'을 의미한다. 저작권 침해 사건에서 이러한 의거성은 저작권 침해 주장자가 주장·입증해야 하는 부분이다. 그런데 아무리 저작권 침해 주장자라 해도 자신의 저작물을 상대방이 언제 어디서 어떻게 보고 했는지는 정확히 알 도리가 없다. 그래서 법원에서는 여러 가지 법리를 통해 의거성을 추정하고 있다.

저작권 침해 주장자의 저작물이 상대방의 저작물보다 먼저 공표된 경우에는 상대방이 저작권 침해 주장자의 저작물에 접근해서 그 저작물을 보았을 가능성 즉, 접근 가능성이 있다. 그래서 이러한 경우 법원은 의거성이 있다고 추정하고 있다.

그런데 상대방이 저작물을 창작할 당시 저작권 침해 주장자의 저작물이 공표된 적이 없다면 위와 같은 접근 가능성에 관한 법리로는 의거성을 추정할 수가 없게 된다. 그래서 이런 경우에는 다른 법리로 의거성을 추정하게 된다. 양 저작물을 비교해서 상대방의 저작물이 저작권 침해 주장자의 저작물과 현저하게 비슷하다면 이는 상대방이 저작권 침해 주장자의 저작물을 보았을 가능성이 상당히 높다고 보아, 이러한 경우에도 법원은 의거성이 있다고 추정하는 것이다.

이러한 접근 가능성과 현저한 유사성 법리에 따라 의거성 여부를 추정한 결과, 의거성이 없다는 판단이 내려져서 저작권 침해가 인정되지 않은 사건이 있었다. 바로 드라마 〈선덕여왕〉 사건이다.

뮤지컬 〈무궁화의 여왕 선덕〉 측에서는 mBc 드라마 〈선덕여왕〉이 〈무궁화의 여왕 선덕〉을 표절했다는 이유로 저작권 침해를 주장했다.

대법원은 위 뮤지컬은 공연이 된 적이 없었기 때문에 mBc 측에서 그 뮤지컬에 접근할 가능성이 없었다는 점과, 양 저작물을 비교해 보더라도 현저하게 비슷한 것은 아니라는 점을 들어, 드라마 〈선덕여왕〉이 뮤지컬 〈무궁화의 여왕 선덕〉에 의거해서 만들어진 것이라고 볼 수는 없다고 의거성을 부정하였다. 결국 이 사건은 의거성이 없었기 때문에 실질적 유사성 여부를 따져볼 필요도 없이 저작권 침해가 아니게 된 것이다.

접근 가능성과 현저한 유사성 말고도 의거성이 추정되는 경우는 양 저작물에 '공통의 오류'가 있는 경우이다. 즉, 저작권 침해 주장자의 저작물에 있는 오류와 동일한 오류가 상대방의 저작물에 있는 경우에도 의거성이 있다고 추정된다.

3 실질적 유사성

의거성이 인정된다고 해서 곧바로 저작권 침해가 되는 것은 아니다. 의거성은 다른 사람의 저작물을 보고 저작물을 만들었다는 것에 불과한 것이지, 반드시 그 저작물과 실질적으로 비슷하다는 것을 의미하는 것은 아니기 때문이다. 남의 것을 참고해서 전혀 다른 저작물을 만들 수도 있는 것이다. 따라서 저작권 침해가 되기 위해서는 남의 저작물을 보고 했다는 것만으로는 부족하고 남의 저작물과 실질적으로 비슷하게 만들어야만 하는 것이다.

앞에서 실질적 유사성 여부를 판단할 때, 저작물성 여부도 함께 판단하는 것이 대부분이라고 언급했었다. 이는 실질적 유사성 판단 방법과도 그 맥을 같이 한다. 저작권 침해 방어자의 입장에서는 양 저작물이 실질적으로 비슷하지 않다고 반박해야 한다. 그러나 누가 봐도 양 저작물이 뚜렷하게 비슷한 경우에는 먼저 저작권 침해 주장자의 침해 관련 부분이 애초에 저작물성이 없다고 반박하는 것이 가장 유효한 방어 전략이 될 것이다. 따라서 저작권 침해 방어자는 저작권 침해 주장자의 침해 관련 부분이 앞서 살펴본 저작물의 개념에 해당하는 표현이 아니라거나 창작성이 없다는 점을 주장하고 입증해야 할 것이다.

이러한 저작권 침해 방어자의 반박에 타당성이 있다면, 결국 저작권 침해 주장자의 침해 관련 부분에서 저작물성이 없는 부분은 실질적 유사성 판단의 대상에서 제외된다. 이와 같이 실질적 유사성을 판단할 때는 저작권 침해 주장자의 침해 관련 부분 모두가 비교 대상이 되는 것이 아니라, 그 가운데 저작물성이 인정되지 않는 부분을 제외한 나머지 부분만을 가지고 저작권 침해 방어자의 해당 부분과 비교하게 되는 것이다.

A 저작물을 창작한 저작자 갑은 을이 A 저작물 내용 가운데 a1, a2, a3, a4, a5를 표절하여 B 저작물 가운데 B1, B2, B3, B4, B5을 만들었다는 이유로 저작권 침해를 주장했다. 이러한 갑의 주장에 대해 을은 a1은 아이디어에 해당하는 것이고, a2는 종래에 이미 존재하던 표현이며, a3는 통상적인 표현에 해당하므로 저작물이 아니라고 반박하였다.

만약 이러한 을의 반박이 타당하다면, 결국 이 사안에서는 a4, a5와 B4, B5에 대해서만 실질적 유사성을 판단하게 되는 것이다. 그렇게 되면 을은 B4, B5와 a4, a5를 비교해서 그것들이 실질적으로 비슷하지 않다는 점에 대해서만 반박하면 되는 것이다.

4 이용 허락과 저작권 침해

저작권자에게 허락을 받고 저작물을 이용한다면 원칙적으로는 문제될 것이 없겠지만, 그럴 때에도 저작권 침해가 논란이 되는 경우가 있다. 이용 허락의 범위를 넘어서 이용하는 경우가 그러하다. 단순한 계약 위반인지 아니면 저작권 침해인지가 문제된다.

예를 들어 그림 저작권자 갑이 자신의 그림을 출판물 제작자 을에게 총 5회 사용하도록 허락했는데, 을은 갑의 그림을 총 6회 사용하여 출판하였다면, 이것은 단순한 계약 위반일까 아니면 갑의 복제권 및 배포권을 침해한 것일까?

을이 사용횟수를 초과하여 사용하긴 했지만, 갑으로부터 그림의 복제·배포에 대해 허락을 받았고 또한 그 이용 허락 기간 중에 있으므로, 이러한 사용횟수 위반행위에 대하여 을은 단순한 계약 위반이라고 주장할 수 있다.

반면, 갑은 이러한 을의 행위는 계약 위반은 물론이고 그 이용 범위를 초과한 복제 및 배포에 대해서는 을에게 허락한 바가 없으므로 저작권 침해에 해당한다고 주장할 수 있다.

이와 관련된 판례나 문언 등이 없어 위와 같은 경우에 과연 저작권 침해에 해당하는지 여부는 명확하지 않다. 다만, 이용 허락의 범위를 초과한 이용이 저작권 침해인지 여부는 구체적 상황에 따라 판단하되, 이용 허락 기간 후의 이용 또는 최소한 저작재산권의 유형별 관점에서 이용 허락 되지 않은 유형의 저작물 이용이 있는 경우(예컨대, 저작물을 오프라인 상에서 복제·배포하는 것만을 허락했는데, 이를 인터넷 등 온라인 사용에서 해당 저작물을 전송하는 경우)는 저작권 침해라고 봄이 상당할 것이다.

다만, 이용 허락의 범위를 넘어선 이용이 저작권 침해가 되는 것은 해당 저작물 자체를 복제하거나 배포하는 등의 경우를 말하는 것이지 해당 저작물 자체가 아닌 그 저작물을 통해 만들어진 결과물을 이용하는 것은 저작권 침해가 아닌 단순한 계약 위반에 불과하다는 점을 알아 둘 필요가 있다.

예컨대, 폰트 프로그램을 이용해서 만든 문서를 오프라인용으로만 사용하기로 하는 라이선스 계약을 체결한 후 그 문서를 홈페이지 등에 올리는 것은 폰트 프로그램 자체를 복제하거나 전송하는 것이 아니라 폰트 프로그램을 통해 만들어진 결과물인 문서를 온라인용으로 이용한 것에 불과한 것이기 때문에, 이러한 경우는 폰트 프로그램의 저작권 문제라기보다는 라이선스 계약범위와 관련된 것으로써, 이에 대해서는 저작권법 위반과 같은 형사적인 문제가 발생될 여지가 없다.

한편, 이용 허락의 범위를 넘어 선 이용이 저작권법 위반에 해당한다는 사건이 있었다. 이 사건은 이미지 판매회사로부터 해당 이미지를 구입한 회사가 이미지 판매회사의 약관 등에 의해 해당 이미지를 1회에 한해서만 이용할 수 있음에도, 이를 초과하여 이용한 사안이었는데, 이 사건에서 법원은 이를 저작권법 위반이라고 판시한 적이 있다(울산지방법원 2012. 12. 28. 2010노170 판결).

이처럼 이용 허락을 넘어선 이용이 단순한 계약 위반인지 아니면 저작권 침해에도 해당하는지 여부에 관해서는 명확한 기준이 없을 뿐만 아니라, 법원은 위 판례에서처럼 계약 위반으로 볼 여지도 있는 사안에서 저작권 침해를 인정했기 때문에, 저작물 이용자의 입장에서는 단순히 이용 허락을 받았다는 이유로 해당 저작물을 임의로 이용해서는 안 되고, 이용 허락을 넘어선 이용의 경우에는 반드시 사전에 저작권자나 이용 허락권자의 동의를 받는 것이 무엇보다도 중요할 것으로 생각된다.

16

공정이용

앞에서 본 것처럼 의거성과 실질적 유사성이 둘 다 존재하게 되면 원칙적으로는 저작권 침해가 된다. 그래서 이런 경우에 저작권 침해 방어자는 손해배상액이 과다하다는 것 말고는 별다르게 다툴 것이 없다. 그러나 이러한 상황이라도 저작권 침해가 아니라고 주장할 여지는 아직 남아 있다. 바로 '공정이용' 또는 '저작재산권 제한'(이하 '공정이용'이라고 함)에 관한 주장이다.

저작권법은 비록 겉으로는 타인의 저작권을 침해한 것으로 보이지만, 일정한 경우 저작권자의 저작재산권을 제한함으로써 해당 저작물을 이용할 수 있도록 하는 공정이용에 관한 규정을 두고 있다. 저작권법으로 보호되는 저작물을 제한적으로 이용할 수 있도록 허용하는 개념이다.

공정이용에 관한 규정은 '공표된 저작물의 인용' 등 개별적·구체적 규정 16가지와 '저작물의 공정한 이용'이라는 일반적·보충적 규정으로 구성되어 있다(저작권법 제23조~제35조의 3). 저작권법상 공정이용에 관한 규정은 다음과 같다.

- 재판 절차 등에서의 복제(제23조)
- 정치적 연설 등의 이용(제24조)
- 공공저작물의 자유 이용(제24조의2)
- 학교 교육 목적 등에의 이용(제25조)
- 시사 보도를 위한 이용(제26조)
- 시사적인 기사 및 논설의 복제 등(제27조)
- 공표된 저작물의 인용(제28조)
- 영리를 목적으로 하지 아니하는 공연·방송(제29조)
- 사적 이용을 위한 복제(제30조)
- 도서관 등에서의 복제 등(제31조)
- 시험 문제로서의 복제(제32조)
- 시각장애인 등을 위한 복제 등(제33조)
- 청각장애인 등을 위한 복제 등(제33조의2)
- 방송사업자의 일시적 녹음·녹화(제34조)
- 미술저작물 등의 전시 또는 복제(제35조)
- 저작물 이용 과정에서의 일시적 복제(제35조의2)
- 저작물의 공정한 이용(제35조의3)

그러나 현실적으로 저작권 소송 실무에서 법원이 공정이용을 인정하여 저작권 침해가 아니라고 판단한 경우는 극히 드물다. 물론 어떤 공정이용 규정을 주장하느냐에 따라 달라지긴 하겠지만 대체로 법원이 공정이용을 인정한 경우는 그 예를 찾기가 어렵다.

따라서 누가 봐도 공정이용에 해당하지 않는다고 판단되거나 처음부터 공정이용이라는 의도 하에서 이루어진 경우가 아니라면 굳이 이를 주장할 필요는 없을 것이다. 그러기보다는 오히려 손해배상액의 과다를 다투는 일에 힘을 쏟는 것이 보다 효율적인 방어 전략이 될 것이다.

다만, 저작권법에 공정이용에 관한 규정이 존재한다는 것을 알고 있는 것과 그렇지 못한 것은 저작권을 대하는 자세에서 벌써 차이가 나는 것이다. 그러므로 어떤 유형의 공정이용 규정이 존재하는지, 자신의 저작물 창작 행위와 관련지을 수 있는 공정이용 규정은 어떤 것이 있는지를 확인하는 것은 분명히 의미 있는 일이라 할 것이다.

· · · ·

지금까지 저작권에 관한 전체적인 개요를 살펴보았다. 물론 개략적으로만 살펴본 것이어서 저작권에 관한 모든 것이 담겨 있다고 할 수는 없다. 그러나 일반적인 저작권 침해 사건에서 발생할 수 있는 이슈들은 모두 이러한 틀 안에서 움직이고 있다고 해도 과언은 아니다.

따라서 이하에서는 이러한 저작권에 관한 전체적인 개요를 기초로 게임과 관련된 저작권에 관한 심도 있는 논의를 본격적으로 전개해 나가도록 하겠다.

PART

03

게임의
저작물성

게임은 어떤 저작물에
속하는가?

1 게임과 관련된 저작물의 유형

저작권법 제4조(저작물의 예시 등)에서 규정하고 있는 저작물 가운데, 게임은 크게 시각적인 부분과 관련해서는 영상저작물로서, 게임의 소스 코드 등과 관련해서는 컴퓨터프로그램저작물로서 각각 보호 받을 수 있다. 그런데 게임이 영상저작물로 보호 받을 수 있는지와 관련해서는 이견이 있을 수 있다. 우리 저작권법에서는 영상저작물을 '연속적인 영상(음의 수반여부는 가리지 아니한다)이 수록된 창작물로서 그 영상을 기계 또는 전자장치에 의하여 재생하여 볼 수 있거나 보고 들을 수 있는 것'이라고 정의하고 있어서(저작권법 제2조 제13호) '고정화'가 영상저작물의 요건이라고 할 수 있는데, 게임의 화면 내용이나 구체적인 진행 상황 등은 게이머의 기술이나 능력에 따라 다를 수밖에 없는 것이어서 화면 구성이 딱히 고정되어 있다고 보기는 어렵기 때문에, 고정화를 요건으로 하는 영상저작물에 게임이 해당한다고 할 수 있을지가 문제되는 것이다.

〈Stern Electronics v. Kaufman〉 사건에서 법원은 전체적인 이미지는 동일한 것이므로 고정되어 있는 것에 해당하고, 시청각 작품은 저작물로서 보호되어야 한다고 판시[8]함으로써 게임을 영상저작물로 보호할 수 있음을 시사하였고, 앞으로 살펴 볼 〈실황야구〉 vs 〈신야구〉 사건에서 우리 항소심 법원도 야구게임을 영상저작물로 판단한 바 있다.[9]

이처럼 게임은 영상저작물과 컴퓨터프로그램저작물로는 물론, 게임 내 캐릭터와 이미지는 미술저작물로, 게임 스토리는 시나리오와 같은 어문저작물로, 게임에 삽입된 효과음과 배경음악은 음악저작물로 보호 받을 수 있다.

〈모바일 게임 음원사용료〉 사건[10]

A는 모바일 게임을 제작·운영하는 B회사로부터 모바일 게임의 배경음악 및 효과음으로 사용할 음원을 만들어 달라는 요청을 받고 29개 음원을 제작하여 B회사에게 제공하였다. B회사는 위 29개 음원 가운데 3개(이하 '이 사건 음원'이라고 함)를 모바일 게임의 배경음악으로 사용하였다. A는 B회사로부터 이 사건 음원 사용에 관한 대가를 지급받지 못했다. 이에 A는 B회사를 상대로 하여 음원 등 사용료 청구소송을 제기하였다.

---

8) 오승종 「저작권법」 (2013) p1274~1275
9) 서울고등법원 2007. 8. 22. 선고 2006나72392 판결
10) 서울중앙지방법원 2014. 7. 8. 선고 2013가합523402 판결

■ B회사가 A에게 이 사건 음원 사용료를 지급할 의무가 있는지(O)

B회사의 주장

B회사는 A에게 투자자를 소개해 주고 자문을 제공하였다. A는 B회사에게 음원을 제공한 후 이 사건 소 제기 전까지 2년 동안 이 사건 음원에 대한 대가를 요구한 적이 없는 것으로 볼 때, B회사는 A에게 투자자 소개 등으로 이미 이 사건 음원 사용 대가를 지급하였다.

법원의 판단

A는 B회사에게 음원을 제공한 이후에도 B회사의 요청에 따라 수차례 이 사건 음원을 수정했고, B회사 대표이사는 이 사건 음원의 우수함에 만족하면서 A에게 이 사건 음원의 제작·사용에 대한 보답을 약속했다. 그러므로 A와 B회사 사이에 묵시적으로나마 이 사건 음원 사용에 대한 대가를 지급하기로 약정하였다고 봄이 상당하다.

한편, B회사가 A에게 제공한 투자자 소개 및 자문 제공 등이 이 사건 음원의 사용에 대한 대가로서 이루어졌다고 볼 수는 없다.

■ 이 사건 음원 사용료

A는 이 사건 음원을 한국음악저작권협회에 위탁한 바가 없기 때문에, 이 사건 음원 사용료를 산정함에 있어서 한국음악저작권협회의 사용료 징수규정을 따를 수는 없다.

결국 이 사건 음원의 사용료는 모바일 게임에 사용되는 배경음악으로서 통상 받을 수 있는 금액으로 산정하여야 할 것인데, 이 사건 음원이 B회사가 제작한 모바일 게임에서 차지하는 비중, 위 게임의 인기도와 사용자 규모, 매출액, 서비스 기간, 위 게임에 제공된 음원의 수 등 제반 사정을 종합하여 보면, 이 사건 음원에 대한 사용료는 1,000만원으로 정함이 상당하다.

평 석

이 사건은 A가 B회사에게 모바일 게임의 배경음악과 효과음을 제공하면서 그 사용 대가에 관해 구체적인 약정을 하지 않아서 발생한 사건이었다. 이런 경우 B회사가 이 사건 음원에 관한 사용료를 A에게 지급할 의무가 있는지 여부는 결국 당사자들의 법률행위의 해석으로 해결해야 한다.

여기서 말하는 '법률행위의 해석'이란 당사자가 그 표시행위에 부여한 객관적인 의미를 명백하게 확정하는 것으로서 당사자가 표시한 문언에 의하여 객관적인 의미가 명확하게 드러나지 않는 경우에는 문언의 내용과 법률행위가 이루어지게 된 동기 및 경위, 당사자가 법률행위에 의하여 달성하려고 하는 목적과 진정한 의사, 거래관행 등을 종합적으로 고찰하여 사회정의와 형평의 이념에 맞도록 논리와 경험의 법칙, 그리고 사회일반의 상식과 거래의 통념에 따라 합리적으로 해석하는 것을 의미한다.[11]

이러한 법률행위의 해석의 관점에서 법원은 A와 B회사 사이에 묵시적으로나마 이 사건 음원에 관한 대가를 지급하기로 약정하였다고 보고, 이 사건 음원이 사용된 B회사의 모바일 게임의 인지도 등을 종합적으로 고려하여 그 사용료의 대가를 1,000만원으로 산정하였다.

· · ·

이와 같이 게임은 다양한 저작물이 결합되어 있는 복합적 저작물로서 그 각각에 대해 저작권법상 보호를 받을 수 있기 때문에 게임과 관련된 저작권 침해 문제가 발생했을 때에는 어떤 저작물에 관한 저작권 침해인지 먼저 확인할 필요가 있다.

---

11) 대법원 2011. 5. 26. 선고 2010다102991 판결

2 게임 영상물 등의 저작물성과 그 판단 기준

1) 저작권 침해 사건에서 저작권을 침해당했다고 주장되는 작품 등이 저작권법에 의해 보호 받을 수 있는 저작물에 해당하는지 여부는 저작권 침해 여부를 판단함에 있어서 가장 중요하고 핵심적인 부분이다. 따라서 저작권에 대해 알고자 하면 먼저 '저작물성'이 무엇이고, 저작물성이 실제 저작권 침해사건에서 어떤 역할을 하는지 알아야 한다.

저작권의 보호 대상은 사람의 정신적 노력에 의하여 얻어진 사상 또는 감정을 말이나 문자 등에 의하여 구체적으로 외부에 표현한 창작적인 표현 형식뿐이고, 표현되어 있는 내용 즉 아이디어나 이론 등의 사상 및 감정 그 자체는 설사 그것이 독창성이나 신규성이 있다 하더라도 원칙적으로 저작권의 보호 대상이 되지 않는다.[12]

여기서 말하는 '창작성'이란 완전한 의미의 독창성을 말하는 것이 아니라, 단지 남의 것을 모방하지 않고 작성자 자신의 독자적인 사상 또는 감정의 표현을 담고 있음을 의미할 뿐이기 때문에, 저작물에 저작자 나름의 정신적 노력의 소산으로서의 특성이 부여되어 있고 다른 저작자의 기존 작품과 구별할 수 있는 정도로 충분하다.[13]

---

12) 대법원 1999. 11. 26. 선고 98다46259 판결
13) 대법원 2005. 1. 27. 선고 2002도965 판결

하지만 누가 하더라도 같거나 비슷할 수밖에 없는 표현, 즉 저작물 작성자의 창조적 개성이 드러나지 않은 표현은 창작물이라고 할 수 없다. 따라서 해당 저작물과 관련하여 전형적으로 수반되는 내용이거나 종래에 이미 존재했던 표현 또는 일상적인 표현이거나 문구가 짧고 의미가 간단한 제호 등은 거기에 작성자의 최소한의 개성도 들어있다고 보기 어렵기 때문에 저작권법상 보호 대상이 되지 않는다.

이러한 저작물성에 관한 기본 논리를 기초로 게임 영상물 등의 저작물성을 살펴보면, 영상물로서의 게임의 경우는 Part 01에서 본 바와 같이 게임의 규칙, 전개방식, 단계별 변형 등 게임의 기본원리 자체는 표현이 아닌 아이디어에 불과하기 때문에 저작물로 보호 받을 수 없지만, 게임의 기본원리를 바탕으로 게임 개발자가 창작적으로 구현한 시각적·청각적 효과는 게임 전체적으로 볼 때 영상저작물로 보호 받을 수 있고, RPG 등과 같이 에피소드나 스토리가 더해진 경우에는 극저작물에 해당하는 게임 시나리오의 내용도 함께 고려하여 게임의 영상저작물성 여부를 판단하여야 한다.

영상물로서의 게임에서 이러한 저작물성의 중요성은 아무리 강조해도 지나치지 않다. 게임 영상물에서는 저작권 침해 주장자의 침해 부분이 저작물에 해당하는지 여부에 따라 저작권 침해 여부가 판가름 나기 때문이다. 따라서 게임 저작권 침해 사건에서 그 침해를 주장하는 측과 방어를 하는 측 모두에게 저작물성은 너무나도 중요한 공방논리가 된다.

그런데 일반적인 게임 관련 저작권 사건에서는 게임 내 캐릭터와 아이템 등 이미지 자체의 유사성, 게임의 규칙 내지 전개방식과 결합된 구체적 표현의 유사성, 더 나아가 게임의 근본적 본질 또는 구조의 복제에 따른 포괄적 유사성[14] 등이 중점적으로 다투어지는 것이지, 게임 자체가 영상저작물에 해당하는지 여부가 다투어지는 경우는 드물다. 즉, 게임 자체의 저작물성보다는 게임을 구성하는 요소들의 저작물성이 중요한 의미를 갖는다. 이에 관해서는 앞으로 살펴볼 '실질적 유사성' 부분에서 자세히 언급하기로 하겠다.

다음으로 게임에 등장하는 캐릭터, 배경 및 아이템 등과 같은 이미지의 경우는 그것이 남의 것을 그대로 보고 베낀 정도가 아닌 한 기본적으로는 미술저작물로 보호 받을 수 있다. 다만, 캐릭터의 경우는 그것이 영상저작물인 게임과 별개로 보호 받을 수 있는지가 문제될 수 있는데 이에 대해서는 Part 04에서 자세히 살펴보도록 하겠다.

효과음이나 배경음악과 같은 게임 내 음악의 저작물성 및 게임 내부 소스코드 등의 컴퓨터프로그램저작물성에 관해서는 특별히 문제되는 경우가 별로 없기 때문에, 이 책에서는 이에 관한 부분은 생략하고 영상저작물로서의 게임과 게임 캐릭터 등 게임 이미지를 중심으로 살펴보도록 하겠다.

---

14) 포괄적 유사성에 관한 논의는 보통 소설, 시나리오 등 극저작물들 사이의 실질적 유사성 여부를 판단할 때 등장한다.

2) 저작물에는 순수한 창작물뿐만 아니라, 기존 저작물에 새로운 창작을 더한 2차적저작물도 당연히 포함된다. 이와 관련하여 우리 저작권법에서는 '원저작물을 번역·편곡·변형·각색·영상제작 그 밖의 방법으로 작성한 창작물(2차적저작물)은 독자적인 저작물로서 보호된다'고 규정하고 있다(저작권법 제5조 제1항). 따라서 2차적저작물로 보호 받기 위해서는 원저작물을 기초로 하되, 원저작물과 실질적 유사성을 유지하고 이것에 사회통념상 새로운 저작물이 될 수 있을 정도의 수정·증감을 가하여 새로운 창작성이 부가되어야 하며, 약간 변형한 정도로는 원저작물의 복제물에 불과하여 저작권법에 의한 보호를 받을 수 없다.[15]

게임의 경우도 저작권법상의 보호를 받기 위해서는 그것이 원저작물이든 2차적저작물이든 그 자체에 작성자의 개성과 창작성이 표현되어 있기만 하면 된다. 다만, 원게임에 수정·증감을 가하여 새로운 창작성이 부가된 2차적저작물인 게임이 독립된 저작물로 보호 받을 수는 있지만, 원게임 저작권자의 동의나 승낙 없이 만든 경우에는 원게임 저작권자의 2차적저작물작성권을 침해하게 되는 것이고, 보통은 남의 게임을 그대로 베껴서 복제권을 침해하는 경우는 거의 없기 때문에 일반적인 게임 저작권 사건에서는 이러한 2차적저작물작성권 침해 여부가 주요한 쟁점이 된다.

---

15) 대법원 2010. 2. 11. 선고 2007다63409 판결

게임의 규칙 등은 저작권법상
보호 받을 수 있는가?

저작권법은 아이디어와 표현을 구분하여, 아이디어는 보호하지 않고, 표현만 보호의 대상으로 삼고 있기 때문에 게임 관련 저작권 사건에서 게임의 영상을 구성하는 요소들 가운데 어떤 것들이 아이디어에 속하고 어떤 것들이 표현에 해당하는지를 구분하는 것은 매우 중요한 의미를 갖는다. 소설이나 시나리오 등 극저작물의 소재, 주제, 등장인물의 유형 등이 아이디어의 영역에 속해서 그 자체로는 저작권법에 의한 보호를 받을 수 없는 것처럼, 게임의 규칙 역시 추상적인 게임의 개념이나 장르, 게임의 전개방식 등을 결정하는 도구로서 아이디어에 해당한다. 따라서 게임을 하는 방법이나 게임 규칙, 진행방식 등 게임에 관한 기본원리나 아이디어까지 저작권법으로 보호되지는 않는다.

즉, 아이디어는 독창적인 것이라고 하더라도 원칙적으로 누구나 이용 가능한 공공의 영역에 속한다고 할 수 있기 때문에 아이디어를 베낀 것만으로는 저작권 침해가 될 수 없다. 이를 '아이디어와 표현의 이분론'이라 하는데, 실제 게임 관련 저작권 사건에서 가장 많이 등장하는 논리이다.

〈팜히어로사가〉 vs 〈포레스트 매니아〉 사건

A회사는 2010년경 출시한 매치-3-게임[17] 형태인 팜킹(Farm King) 게임을 바탕으로 2012. 9.경 게임 개발 스튜디오인 Digital Jester Limited(이하 디지털 제스터라 함) 등과 함께 게임 개발에 착수하여, 2013. 4.경 팜히어로사가(Farm Heroes Saga) 게임(이하 '팜히어로사가' 라 함)이 개발되자 페이스북 플랫폼을 통하여 전 세계에 출시한 후, 2014. 1.경에는 모바일 플랫폼으로, 2014. 6. 10.에는 카카오톡 플랫폼으로 팜히어로사가를 각 출시하였다.

홍콩 회사인 젠터테인(Zertertain)은 매치-3-게임인 포레스트 매니아(Forest Mania) 게임을 개발하였고, B회사는 2014. 1. 23. 젠터테인과 한국 시장에 현지화된 포레스트 매니아 게임을 한국 시장에서 독점적으로 유통할 수 있는 라이선스를 허여하는 것 등을 내용으로 하는 모바일 게임 라이선스 계약[18]을 체결한 후, 2014. 2. 11. 카카오톡 플랫폼으로 포레스트 매니아 게임의 한국어 버전(이하 '포레스트 매니아' 라 함)을 출시하여, 구글 플레이 스토어와 애플 앱스토어를 통하여 제공하고 있다.

이에 A회사는 팜히어로사가와 포레스트 매니아는 실질적으로 비슷하므로 B회사가 포레스트 매니아를 개발하여 게임 이용자들에게 제공한 행위는 팜히어로사가에 관한 저작권을 침해하는 것은 물론, 부정경쟁방지법 제2조 제1호 (차)목에서 규정한 부정경쟁행위 또는 민법 제750조의 불법행위에 해당한다는 이유로, B회사를 상대로 손해배상청구 등 소송을 제기하였다.

팜히어로사가

팜히어로사가는 특정 타일들을 3개 이상 직선으로 연결하면 타일들이 사라지면서 그 수만큼 점수를 획득하는 방법으로 각 단계마다 주어지는 목표 타일 수에 이르도록 하는 매치-3-게임의 기본 형식을 취하되, 타일들이 사라질 때 이웃하는 타일들의 점수 값이 높아지도록 하는 규칙 등 게임의 단계마다 새로운 규칙을 추가하고, 목표 달성을 방해하는 특정 장애물을 추가함과 동시에 이러한 장애물을 무력화시키거나 특정한 성과를 낼 수 있도록 도와주는 아이템(부스터)을 제공하고 이를 구매할 수 있게 고안된 퍼즐 게임이다.

포레스트 매니아

포레스트 매니아는 매치-3-게임의 기본 형식을 취하면서 이웃하는 타일들의 점수 값이 높아지도록 하는 규칙 등의 새로운 규칙을 추가하고, 그 밖에 특정한 목표 달성을 방해하는 특정 장애물 및 이를 제거할 수 있는 아이템(부스터)을 추가한 퍼즐 게임이다.

---

16) 서울고등법원 2017. 1. 12. 선고 2015나2063761 판결

17) match-3-game, 게임 속의 특정 타일들이 3개 이상의 직선으로 연결되면 함께 사라지면서 점수를 획득하도록 고안된 게임

18) 온라인 게임의 제작 및 이용 제공과 관련하여 게임 제작사인 젠터테인과 B회사 사이에 퍼블리싱(게임물의 서비스 또는 유통과 관련하여 필요하거나 그에 부수되는 회원의 모집, 과금, 고객 응대, 마케팅 업무 등을 포함한 영업활동을 말함) 계약이 체결된 것으로 보인다.

■ 팜히어로사가 출시 전 유사 장르 또는 형식의 게임

비쥬얼드(2001. 5. 30. 출시), 비쥬얼드 2(2004. 11. 5. 출시), 비쥬얼
드 클래식(2011. 11. 22. 출시), 쥬얼 매니아(2012. 11. 7. 출시), 쥬얼
리스트 저니(2012. 1. 17. 출시), 프룻 록커 2(2008. 7. 26. 출시), 인챈
팅 아일랜드(2009. 4. 8. 출시), 퍼즐 퀘스트(2008. 7. 9. 출시), 스론
오브 올림푸스(2011. 12. 무렵 출시), 트리플 타운(2011년 이전 출시),
그린 밸리(2008. 12. 22. 출시), 볼빌레(2011. 1. 무렵 출시), 플라워 파
라다이스(2009. 5. 20. 출시) 등

■ 당사자들의 주장과 반박

 A회사의 주장

팜히어로사가와 같은 매치-3-게임에서는 ㉠ 시작하는 화
면, 게임 중의 화면, 게임 종료 후의 화면 등을 어떻게 구성
하고 디자인할 것인지(화면 구성 및 디자인), ㉡ 특수규칙을 어떻
게 구성할 것인지(특수규칙), ㉢ 타일이 위치하는 보드를 어떻
게 구성할 것인지(보드 구성) 등에서 무한한 선택 가능성이 있
다. 특히 게임에 있어서 개별적인 규칙들을 어떻게 선택하고
배열할지, 다른 규칙·화면·게임보드 등과 어떻게 조합할 것
인지는 저작물의 사용자의 경험을 좌우하는 핵심적인 부분
으로, 이러한 규칙의 선택·배열·조합은 게임 개발자의 창의
성과 개성의 발현의 결과물로 저작권법의 보호를 받는 표현
에 해당한다.

그런데 젠터테인은 팜히어로사가에 나타난 각 개별적인 화면 구성 및 디자인, 특수규칙, 보드 구성뿐만 아니라 팜히어로사가의 규칙의 선택·배열·조합 자체를 모방한 포레스트 매니아를 개발하여 이를 게임 이용자들에게 제공하였다.

 B회사의 반박

A회사가 저작권의 보호대상이라고 주장하는 게임 규칙 및 그 조합과 배열 등은 아이디어에 불과하여 저작권의 보호대상이 될 수 없다. 또한 A회사가 팜히어로사가에서 독창적이라고 주장하는 게임 규칙에 관한 아이디어는 팜히어로사가의 출시 시점에 이미 게임시장에서 보편화 되어 이른바 공공의 영역(puBlic domain)에 속하는 것이었고, 그 게임 규칙들의 구체적인 표현 방법 역시 팜히어로사가와 포레스트 매니아 사이에는 차이가 있다. 게다가 팜히어로사가의 게임 보드 구성은 선행 게임에서 보편적으로 나타나는 것일 뿐만 아니라, 포레스트 매니아의 게임 보드와는 구체적인 형태 및 특수 칸의 배치에서 차이가 존재하고, 그 밖에 팜히어로사가와 포레스트 매니아는 시각적 디자인 측면에서도 차이가 있다.

따라서 포레스트 매니아에 팜히어로사가의 게임 규칙 등과 비슷한 것이 일부 사용되었다고 하더라도 양자 사이에 실질적인 유사성이 없다.

법원의 판단

■ 팜히어로사가의 특징적인 규칙 부분

1) 기본 보너스 및 추가 보너스 규칙

팜히어로사가와 포레스트 매니아는 사용자가 타일 3개를 맞추어 제거할 경우 다음 1턴 동안 그 이웃 타일들에 보너스 점수를 부여하는 규칙(이하 '기본 보너스 규칙'이라 함) 및 사용자가 타일 4개를 맞추어 제거할 경우에는 이웃 타일들에 보너스 점수를, 타일을 T자 또는 L자 모양으로 맞추었을 경우에는 해당 열과 행 전체에 보너스 점수를 각 부여하고, 타일을 일렬로 5개 맞추었을 경우 해당 캐릭터와 같은 종류의 캐릭터들을 모두 제거하면서 그 제거 수만큼 점수를 부여하는 규칙(이하 '추가 보너스 규칙'이라 함)이 도입되어 있고, 타일에 부여된 보너스 점수는 캐릭터의 우측 하단에 위치한 노란색의 원 안에 파란색 계통으로 연산기호(+ 또는 ×)와 숫자를 이용하여 표현하고 있는 점에서 비슷하다.

그러나 위와 같은 유사점 가운데 기본 보너스 규칙과 추가 보너스 규칙 자체는 모두 아이디어의 범주에 속하여 저작권의 보호대상이 되지 않는다.

2) 히어로 모드 규칙

팜히어로사가와 포레스트 매니아는 각 단계별로 제시된 목표를 달성한 뒤에도 남은 횟수만큼 게임을 계속 진행하여 보너스 점수를 받을 수 있도록 하고(이하 '히어로 모드'라 함), 히어로 모드에서는 기본 보너스 규칙 또는 추가 보너스 규칙에 따라 부여된 점수가 사라지지 않는 규칙(이하 '히어로 모드 규칙'이라 함)이 사용되고 있으며, 히어로 모드에 있을 경우 기존의 화면에 반짝임 효과가 추가되는 점에서 비슷하다.

그러나 위와 같은 유사점 가운데 히어로 모드 규칙 자체는 아이디어의 범주에 속하여 저작권 보호대상이 되지 않는다.

3) 전투 레벨 규칙

팜히어로사가와 포레스트 매니아 모두 제거된 타일 수만큼 악당을 공격하여 에너지를 감소하게 하는 레벨(이하 '전투 레벨'이라 함)이 설정되어 악당의 에너지를 모두 없애면 히어로 모드 없이 해당 레벨이 종료되는 규칙(이하 '전투 레벨 규칙'이라 함)이 사용되고 있고, 악당이 화면의 오른쪽 상단에 고정되어 표현되는 점, 전투 레벨 시작 전에 게임 상 화폐를 사용하여 3개의 난이도 중에서 선택할 수 있는 점에서 비슷하다.

그런데 위와 같은 전투 레벨 규칙 및 난이도 선택은 모두 아이디어의 범주에 속하여 저작권의 보호대상이 되지 않는다.

4) 알 모으기 규칙

팜히어로사가와 포레스트 매니아 모두 타일 3개를 맞추면 상위 단계의 타일로 변화하고, 이러한 변화 과정을 3번 또는 4번 거쳐야 제거할 수 있는 특수 타일을 제시하고 있다. 그 중 3단계 특수 타일의 경우는 '알 → 가운데가 가로로 깨지면서 그 사이로 밖을 내다보는 아기 동물 → 부화된 동물'의 형태로 변화하고, 4단계의 경우는 '풀 위에 있는 알 → 알 → 가운데가 가로로 깨지면서 그 사이에서 밖을 내다보는 아기 동물 → 부화된 동물'의 형태로 변화하는 규칙(이하 '알 모으기 규칙'이라 함)이 사용되고 있는 점에서 비슷하다.

그러나 위와 같은 알 모으기 규칙 자체는 아이디어에 해당하므로 저작권의 보호대상이 되지 않는다.

5) 특수 칸 규칙

팜히어로사가와 포레스트 매니아는 모두 타일을 맞춰도 점수를 얻을 수 없고 함께 연결된 다른 타일들도 점수를 얻을 수 없게 하는 특수 캐릭터(뿌루퉁한 캐릭터), 해당 칸의 타일을 점수를 얻을 수 없는 타일로 바꾸는 기능을 하는 특수 칸(진흙탕으로 표현된 칸), 해당 칸의 타일 점수를 2배로 증가시키고 점수를 얻을 수 없는 특수 캐릭터를 일반 타일로 바꾸는 기능을 하는 특수 칸(잔디로 표현된 칸)을 이용하는 규칙(이하 '특수 칸 규칙'이라 함)을 사용하고 있다.

다른 타일과 맞춰도 점수를 얻을 수 없는 특수 캐릭터는 뿌루퉁한 표정을 짓고 있고 검은색 얼룩이 묻어 있는 점, 특수 캐릭터를 만드는 특수 칸은 보라색으로, 특수 캐릭터를 일반 타일로 변화시키고 보너스 점수를 부여하는 특수 칸은 초록색으로 표현하였다는 점에서 일부 유사성이 발견된다.

그러나 위와 같은 유사점 가운데 특수 칸 규칙 자체는 아이디어의 영역에 속하여 저작권의 보호대상이 되지 않는다.

6) 양동이 규칙(포레스트 매니아 : 그루터기 규칙)

팜히어로사가와 포레스트 매니아는 모두 특수 타일 주위에서 타일들을 맞추면 해당 특수 타일이 특정 캐릭터를 배출할 수 있는 단계로 한 단계씩 성숙해 가고, 주위에서 타일들이 3번 맞춰지면 완전히 성숙된 특수 타일에서 특정 캐릭터 4개가 나와 게임 보드에 무작위로 배치되는 규칙(이하 '양동이 규칙'이라 함)을 도입하고 있는 점에서 비슷하다.

그러나 위와 같은 양동이 규칙 자체는 아이디어의 영역에 속하여 저작권의 보호대상이 되지 않는다.

7) 씨앗과 물방울 규칙(포레스트 매니아 : 엘프와 버섯 규칙)

팜히어로사가와 포레스트 매니아는 모두 특정 캐릭터를 인접 칸에 위치한 특수 타일과 자리바꿈하면, 그 특수 타일의 주위를 포함한 5칸이 특수 캐릭터(뿌루퉁한 캐릭터)를 일반 타일로 회복시키고 보너스 점수를 부여하는 특수 칸(잔디 칸)으로 변화시키는 규칙(이하 '씨앗과 물방울 규칙'이라 함)을 도입하고 있는 점에서 비슷하다.

그러나 위와 같은 씨앗과 물방울 규칙 자체는 아이디어의 영역에 속하여 저작권의 보호대상이 되지 않는다.

8) 방해 규칙

팜히어로사가와 포레스트 매니아는 모두 방해 캐릭터가 2턴마다 무작위로 특정한 1종의 캐릭터를 제거하고, 캐릭터가 제거된 해당 칸은 다음 턴 동안 사용 불가능한 상태가 되며, 방해 캐릭터의 주변에서 타일을 맞추면 방해 캐릭터가 3턴 동안 캐릭터를 제거하지 못하는 규칙(이하 '방해 규칙'이라 함)이 도입된 점, 방해 캐릭터가 땅 속 또는 수풀에서 나와 정해진 1종의 캐릭터를 먹어치우는 점, 방해 캐릭터 주변에서 타일을 맞추면 방해 캐릭터가 기절하는 점에서 비슷하다.

그러나 위와 같은 유사점 가운데 방해 규칙 자체 및 캐릭터 제거 방식, 캐릭터 활동 중지 표현 등은 아이디어의 영역에 해당하여 저작권의 보호대상이 되지 않는다.

■ 팜히어로사가와 포레스트 매니아의 화면 구성 및 디자인

1) 로고

노란색 테두리 안에 파란 배경색을 배치하고 있는 점, 가운데에서 바깥쪽으로 빛이 뿜어져 나오는 것 같은 모습인 점, 각 캐릭터들이 테두리 안쪽에서 바깥으로 튀어나오려는 듯한 형상을 취하고 있는 점에서 비슷하다.

그러나 포레스트 매니아의 로고에서 노란색 테두리를 채택한 것은 포레스트 매니아가 카카오톡 플랫폼으로 출시되었기 때문에 카카오톡의 로고 띠를 가져온 것에 불과하고, 배경색을 파란색으로 하는 것, 가운데에서 바깥쪽으로 빛이 뿜어져 나오는 것, 캐릭터들이 테두리 안쪽에서 바깥쪽으로 튀어나오는 것처럼 배치하는 것은 아이디어의 범주에 속하는 것이다.

2) 맵 화면

상단의 각종 정보를 보여 주는 안내 바(Bar) 안에, 게임을 할 수 있는 횟수를 나타내는 붉은색 하트 모양과 게임 화폐를 나타내는 열매 또는 보석 모양이 배치되어 있는 점, 안내 바 아래로 S자형 길 모양에 각 단계를 나타내는 표지인 두툼한 단추 형태인 노드가 배치되어 있는데, 그중 도달하지 않은 레벨의 노드는 회색의 웃지 않는 모습으로, 도달한 레벨의

노드는 파란색의 웃는 모습으로, 전투 레벨의 노드는 보라색의 악당 얼굴 모습으로 각 표현되어 있으며, 그 성취 정도에 따라 노드 위에 노란색 별을 1개에서 3개까지 부여하는 방법으로 표현하고 있는 점, 게임 이용자가 가장 마지막으로 도달한 레벨의 노드에는 주위에서 물결이 퍼져나가는 것 같은 효과가 있고, 새로운 레벨에 도달하면 그 레벨의 노드 주위에서 하얀색 폭죽 효과가 나타난다는 점에서 비슷한 측면이 있다.

그러나 게임 이용자가 가장 마지막으로 도달한 레벨을 표시하기 위하여 그 레벨의 노드 주변에서 물결이 퍼져나가도록 하는 것이나 새로운 레벨에 도달하면 그 레벨의 노드 주위에서 하얀색 폭죽 효과가 나타나도록 하는 것은 아이디어의 범주에 속한다.

3) 게임 가운데 화면

① 게임 화면 상단 안내 바
노란색 계통의 바탕 위에 이동 가능한 횟수 및 성취도를 나타내는 초록색 원형그래프와 별 모양이 표시되어 있고, 상단에 목표 캐릭터들의 숫자가 표시되어 있으며 목표가 달성되면 그 숫자가 초록색으로 변하고 초록색 체크 마크가 생기게 되는 점, 그리고 전투 레벨의 경우에는 원형그래프의 색깔이 초록색이 아닌 보라색으로 바뀌는 점에서 일부 비슷하다.

그러나 원형그래프의 색깔을 일반 레벨에서는 초록색으로, 전투 레벨에서는 보라색으로 달리 표시하는 것은 아이디어의 영역에 해당한다.

② 게임 화면 하단 안내 바
전체적으로 노란색 바탕 위에 게임의 목적을 달성하는 데 도움을 주는 도구인 부스터들이 각각 다른 모양과 색깔의 동그란 아이콘 형태로 위치하고 있고, 아직 획득하지 못한 부스터의 경우 회색 바탕에 열쇠 구멍이 있는 흰색 자물쇠로 표현되어 있으며, 부스터의 각 기능 등이 일부 비슷하고, 부스터가 추가로 제공될 때까지 남은 시간은 부스터 아이콘 위에 시계 바늘이 돌아가는 것처럼 표현된 점이 비슷하다.

그러나 부스터가 추가로 제공될 때까지 남은 시간을 시계 바늘이 돌아가는 것처럼 표시하는 것은 아이디어의 범주에 속한다.

4) 게임 종료 후 화면

사용자가 특정 레벨에서 취득한 점수에 따라 3개의 별이 왼쪽부터 한 개씩 나타나고 별이 나타날 때마다 주변에서 하얀 폭죽이 터지는 효과가 발생한다는 점에서 비슷하다.

그러나 별을 순서대로 하나씩 나타내고 별 주변에서 폭죽 터지는 효과를 발생시키는 것은 아이디어의 범주에 속한다.

팜히어로사가와 포레스트 매니아의 보드 구성 등

A회사는, 팜히어로사가와 포레스트 매니아는 게임 규칙의
도입 순서와 처음 도입 레벨 역시 비슷하거나 동일하다고 주
장하지만, 게임 규칙의 도입 순서 등은 아이디어 영역에 해
당할 뿐이다.

평 석

이 사건 법원은 A회사의 게임과 B회사의 게임이 실질적으로
비슷한지 여부를 판단하는 과정에서 게임 규칙, 게임의 화
면 구성과 디자인 및 게임의 보드 구성 등과 관련하여, 게임
규칙 그 자체, 게임의 화면 구성과 디자인 가운데 로고의 배
경색을 파란색으로 하는 것 등 그리고 게임 보드의 구성, 게
임 규칙의 도입 순서 등은 각각 아이디어의 범주에 속하여
저작권법상 보호대상이 아니라고 판단하였다.

이와 같이 저작권 사건에서 비교 대상들이 표현이 아닌 아
이디어에 해당한다면 그것의 창작성 유무와는 무관하게 비
교 판단대상에서 제외되기 때문에, 실질적 유사성 여부를
판단할 때는 비교 대상이 표현에 해당하는지 아니면 아이디
어에 해당하는지에 관해 가장 먼저 판단해야 한다.

〈붐버맨〉 vs 〈크레이지 아케이드 비엔비〉 사건

B회사는 가정용 오프라인 게임인 〈붐버맨〉을 개발하여 1985년 경 출시한 이래 이와 비슷한 가정용 또는 오락실용 오프라인 아케이드 게임들(이하 '붐버맨 게임'이라 함)을 시리즈로 개발하여 서비스해 왔다.

A회사는 〈크레이지 아케이드 비엔비〉라는 온라인 아케이드 게임 (이하 '비엔비 게임'이라 함)을 개발하여 2001. 10.경부터 서비스해 왔다.

A회사는 붐버맨 게임과 비엔비 게임은 비슷하지 않아서 비엔비 게임은 붐버맨 게임의 저작권을 침해하지 않는다는 이유로 B회사를 상대로 저작권침해금지청구권 등 부존재 확인 소송(본소)을 제기했다.

이에 대해 B회사는 비엔비 게임은 붐버맨 게임과 실질적으로 동일하여 그 복제권을 침해하였거나, 혹시 동일하지는 않더라도 실질적으로 비슷하여 그 2차적 저작물 작성권을 침해했다는 이유로 A회사를 상대로 저작권 침해금지 등 청구소송(반소)을 제기했다.

---

19) 서울중앙지방법원 2007. 1. 17. 선고 2005가합65093(본소), 2006가합 54557(반소) 판결

■ 붐버맨 게임과 비엔비 게임에 관한 설명

붐버맨 게임

붐버맨 게임의 기본 방식은 바둑판 모양의 플레이필드
(playfield)에서 이용자가 조종하는 캐릭터가 폭탄을 설치하면
일정 시간 경과 후 폭탄이 터지면서 화염이 십자 형태로 나
오고, 그 화염에 상대방 또는 자신의 캐릭터가 맞으면 죽게
되며, 위 플레이필드는 폭탄에 의해 파괴되는 소프트블록과
파괴되지 않는 하드블록, 캐릭터가 이동할 수 있는 통로로
구성되고, 소프트블록이 파괴되면 일정한 확률로 특정한 기
능을 갖는 아이템이 나타난다.

비엔비 게임

비엔비 게임의 기본 방식은 바둑판 모양의 플레이필드에서
이용자가 조종하는 캐릭터가 물풍선을 설치하면 일정 시간
경과 후 물풍선이 터지면서 물줄기가 십자 형태로 나오고,
그 물줄기에 상대방 또는 자신의 캐릭터가 맞으면 캐릭터가
물방울에 갇히게 되고, 일정 시간 동안 물방울에서 빠져나
오지 못할 경우 물방울이 터지면서 죽게 되는 것이며, 위 플
레이필드는 물풍선에 의해 파괴되는 소프트블록과 파괴되지
않는 하드블록, 캐릭터가 이동할 수 있는 통로로 구성되고,
소프트블록이 파괴되면 일정한 확률로 특정한 기능을 갖는
아이템이 나타난다.

■ 당사자들의 주장

 A회사의 주장

붐버맨 게임과 비엔비 게임은 진행방식이나 규칙 등에서 유사점이 있지만, 그러한 유사점은 아이디어에 불과하여 표현으로 보호될 수 없는 것이고, 표현에 해당하는 것이라도 어떠한 아이디어를 나타내는데 전형적인 표현에 해당하거나, 다른 게임에서 널리 사용된 것이어서 공중의 영역에 속하는 것은 저작권법에 의해 보호될 수 없는 것이므로, 이러한 부분을 제외하고 구체적인 표현을 비교할 경우 붐버맨 게임과 비엔비 게임은 비슷하지 않다.

 B회사의 주장

비엔비 게임은 붐버맨 게임의 본질적인 특징이라 할 수 있는 내재적으로 표현된 게임의 진행과정, 방식, 규칙 등 근본적인 구조와 본질을 따라하여 전체적인 느낌이 매우 비슷할 뿐만 아니라, 외부적·시각적인 표현에서도 비슷하다.

■ 붐버맨 게임의 보호 받는 표현과 비엔비 게임의 표현과의 비교

1) 플레이필드 및 맵과 블록의 구성과 형태

플레이필드 형태가 바둑판 모양으로 나타나 있고, 필드 위에 있는 통로의 폭, 캐릭터가 서는 데 필요한 면적, 화염(물줄기)의 폭, 사각형인 하드블록 및 소프트블록의 크기가 원칙적으로 1매스로 통일되어 있다는 점 등은 플레이필드 구성의 아이디어에 불과하므로 유사 여부에 관한 비교대상이 될 수 없다.

① 아이스 맵

붐버맨 게임은 모자를 쓴 눈사람 모양의 하드블록, 눈덩이 쌓은 듯한 모양의 소프트블록이 있으며, 하드블록 가운데 9매스 크기로 상하좌우 4방향으로 문이 나 있어 캐릭터가 드나들 수 있는 형태의 이글루가 표현되어 있고, 비엔비 게임은 모자를 쓴 눈사람 또는 눈에 덮인 나무 모양의 하드블록, 얼음덩이 모양의 소프트블록이 있으며, 하드블록 가운데 9매스 크기로 상하좌우 4방향으로 문이 나 있어 캐릭터가 드나들 수 있는 형태의 이글루가 표현되어 있다는 점에서 비슷한 측면이 있다.

그러나 얼음세계 또는 눈 덮인 세계를 배경 또는 소재로 삼는 것은 아이디어에 불과하고, 이글루를 묘사할 경우 캐릭터가 통과하려면 상하좌우로 출입문이 있어야 하고 이를 위해 십자 형태의 5칸이 필요하며, 직사각형 형태를 유지하기 위해 각 모서리마다 1칸씩 4칸을 더하면 9칸이 되므로 기능적인 고려에 따른 결과라고 할 것이다. 그러므로 이러한 것들은 저작권법의 보호대상이 될 수 없다.

② 콘베이어 벨트가 등장하는 맵

붐버맨 게임과 비엔비 게임은 나무상자 형태의 하드블록 및 소프트블록이 있고, 화면의 바깥 둘레로부터 3번째 매스는 모두 콘베이어 벨트로 되어 직사각형 테두리 형태의 폐곡선을 이루어 시계방향으로 돌고 있다는 점에서 유사점이 있다.

그러나 콘베이어 벨트를 배경 또는 소재로 선택한 것 자체는 아이디어에 불과하다.

③ 빌리지 맵

붐버맨 게임과 비엔비 게임은 노랑, 파랑, 빨강의 삼각 지붕을 가진 집들과 4단으로 된 소나무가 하드블록을 이루고, 잔디밭, 횡단보도가 있다는 점에서 비슷한 점이 있다.

그러나 마을을 배경으로 한 것은 아이디어에 불과하다.

2) 캐릭터의 형태

붐버맨 게임과 비엔비 게임의 캐릭터는 머리가 몸체에 비해서 크고 2등신에 가까우며, 얼굴에서 눈이 가장 부각되고, 손과 발이 짧으며, 모자 또는 헬멧, 벨트를 착용하고 있다는 유사점이 있다.

머리의 크기를 과장하고, 눈을 크게 하며, 손과 발을 단순하고 작게 표현하는 것은 귀여운 캐릭터의 전형적인 기법이다.

3) 폭탄 및 화염의 형태

폭탄의 기능, 폭탄이 캐릭터가 있는 자리에 놓여진다는 점, 폭탄이 리듬감 있게 수축, 팽창하는 점, 폭발이 십자형으로 이루어진다는 점 등은 아이디어에 불과하므로, 유사 여부에 관한 비교대상이 될 수 없다.

4) 아이템의 형태

① 비행물체를 탈 수 있도록 하는 아이템과 동물을 탈 수 있도록 하는 아이템

이러한 아이템의 기능과 아이디어(비행물체를 타면 소프트블록은 넘어갈 수 있으나, 하드블록을 넘어갈 수 없다는 아이디어 포함) 자체는 저작권법의 보호대상이 아니다.

② 아이템들이 모두 공중에 떠 있는 것

아이템이 공중에 떠 있는 것은 아이디어로서 유사 여부에 관한 비교대상이 될 수 없다.

평 석 ▰▰▰▰▰▰▰▰▰▰▰▰▰▰▰▰▰▰▰▰▰▰▰▰▰

이 사건에서 법원은 먼저 추상적인 게임의 장르, 기본적인 게임의 배경, 게임의 전개방식, 규칙, 게임의 단계 변화 등은 게임의 개념·방식·해법·창작도구로서 아이디어에 불과하고 그러한 아이디어 자체는 저작권법에 의한 보호를 받을 수 없다고 전제한 후, 게임에 있어서 저작권법상 보호를 받을 수 있는 것은 그러한 게임의 전개방식, 규칙 그 자체 또는 그러한 것들의 선택과 배열 그 자체가 무한히 많은 표현형태 가운데 저작자의 개성을 드러낼 수 있는 표현 형식이어야 한다고 판단하였다.

이에 따라 이 사건 법원은 붐버맨 게임의 전개방식이나 규칙 및 소재 또는 배경, 아이템의 기능 등은 아이디어에 불과하여 저작권법상 보호대상에 해당하지 않는다고 판단하였다.

⌂3⌂
누가 하더라도 비슷한 게임 내용은 저권법상 보호 받을 수 있는가?

저작권법에서는 저작물을 '인간의 사상이나 감정을 표현한 창작물'이라고 정의하고 있다(저작권법 제2조 제1호). 따라서 표현된 것이 아니거나 표현되어 있더라도 창작성이 없는 경우에는 저작물이 아니고, 당연히 저작권도 발생하지 않게 된다. 이러한 저작물에 관한 정의에 비추어 볼 때, 아이디어가 저작권법적으로 보호 받지 못하는 이유가 창작성 여부와는 무관하게 표현된 것이 아니기 때문이라면, 표준적 삽화 또는 필수 장면이 저작권법적으로 보호 받지 못하는 이유는 비록 그것이 표현된 것이라고 하더라도 누가 하더라도 그렇게 밖에 표현할 수밖에 없는 것 즉, 창작성이 없기 때문이다.

희곡이나 대본, 시나리오 등과 같은 극저작물의 경우, 그 작품에 내재되어 있는 주제나 플롯이 전형적으로 예정하고 있는 사건들이나 등장인물의 성격 등과 같은 요소는 설령 그것이 표현에 해당하는 것이라도 저작권의 보호가 주어질 수 없고, 구체적이고 개별적인 사건, 그러한 사건들의 연속 과정, 극적인 전개, 등장인물의 구체적인 성격·행위 등의 극적인 요소만이 보호 받는 표현이라고 할 수 있다.

마찬가지로 게임의 경우에도 게임 규칙이라는 아이디어를 표현하는 방법이 실질적으로 한 가지밖에 없거나, 하나 이상의 방법이 가능하다고 해도 기술적인 제약 또는 개념적인 제약 때문에 표현 방법에 한계가 있거나 선택의 여지가 없는 경우에는 저작권법의 보호대상이 되지 않는다. 그러므로 그 제한된 표현을 똑같이 그대로 모방한 경우에만 실질적으로 비슷하다고 할 수 있는 것이다.

따라서 위와 같은 아이디어를 게임화 하는데 있어 필수불가결하거나 공통적 또는 전형적으로 수반되는 표현 등은 저작권법에 의한 보호대상이 될 수 없고 게임의 전개방식, 규칙 그 자체 또는 그러한 것들의 선택과 배열 그 자체가 무한히 많은 표현 형태 가운데 저작자의 개성을 드러내는 것이어서 표현으로 볼 수 있는 경우에만 저작권법상 보호를 받을 수 있게 된다.

이러한 법리는 창작행위를 함에 있어서 소재가 되는 아이디어 또는 전형적인 사건·표현이나 장면묘사에까지 특정인에게 저작권적인 독점권을 부여하게 되면 장래에 다른 창작자가 창작을 할 기회를 박탈하는 결과가 되기 때문에 이러한 소재 등은 만인의 공유(public domain)에 두어 문화의 창달이라는 저작권법의 목적 달성에 지장이 없도록 하는 것이 바람직하다는 것이다.

1 〈팜히어로사가〉 vs 〈포레스트 매니아〉 사건[20]

아래 판례 내용 가운데 앞서 '아이디어와 표현의 이분론'에
서 살펴본 내용(76쪽 참고)과 중복되는 부분은 생략하였다.

 법원의 판단

■ 팜히어로사가의 특징적인 규칙 부분

1) 기본 보너스 및 추가 보너스 규칙
한정된 게임 화면에서 기본 보너스 규칙과 추가 보너스 규칙
을 효과적으로 표현할 수 있는 다양한 표현 형태를 상정하
기 어렵다.

2) 히어로 모드 규칙
두 게임 모두 반짝임 효과로 히어로 모드를 표현하고 있으
나, 목표 달성 후에도 점수를 추가할 수 있도록 게임을 계속
진행하는 히어로 모드의 경우, 기존의 게임 화면에 큰 변형
을 줄 수는 없다는 한계를 가지므로 히어로 모드를 표현할
수 있는 효과적이고 다양한 방법이 있다고 보기는 어렵다.

3) 전투 레벨 규칙
지정된 공격 대상[원고 게임의 경우 보라색 너구리 캐릭터(란시드), 포레스트

---

20) 서울고등법원 2017. 1. 12. 선고 2015나2063761 판결

매니아의 경우 원시인 캐릭터(우가우가)에 대항하는 설정과 매치-3-게임의 형식을 동시에 유지해야 한다는 한계 안에서는 게임 이용자가 맞춘 타일로 악당 캐릭터를 공격하는 방식이 가장 이해하기 쉽고 일반적인 방법이라 할 것이고, 그 밖에 전투 레벨 규칙을 다양하게 표현하기 어려운 것으로 보인다.

4) 알 모으기 규칙

알 모으기 규칙에 사용된 특수 타일의 경우, 세로로 세워진 알의 중간 부분이 가로로 갈라지며 알이 부화하는 과정을 묘사한 표현은 전형적일 뿐만 아니라 달리 알이 부화되는 과정을 표현하는 방법이 다양하다고 볼 수 없다.

5) 특수 칸 규칙

타일을 맞춰도 점수를 획득할 수 없는 특수 캐릭터를 '뿌루퉁한 표정'과 '얼룩'을 이용하여 표현하고 있는데, 캐릭터의 기본 형태는 그대로 두고 일부만 변경하여 특수 캐릭터를 표현해야 하는 매치-3-게임의 한계 내에서 캐릭터의 표정을 변형하는 방법이 가장 쉬울 것이고, 뿌루퉁하거나 화난 표정과 같이 부정적인 표정으로 표현되는 것이 자연스러우며, 그 밖에 많은 다양한 방법이 있다고 보기는 어렵다.

6) 방해 규칙

방해 캐릭터의 활동을 극복하기 위해서 그 주변에서 타일을 맞추어야 한다는 것은 매치-3-게임인 팜히어로사가의 특성상 다른 방법을 생각하기 어렵다.

■ 팜히어로사가와 포레스트 매니아의 화면 구성 및 디자인

1) 게임 화면 하단 안내 바

게임 이용자가 아직 확인할 수 없거나 갖지 못한 것을 자물쇠 모양으로 표시하는 것은 게임에서 전형적으로 나타나는 표현 형식이고, 매치-3-게임 특성상 부스터의 기능은 1줄을 모두 없애주거나, 특정 캐릭터를 모두 없애주는 것 등으로 한정될 수밖에 없다.

2) 캐릭터

캐릭터들이 3차원 얼굴 형태를 가지고 있고 눈동자 색이 얼굴 색과 동일한 계열인 점, 게임 중간에 캐릭터별로 눈을 감았다가 뜨거나 혀를 내밀거나 좌우를 살피는 등 독특한 행동을 하는 점, 3개로 맞출 수 있는 캐릭터가 살짝 뛰어오르면서 힌트를 주는 점, 타일이 빈칸을 메우기 위해 위에서 내려올 때 탄력 있는 고무공이 바닥에 떨어질 때처럼 찌그러졌다가 다시 살짝 튀어 오르는 점에서 비슷하다.

그러나 각 캐릭터의 눈동자의 색깔을 캐릭터의 기본적인 색깔과 동일한 계열의 색을 사용하는 것은 제한된 캐릭터를 특징적으로 표현하기 위하여 서로 다른 색깔을 사용하고 있는 게임의 특성상 불가피한 방법이라 할 것이다.

■ 팜히어로사가와 포레스트 매니아의 보드 구성 등

팜히어로사가와 포레스트 매니아의 일부 레벨의 보드 구성에 유사점이 발견되기는 한다.

그러나 매치-3-게임의 경우 제한된 화면의 크기, 기본적으로 동일한 타일을 3개 이상 맞추어야 하는 규칙 등에 비추어 각 단계의 특징을 달리하면서 난이도를 고려하여 단계를 구성하기 위해 사용할 수 있는 게임 보드 구성은 비슷할 수밖에 없다고 보인다.

평석

이 사건 법원은 A회사의 게임과 B회사의 게임이 실질적으로 비슷한지 여부를 판단하는 과정에서 게임 규칙, 게임의 화면 구성과 디자인 및 게임의 보드 구성 등과 관련하여, 게임 화면의 한정성 등과 게임의 특성상 그렇게 표현할 수밖에 없는 것은 창작성이 없기 때문에 저작권법상 보호대상이 아니라고 판단하였다.

저작권 사건에서 실질적 유사성을 판단할 때 비교 대상들이 표현에 해당한다면, 그 다음으로 그것이 그렇게 표현할 수밖에 없는 것인지, 종래표현 또는 통상적인 표현에 해당하는지 등 창작성이 없는 표현에 해당하는 것은 아닌지 여부를 판단하는 것이 일반적이다.

2 〈붐버맨〉 vs 〈크레이지 아케이드 비엔비〉 사건[21](89쪽 참고)

 법원의 판단

■ B회사가 붐버맨 게임과 비엔비 게임의 유사점이라고 주장한 게임의 각종 설정, 전개방식과 규칙 등에 붐버맨 게임 작성자의 창작적 개성이 내재적으로 표현된 것으로 볼 수 있는지 여부

1) 붐버맨 게임의 전개방식과 규칙

직사각형의 플레이필드 안에서 폭탄을 이용하여 상대방 캐릭터를 죽이는 단순한 기본 설정 하에서 캐릭터가 게임을 진행하면서 에피소드나 스토리를 형성해 나가는 것도 아니고, 배경의 변화에 캐릭터가 영향을 받는 것도 아니며, 폭탄으로 상대방을 제압하는 방식이나 규칙에 다양한 표현 가능성이 있는 것도 아니기 때문에 이러한 게임의 전개과정과 규칙설정에 다양한 개성이 반영되는 데는 한계가 있다고 보인다.

① 캐릭터 상하좌우 움직임
모니터 화면이 사각인 점, 키보드로 조작하는 경우 원칙적으로 상하좌우로 이동하게 되는 점에 비추어 현실적인 제약에 따른 불가피한 선택으로 보인다.

---

21) 서울중앙지방법원 2007. 1. 17. 선고 2005가합65093(본소), 2006가합 54557(반소) 판결

② 바둑판 모양의 플레이필드

캐릭터가 상하좌우로 움직이고 장애물이 있는 게임에서는 캐릭터 이동 경로에 따라 통로가 형성되고 장애물이 배치되어야 하므로 화면의 전체적인 모양이나 장애물의 배치는 바둑판 모양의 플레이필드를 기본으로 할 수밖에 없다.

③ 캐릭터 크기

캐릭터가 1매스 크기의 블록 사이를 이동해야 하므로 캐릭터의 크기도 1매스 크기로 통일하는 것이 필수적이다.

④ 십자 형태의 화염

폭탄이 폭발하여 상대방 캐릭터를 죽이려면 그 화염이 폭탄이 설치된 인접 매스에도 미쳐야 하는데, 플레이필드가 바둑판 모양이므로 화염은 폭탄이 놓인 매스를 중심으로 하여 십자 형태로 미치거나, 폭탄이 놓인 매스와 인접한 모든 매스(폭탄이 놓인 매스를 중심으로 3매스×3매스로 된 직사각형 형태의 9개의 매스)에 미치는 것 중에서 선택할 수밖에 없다.

⑤ 화염의 폭과 그 범위 등

화염이 1매스의 길이를 그 폭으로 하며 1매스의 길이를 단위로 하여 미치는 것 역시 다른 선택의 여지가 거의 없는 표준적인 선택이다. 캐릭터가 화염에 맞지 않기 위하여 도망하거나 블록 뒤로 숨는 것은 그에 따른 필수적인 귀결이라 할 것이다.

⑥ 폭탄의 위치, 폭발 전까지의 시각적 표현 및 연쇄 폭발

캐릭터가 폭탄을 설치할 때 폭탄을 던지거나 굴리지 않는 이상 캐릭터 밑에 놓이는 것은 당연한 것이고, 폭탄 설치에서 폭발까지 시간의 경과를 시계나 숫자를 사용하지 않고 시각적으로 표현하기 위해서는 폭탄이 리듬에 따라 수축팽창하거나, 리듬에 따라 폭탄의 색깔이 변하는 등으로 표현이 제한될 것이며, 폭탄이 여러 개 설치된 경우 먼저 터진 폭탄의 폭발로 인한 화염이 다른 폭탄에 미칠 경우 그 폭탄 역시 폭발하는 것 외에 다른 선택의 여지가 크지 않다.

2) 소프트블록 및 하드블록의 구성과 아이템

① 소프트블록 파괴 후 아이템 생성

소프트블록이 파괴되면 일정한 확률로 아이템이 생성되는 것 역시 소프트블록과 아이템이 있는 게임에서 사실상 표준적으로 채택되는 구성이다.

② 캐릭터가 블록에 갇히는 설정 등

폭탄과 장애물 역할을 하는 블록을 캐릭터가 통과하지 못하면 갇힌다는 설정, 화염이 소프트블록을 파괴하면 더 이상 나아가지 못한다는 설정, 아이템도 화염을 맞으면 소멸한다는 설정은 각 블록과 폭탄의 특성에 비추어 다양한 표현의 여지가 없다.

③ 폭탄이 폭발하는 위치 등

폭탄을 아이템을 이용해 던질 경우 폭탄이 화면의 끝에 도달하면 폭탄이 터지거나 화면 밖으로 사라지거나 반대쪽 화면에서 나오면서 몇 차례 바운드 된 후 정지하는 것이나 소프트블록이 빛깔과 형상이 변하면서 소멸하는 것도 그 구체적인 표현 형태가 아니라 그와 같은 설정 자체에 다른 다양한 선택의 여지가 있다고 보기 어렵다.

■ 붐버맨 게임의 보호 받는 표현과 비엔비 게임의 표현 비교

1) 플레이필드 및 맵과 블록의 구성과 형태

플레이필드 형태가 바둑판 모양으로 나타나 있고, 필드 위에 있는 통로의 폭, 캐릭터가 서는 데 필요한 면적, 화염(물줄기)의 폭, 사각형인 하드블록 및 소프트블록의 크기가 원칙적으로 1매스로 통일되어 있다는 점 등은 여러 게임에서 전형적으로 이용되고 있는 사실상의 표준에 해당하므로 유사 여부에 관한 비교대상이 될 수 없다.

① 아이스 맵

얼음세계 또는 눈 덮인 세계를 묘사하는 경우 눈사람 또는 이글루는 전형적으로 등장하는 소재이고, 눈사람하면 누구나 나뭇가지를 꽂아 만든 팔, 모자 등을 연상하게 되므로 눈사람이 모자를 쓴 것은 통상 수반될 수 있는 장면이다.

② 콘베이어 벨트가 등장하는 맵

콘베이어 벨트는 화물상자 등을 나르는데 쓰이는 것이므로 콘베이어 벨트를 배경으로 하는 경우 상자가 전형적으로 수반되어 나타나고, 콘베이어 벨트의 회전방향은 시계방향 또는 반시계방향으로 선택의 여지가 극히 제한되어 있다.

③ 빌리지 맵

마을을 묘사할 때 잔디밭이나 횡단보도는 전형적으로 수반되는 장면이다.

2) 폭탄 및 화염의 형태

폭탄의 기능, 폭탄이 캐릭터 자리에 놓이는 점, 폭탄이 리듬감 있게 수축·팽창하는 점, 폭발이 십자형으로 이루어지는 점 등은 여러 게임에서 전형적으로 이용되고 있는 사실상의 표준에 해당하므로 유사 여부에 관한 비교대상이 아니다.

3) 아이템의 형태

캐릭터의 이동속도가 빨라지는 아이템이 롤러스케이트라는 유사점이 있으나, 장애물 블록이 많은 바둑판 모양의 플레이필드에서 상하좌우로 이동하는 캐릭터의 이동속도가 빨라지는 것을 표현하기 위하여 자동차, 자전거, 스케이트보드, 번개 등은 적절하지 않으므로 롤러스케이트, 날개 달린 신발 등 몇 가지 가능한 선택 가운데 하나인 것으로 보인다.

이 사건에서 법원은 컴퓨터를 통해 조작하고 컴퓨터 모니터 안에 표현해야 하는 한계, 승패를 가려야 하고 사용자의 흥미와 몰입도, 게임 용량, 호환성 등을 고려해야 하는 등의 컴퓨터 게임이 갖는 제약에 의해 표현이 제한되는 경우에는 특정한 게임방식이나 규칙이 게임에 내재되어 있다고 하여 그것이 아이디어의 차원을 넘어 작성자의 개성 있는 표현에 이르렀다고 볼 수 없고, 오히려 그러한 게임방식이나 규칙은 특정인에게 독점권이 있는 것이 아니라 누구나 자유롭게 사용하여 다양한 표현으로 다양한 게임을 만들 수 있도록 하여야 한다고 전제한 후, 붐버맨 게임의 전개방식이나 규칙 및 소프트블록 및 하드블록의 구성과 아이템 등은 표준적인 선택에 불과하고 다양하게 표현될 여지가 크지 않다고 판단하였다.

이와 같이 법원이 아이디어에 해당하는 것에 대해 표준적 삽화 내지 필수장면 여부에 관한 추가적인 판단을 한 것은 아이디에 불과한 게임의 전개방식 등 자체가 다양성을 가지지 못하기 때문에 그러한 게임의 전개방식 등을 통해 표현할 수 있는 여지가 지극히 좁아져서 거기에 작성자의 개성이 드러날 수 없다는 점을 강조하기 위함이라고 볼 수 있다.

⌂4⌂
기존 게임에 있는 것이거나 일반적인 게임 내용은 저작권법상 보호 받을 수 있는가?

저작권법에 의하여 보호되는 저작물의 요건으로서의 창작성이란 완전한 의미의 독창성을 말하는 것이 아니라, 남의 것을 단순히 모방한 것이 아니고 작자 자신의 독자적인 사상 또는 감정의 표현을 담고 있음을 의미하는 것이어서 이러한 요건을 충족하기 위해서는 저작물에 그 저작자 나름대로 정신적 노력의 소산으로서의 특성이 부여되어 있고 다른 저작자의 기존의 작품과 구별할 수 있을 정도면 충분하다.[22]

이러한 점에서 볼 때, 저작권 침해 주장자의 침해 부분이 이미 종래부터 존재했던 표현이라면 창작물이라고 할 수는 없는 것이므로 타인이 그러한 부분을 무단으로 사용하였다고 해도 저작권 침해라고 볼 수는 없는 것이다. 마찬가지로 게임의 내용이 종래부터 있었던 표현이라면 그 부분은 종래에 그 표현을 했던 사람의 저작물인 것이지, 그 게임 저작권자의 저작물은 아니기 때문에 누군가 이를 베끼더라도 그 게임 저작권자의 저작권을 침해하는 것은 아니게 된다.

---

22) 대법원 2005. 1. 27. 선고 2002도965 판결

그리고 어떤 표현이 우리가 일상적으로 사용하는 표현이라면 이는 종래에도 그런 표현과 동일·비슷한 표현이 거의 확실하게 존재한다고 볼 수 있고, 일상적인 표현이라는 것은 누구나 통상적으로 사용할 수 있는 것이므로 여기에 창작성이 있다고 보기는 어려울 것이다. 이처럼 종래 표현이나 통상적인 표현은 비록 그것이 표현에는 해당하더라도 창작성이 있다고 보기 어렵기 때문에 저작물로 인정받을 수 없다.

따라서 게임 관련 저작권 침해 사건에서 방어자 입장에서 앞서 본 아이디어와 표현의 이분론 및 표준적 삽화 등 침해 주장자의 게임 내용의 저작물성을 부인할 수 있는 모든 논리를 다 동원했는데도 이를 쉽사리 깰 수 없는 경우에는 종래에 이미 존재한 것은 아닌지 또는 통상적으로 쓰이는 표현은 아닌지 여부를 반드시 확인할 필요가 있다.

침해 주장자의 게임 이전에 출시된 다른 게임에서 침해 주장자의 게임 규칙 등과 비슷한 것이 이미 도입된 적이 있거나 침해 주장자의 게임 규칙 등의 표현이 기존 게임 규칙 등의 사소한 변형에 불과한 것이라면 이는 기존 게임 규칙 등의 단순한 복제에 해당한다. 게다가 저작권법상 저작물로 보호되는 것은 표현의 선택에 관한 아이디어 자체가 아니라 구체적인 표현이므로, 게임 화면의 구성 및 디자인 등의 표현에 선택의 여지가 있더라도 실제로 작성된 표현이 흔하게 사용되는 것이라면 이 또한 저작물로 볼 수는 없는 것이다.

1 〈팜히어로사가〉 vs 〈포레스트 매니아〉 사건[23](76쪽 참고)

 법원의 판단

■ 팜히어로사가의 특징적인 규칙 부분

1) 기본 보너스 및 추가 보너스 규칙

팜히어로사가 이전에 출시된 매치-3-게임인 비쥬얼드, 비쥬얼드 2, 비쥬얼드 클래식, 쥬얼 매니아, 쥬얼리스트 저니에 이미 사용자가 타일을 4개 또는 5개, T자, L자 모양으로 맞추는 경우 보너스 점수를 부여하거나 보너스 타일을 부여하는 특수규칙들이 도입된 바 있다. 특히 비쥬얼드 2, 비쥬얼드 클래식, 쥬얼 매니아는 모두 공통적으로 타일 5개를 맞추는 경우 특수 타일이 도입되고, 이를 인접한 타일과 자리바꿈하면 인접한 타일과 같은 색의 타일이 모두 제거되는 특수규칙을 채택하고 있는바, 이는 결과적으로 특정 종류의 타일이 화면에서 모두 제거된다는 점에서 팜히어로사가의 보너스 규칙과 매우 비슷하다. 다만 팜히어로사가의 경우 타일 3개를 맞추는 경우에도 보너스 점수를 부여하는 점, 타일을 맞추면 이웃 타일에 보너스 점수를 부여하고 사용자가 이를 맞추어 보너스 점수를 취득한다는 점에서는 차이가 있지만, 기존의 보너스 규칙을 약간 변형한 것에 불과하다.

---

23) 서울고등법원 2017. 1. 12. 선고 2015나2063761 판결

팜히어로사가와 포레스트 매니아에서 연산 기호와 숫자를 사용하여 보너스 점수를 표시하는 방법도 캐릭터가 등장하는 스마트폰 게임에서 통상 채택되는 방법에 불과하다.

2) 히어로 모드 규칙

쥬얼 매니아의 경우 이미 특정 레벨에서는 팜히어로사가와 동일하게 목표가 달성되었더라도 남은 횟수만큼 게임을 계속 진행하여 보너스 점수를 획득하는 규칙을 도입한 바 있고, 쥬얼리스트 저니의 경우에도 목표가 달성되면 남은 횟수만큼 특수 타일이 부여되고, 각 특수 타일의 효과에 맞게 자동으로 타일이 제거되면서 보너스 점수가 부여되는 비슷한 규칙을 도입한 바 있다. 그리고 히어로 모드에서 다음 턴이 되어도 앞서 본 보너스 규칙에 따라 부여된 점수가 사라지지 않는 것은 사용자에게 보너스 점수를 취득하게 하려는 히어로 모드의 성질상 당연한 선택이라고 할 것이다.

팜히어로사가와 포레스트 매니아는 모두 반짝임 효과를 통하여 히어로 모드를 표현하고 있으나, 반짝임 효과는 그 자체가 게임 화면에서 많이 사용되는 표현 형태이다.

3) 전투 레벨 규칙

팜히어로사가 이전에 출시된 다양한 매치-3-게임들(프룻 록커 2, 인챈팅 아일랜드, 퍼즐 퀘스트, 스론 오브 올림푸스)에 이미 제거된 타일로 악당을 공격하여 에너지를 감소하게 하는 전투 레벨이 존재하였다(다만 프룻 록커 2와 인챈팅 아일랜드의 경우에는 악당이 좌우로 이동하여 악당의 위쪽에 위치한 타일을 제거해야 하고, 스론 오브 올림푸스의 경우에는 특정한 타일을 제거해야 하지만 이는 작은 차이에 지나지 않고, 위와 같은 규칙을 간략화하면 원고 게임과 같은 전투 레벨 규칙을 도출할 수 있을 것으로 보인다). 또한 사용자가 게임 상 화폐를 사용하여 난이도를 선택하도록 하는 것은 팜히어로사가 이전에 출시된 다른 많은 게임에서 통상적으로 이용되는 방법에 해당한다.

전투레벨 규칙의 경우 이를 구현하기 위해서는 일정 종류의 타일의 목표량을 제시하는 일반 레벨과는 달리, 지정된 공격 대상[팜히어로사가의 경우 보라색 너구리 캐릭터(란시드), 포레스트 매니아의 경우 원시인 캐릭터(우가우가)]에 대항하는 설정을 갖춤과 동시에 매치-3-게임의 형식을 유지해야 하는데, 이와 같은 설정 하에서는 게임 이용자가 맞춘 타일로 악당 캐릭터를 공격하는 방식이 가장 이해하기 쉽고 일반적인 방법이다.

4) 알 모으기 규칙

팜히어로사가가 이전에 출시된 매치-3-게임인 트리플 타운은 이미 타일 3개를 맞추면 상위 단계의 타일로 변화하는 특수 타일의 개념을 채택한 바 있고, 팜히어로사가와 포레스트 매니아는 모두 기본적으로 캐릭터를 등장시키고 있으므로, 특수 타일 역시 마지막 단계에서는 캐릭터화 해야 할 것인데, 이를 단계적으로 표현하는 방법 가운데 가장 일반적이고 효과적인 방법은 알에서 특정 동물이 부화하는 것으로 표현하는 것이다. 또한 비록 링커 게임[24]이기는 하지만 팜히어로사가 이전에 출시된 그린 밸리는 맞닿아 있는 동일한 캐릭터 2개 이상과 연결되어 변화하는 특수 타일의 변화 과정을 알에서 병아리가 나오는 과정으로 묘사했다.

5) 특수 칸 규칙

팜히어로사가 이전에 출시된 매치-3-게임인 볼빌레는 타일을 맞추더라도 점수를 얻을 수 없는 캐릭터의 개념을 이미 도입하였고, 공격 등 외부적인 변화로 정상적인 캐릭터를 비정상적인 캐릭터로 만들거나 회복시키는 것은 매치-3-게임뿐 아니라 일반적인 많은 게임에서 통상적으로 이용되는 방법에 해당하는 점 등을 종합해 보면, 특수 칸 규칙은 게임 개발자가 기존에 존재하는 게임 규칙 등을 조합하여 얼마든지 생각해 낼 수 있는 것으로 보인다.

특수 캐릭터를 만드는 특수 칸의 경우, 다른 게임에서도 보라색을 부정적인 이미지로 사용하는 예가 있고(실제로 스타크래프트에서도 보라색을 부정적인 이미지로 사용하고 있다), 원래 보라색은 빨간색과 파란색을 섞은 색으로서 외로움, 슬픔, 중독 등과 같은 부정적인 이미지 표현에 널리 사용되는 색상이다.

---

24) 매치-3-게임과 비슷하게 타일을 맞추는 방식의 게임이지만, 매치-3-게임처럼 타일들의 위치를 바꾸는 방식이 아니라 동일한 캐릭터의 타일을 연결시키는 방식으로 타일을 맞춘다.

특수 캐릭터를 일반 타일로 회복시키고 보너스 점수를 부여하는 특수 칸의 경우 팜히어로사가와 포레스트 매니아는 모두 녹색으로 표현하고 있는데, 팜히어로사가의 배경은 농장이고 포레스트 매니아의 배경은 숲속인 점에 비추어 볼 때 위와 같이 긍정적인 효과가 있는 특수 칸을 표현함에 있어 싱그럽고 긍정적인 느낌의 녹색을 사용한다는 발상은 비교적 어렵지 않게 생각할 수 있는 것으로 보인다.

6) 양동이 규칙

주위에서 타일을 맞추면 단계적으로 성숙하여 3번째 맞춤에서 제거되는 타일의 개념은 팜히어로사가 전에 출시된 3-매치-게임인 쥬얼리스트 저니와 플라워 파라다이스 등에서 이미 도입된 바 있고, 3단계로 타일이 제거되는 대신 캐릭터 4개가 배치되는 팜히어로사가의 양동이 규칙은 기존에 존재하던 규칙 및 개념에 사소한 변형을 가한 것에 불과하다.

7) 씨앗과 물방울 규칙(포레스트 매니아 : 엘프와 버섯 규칙)

팜히어로사가의 출시 이전에 출시된 비쥬얼드 2, 비쥬얼드 클래식, 쥬얼 매니아는 특정 타일을 인접한 타일과 자리바꿈하면 같은 색의 타일이 모두 제거되는 효과를 도입한 바 있고, 같은 색의 타일이 모두 제거되는 대신 주변 칸들이 특수칸으로 변형되는 팜히어로사가의 씨앗과 물방울 규칙은 기존에 존재하던 규칙에 사소한 변형을 가한 것에 불과하다.

8) 방해 규칙

팜히어로사가의 출시 이전에 출시된 프룻 록커 2는 이미 캐릭터를 일정 기간 맞출 수 없는 상태가 되도록 하는 방해 캐릭터인 애벌레의 개념, 그리고 캐릭터를 일정 기간 맞출 수 없는 상태로 만드는 것을 애벌레가 과일을 먹는 것으로 묘사하는 방법을 도입한 바 있다. 팜히어로사가의 방해 규칙은 프룻 록커 2의 규칙을 캐릭터가 일정 기간 맞출 수 없는 상태가 되는 대신 제거되도록 변형한 것에 지나지 않는다.

팜히어로사가는 농장과 관련된 농작물을 기본적인 캐릭터로 하고 있고, 포레스트 매니아는 숲속과 관련된 동물을 기본 캐릭터로 하고 있는바, 이와 같은 캐릭터를 제거하는 것을 표현하기 위하여 해당 캐릭터를 먹을 수 있는 일정한 캐릭터(팜히어로사가의 경우 토끼, 포레스트 매니아의 경우 늑대)를 출현시켜 먹게 하는 것 역시 쉽게 생각할 수 있는 설정인 것으로 보인다. 그리고 캐릭터의 기능을 일시적으로 정지시킨다는 점을 표현하기 위해 그 캐릭터가 잠시 기절하는 것으로 묘사하는 것 역시 통상적으로 생각할 수 있는 방법이라 할 것이다.

■ 팜히어로사가와 포레스트 매니아의 화면 구성 및 디자인

1) 맵 화면

캐주얼 게임에서 상단에 정보를 표시하는 바를 배치하고, 한정된 화면 안에 가능한 한 많은 단계를 표시할 수 있는 S 자형 길 위에 노드를 두는 방식(Words of Wonder 게임)이나 도달한 레벨의 경우 파란색으로, 도달하지 아니한 레벨의 경우 회색으로 표시하는 방식(Angry Bird Rio 게임 및 Ace BuBBle Shooter 게임)은 팜히어로사가 이전에 출시된 다른 많은 게임에서 통상적으로 이용되는 표현 형식에 해당한다.

안내 바에 남은 횟수를 하트 모양으로 표현한 부분은 비슷하지만 하트는 생명 또는 심장을 나타내는 것으로서 게임에서 남은 횟수를 표현할 때 통상적으로 사용되는 모양이다.

게임 이용자가 가장 마지막으로 도달한 레벨을 표시하기 위하여 그 레벨의 노드 주변에서 물결이 퍼져나가도록 하는 것이나 새로운 레벨에 도달하면 그 레벨의 노드 주위에서 하얀색 폭죽 효과가 나타나도록 하는 것은 게임에서 쉽게 생각할 수 있는 방법에 해당한다고 보인다.

2) 게임 화면

① 게임 목표 안내 바
팜히어로사가와 포레스트 매니아의 게임 목표 안내 바는 모두 노란색 계통의 바탕 위에 그보다 밝은 색의 직사각형 부분이 있고, 그 안에 안내문과 목표 캐릭터 및 그 숫자를 표시하고 있는 점에서 비슷하다. 그러나 이는 다른 게임에서도 통상적으로 사용하는 목표 제시 방법에 해당한다.

② 게임 화면 상단 안내 바
성취도를 원형그래프와 별의 형태로 표시하거나 목표 달성을 체크 기호로 표시하는 것은 게임에서 통상적으로 이용되는 표현 형식이다.

3) 캐릭터

캐릭터들이 기본적으로 얼굴 모양을 하고 있으므로 눈을 깜박이거나 좌우를 살피거나 혀를 내미는 방법으로 캐릭터를 묘사하는 것 역시 흔히 생각할 수 있는 표현 방법에 해당한다. 힌트를 주는 방법의 경우 게임의 난이도 조절 상 너무 쉽게 힌트를 제공할 수는 없는 점에 비추어 캐릭터가 살짝 뛰어오르는 방식으로 힌트를 주는 것 역시 쉽게 생각할 수 있는 방법에 해당한다고 보이고, 위에서 아래로 타일이 내려오는 특성상 바닥에 닿으면 살짝 찌그러지는 것도 자연스러운 것이어서 그것만으로 특징적인 표현이라고 하기 어렵다.

4) 게임 종료 후 화면

레벨의 성취도를 별의 개수로 표시하는 것은 게임에서 통상적으로 이용되는 표현 형식이고, 별을 순서대로 하나씩 나타내고 별 주변에서 폭죽 터지는 효과를 발생시키는 것은 게임에서 쉽게 생각할 수 있는 방법에 해당한다고 보인다.

■ 팜히어로사가와 포레스트 매니아의 보드 구성 등

A회사가 B회사 측이 모방하였다고 주장하는 팜히어로사가의 보드는, 이와 비슷한 보드가 팜히어로사가의 출시 이전에 출시된 매치-3-게임에 이미 적용된 적이 있거나, 정사각형 형태로 게임에서 흔하게 나타나는 보드 구성이다.

평 석

이 사건 법원은 A회사의 게임과 B회사의 게임이 실질적으로 비슷한지 여부를 판단하는 과정에서 A회사의 게임 규칙, 게임의 화면 구성과 디자인 및 게임의 보드 구성 등과 관련하여, 연산 기호와 숫자를 사용하여 보너스 점수를 표시하는 방법 등은 게임에 있어서 통상적으로 이용되는 표현 또는 쉽게 생각해 낼 수 있는 표현으로써 창작성이 없다는 이유로 저작권법상 보호대상이 아니라고 판단하였다.

팜히어로사가의 게임 규칙들에 관해서는 그 대부분이 팜히어로사가 이전에 출시된 게임에서 흔하게 사용된 게임 규칙이거나 그것에 사소한 변형을 가한 것에 불과하다고 판단하였는데, 어차피 게임 규칙은 아이디어에 해당하기 때문에 그것이 기존에 존재한 것인지(종래 표현) 여부는 사실상 그 자체로는 큰 의미를 갖는 것은 아니다.

그리고 캐릭터를 제거하는 것을 표현하기 위하여 해당 캐릭터를 먹을 수 있는 일정한 캐릭터를 출현시켜 이를 먹게 하는 것 등은 쉽게 생각할 수 있는 설정이라고 판단하기도 했는데, 이러한 설정 또한 원래 아이디어에 해당하기 때문에 그것이 쉽게 생각할 수 있는 것인지(통상적인 것인지) 즉 창작성이 없는 것인지 여부와는 무관하게 저작권법상 보호대상에 해당하지 않는다.

그럼에도 불구하고 이 사건 법원이 이러한 중첩적 판단을 한 것은 아이디어에 해당하는 것일 뿐만 아니라 창작성까지도 없다는 점을 강조하기 위함인 것으로 생각된다.

법원의 판단

■ B회사가 붐버맨 게임과 비엔비 게임의 유사점이라고 주장한 게임
의 각종 설정, 전개방식과 규칙 등에 붐버맨 게임 작성자의 창작
적 개성이 내재적으로 표현된 것으로 볼 수 있는지 여부

1) 붐버맨 게임의 전개방식과 규칙

① 바둑판 모양의 플레이필드
바둑판 모양의 플레이필드는 붐버맨 출시 이전인 1981년에
출시된 Warp&Warp 게임이나 1982년에 출시된 Pengo 게임,
1983년에 출시된 Crazy Block에서 이미 사용되었다.

② 캐릭터 크기
캐릭터가 1매스 크기의 블록 사이를 이동해야 하므로 캐릭
터의 크기도 1매스 크기로 통일하는 것은 Warp&Warp에서
도 그러하고, Pengo에서는 더욱 뚜렷하다.

③ 십자 형태의 화염
Warp&Warp에서도 화염이 십자 형태로 인접 매스에까지 미
쳐 상대방 캐릭터를 죽인다.

---

25) 서울중앙지방법원 2007. 1. 17. 선고 2005가합65093(본소), 2006가합
54557(반소) 판결

④ 화염의 폭과 그 범위 등

화염이 1매스의 폭과 길이를 단위로 하여 미치는 것은 1985
년 출시된 Warpman 게임 등에서도 나타난다.

⑤ 폭탄의 위치, 폭발 전까지의 시각적 표현 및 연쇄 폭발

캐릭터가 폭탄을 설치할 때 폭탄을 던지거나 굴리지 않는 이
상 캐릭터 밑에 놓이는 것은 당연한 것이고, 폭탄 설치에서
폭발까지 시간의 경과를 시계나 숫자를 사용하지 않고 시각
적으로 표현하기 위하여는 폭탄이 리듬에 따라 수축팽창하
거나, 폭탄의 색깔이 변하는 것이 효과적인데, 이러한 표현
은 Warp&Warp 게임 등에서도 나타난다.

2) 소프트블록 및 하드블록의 구성과 아이템

① 소프트블록과 하드블록의 구성

블록이 폭탄 등에 의하여 파괴되는 소프트블록과 파괴되지
않는 하드블록으로 나뉘어 구성되는 것은 이미 게임에서 널
리 활용되던 것(1980년 출시된 Battle City 게임 등)이므로 공공의 지
적 자산이라 할 것이다.

② 소프트블록 파괴 후 아이템 생성

소프트블록이 파괴되면 일정한 확률로 아이템이 생성되는
것은 위 Pengo 게임과 1984년 출시된 미스터리어스 스톤 게
임 등에서 이미 있었다.

③ 특수 아이템

캐릭터 이동을 빠르게 하는 아이템, 설치 폭탄 개수 증가 아이템, 화염 범위 증가 아이템, 폭탄을 다루는 기능의 아이템 등은 누구나 떠올릴 수 있는 통상적인 아이템이다.

④ 캐릭터 조작에 장애를 일으키는 아이템

해골 모양 아이템을 먹으면 장애가 생기는 것도 아이템과 캐릭터가 있는 게임에서 흔히 채택되는 것에 불과하다.

⑤ 폭탄이 폭발하는 위치 등

폭탄을 아이템을 이용해 던질 경우 폭탄이 화면의 끝에 도달하면 폭탄이 터지거나 화면 밖으로 사라지거나 반대쪽 화면에서 나오면서 몇 차례 바운드 된 후 정지하는 것이나 소프트블록이 소멸할 때 빛깔과 형상이 변하는 것은 Crazy Block 및 Pengo 게임 등에도 이미 있다.

■ 붐버맨 게임의 보호 받는 표현과 비엔비 게임의 표현과의 비교

1) 플레이필드 및 맵과 블록의 구성과 형태

콘베이어 벨트가 등장하는 맵에서 콘베이어 벨트가 시계방향으로 회전하는 것은 자연스러운 선택이다.

2) 캐릭터의 형태

두 게임의 캐릭터는 모두 2등신에 가까울 정도로 머리가 크고, 얼굴에서 눈이 가장 부각되며, 손과 발이 짧고, 모자 또는 헬멧, 벨트를 착용하고 있다는 유사점이 있다. 그러나 이러한 신체적 특징은 게임 용량과 캐릭터의 신속한 이동 등을 고려하여 캐릭터를 최대한 단순하게 만들고, 게임 이용자의 몰입성 등을 고려하여 특정 신체부위만으로 눈에 잘 띄게 하도록 하는 등의 기술적, 현실적 제약 때문에 그럴 수밖에 없는 것으로 보이고, 모자 또는 헬멧, 벨트를 착용한 캐릭터 역시 통상적으로 채택되는 캐릭터 형태이다.

3) 폭탄 및 화염의 형태

비엔비 게임의 물풍선은 동그랗다는 점에서 붐버맨 게임의 폭탄과 비슷하지만, 폭탄 및 물풍선의 실제 형태가 그러하다는 점에서 동그란 형태 자체는 통상적인 표현으로써 저작권에 의해 보호될 수 없다.

4) 아이템의 형태

캐릭터가 점멸하면서 캐릭터 조작에 이상이 생기는 아이템, 설치할 수 있는 폭탄 또는 물풍선 개수를 증가시키는 아이템, 화염 또는 물줄기의 길이가 매스 단위로 증가하게 하는 아이템 등은 누구나 떠올릴 수 있는 통상적인 아이템이다.

평 석

이 사건에서 법원은 붐버맨 게임의 게임 규칙 등이 그 이전에 출시된 여러 게임들의 게임 규칙 등과 동일하거나 비슷한 점을 발견할 수 있고, 게임의 구성과 아이템과 관련해서는 주로 누구나 쉽게 생각해 낼 수 있는 통상적인 형태라고 판단하였다.

이와 같이 법원이 아이디어에 해당하는 것에 대해 종래 존재 여부 등에 관한 추가적인 판단을 한 것은 아이디어에 불과한 게임의 규칙 등 자체가 기존에 존재했거나 누구나 떠올릴 수 있는 통상적인 것이기 때문에 그러한 게임의 규칙 등을 통해 표현한 것에는 창작성도 없다는 점을 강조하기 위함이라고 볼 수 있다.

---

26) 서울지방법원 2002. 9. 19. 선고 2002카합1989 결정

(3) 〈포트리스2블루〉 vs 〈건바운드〉 사건[26)]

〈포트리스2블루〉 vs 〈건바운드〉 사건은 게임 저작권 분쟁과 관련된 최초의 법정 사건이다. 온라인 게임인 '포트리스2블루'는 이용자가 선택한 탱크를 사용하여 제한 시간 내에 각도와 거리, 바람의 세기 등을 고려하여 상대방 탱크를 향해 포탄을 발사하여 맞춤으로써 상대방 탱크의 에너지를 모두 소진시키거나 상대방 탱크의 주위 지형을 함몰시켜 그 탱크가 함몰된 지형으로 추락하게 되면 승리하는 게임이다.

포트리스2블루를 제작한 CCR사는 소프트닉스가 제작한 건바운드(GunBound)의 탱크, 포탄, 게임 화면, 계기판, 맵(바탕화면), 게임 방식 등의 중요 요소들이 포트리스2블루의 그것과 극히 비슷하고, 일부 변형·추가 부분에 창작성이 인정되더라도 포트리스2블루의 2차적저작물에 불과하다고 주장하면서 소프트닉스를 상대로 서비스 금지 가처분을 신청하였다.

이 사건에서 법원은 포트리스2블루에 사용된 턴제슈팅 방식은 그 이전에 이미 스코치, 웜즈 등의 게임의 그것과 동일하거나 유사할 뿐 아니라, 포트리스2블루에 나오는 바람 게이지, 지형, 시간 제한, 포탄, 캐릭터 등 게임의 중요 요소들도 기존 게임에서 동일하거나 비슷하게 표현되었던 점 등 포트리스2블루 게임의 상당 부분이 기존 제작된 게임에 사용된 요소들을 반영하여 제작되었다고 볼 여지가 충분하기 때문에 선뜻 그 독창성을 인정하기 곤란하다고 판시하였다.

⌂5⌂
게임 규칙 등의 선택·배열·조합은 저작권법상 보호 받을 수 있는가?

아이디어나 표준적 삽화 등은 저작권법상 보호를 받을 수 없더라도, 이러한 것들의 선택·배열·조합에 창작성이 있다면 저작물로 보호 받을 수 있을까? 하나하나 뜯어보면 아이디어 등에 해당하지만 그러한 아이디어 등의 선택·배열·조합에 작성자의 개성이 잘 표현되어 있다면 말이다.

예를 들어, 동일한 역사적 사실과 배경을 다루는 소설이나 희곡 등은 이미 확정된 역사적 사실을 소재로 하기 때문에 사건 전개과정이 비슷해질 수밖에 없지만, 소재의 선택과 구성의 조합에 독창성이 있는 경우가 있고, 특히 역사물에 있어서 역사적 사실로부터 추론할 수 없는 인물이나 사건(역사적 오류)을 창안하여 가미한 경우 등, 소재의 조합과 구성 및 줄거리의 전개를 전체적으로 살펴 다른 일반적인 저작물과 구분되는 독특한 개성을 가진다고 인정되는 경우에는 창작성을 인정할 수 있다. 즉, 극저작물에서 구성요소 하나하나는 독립적으로 저작권법상 보호를 받을 수 없다 해도, 전체적으로 볼 때 다른 저작물과 구별할 수 있을 정도의 창작성이 있다면 저작권법상 표현으로 보호 받을 수 있다.

이러한 논리는 TV 프로그램 포맷의 저작물성 여부를 논할 때도 동일하게 적용된다. TV 프로그램 포맷은 소재적인 측면에서만 보면 아이디어에 해당하여 저작권법상 보호 받을 수 없다. 그러나 포맷이란 '일련의 계속되는 시리즈물 프로그램에서 각각의 에피소드를 구성하는 요소 가운데 변화하지 않고 꾸준히 유지되는 요소들의 집합'이고, '프로그램에 대한 약식기획으로서 프로그램의 시작부터 종료까지 연출자가 보고 지시할 내용을 이야기하듯 서술한 것'으로써[27], 단순한 소재적 의미를 넘어서 프로그램을 구성하는 각각의 요소들의 조합 또는 배열이라고 할 수 있고, 이러한 조합, 배열, 프로그램의 전체적인 스토리에 독창성이 있다면 포맷도 저작권법상 보호 대상인 저작물이 될 수 있는 것이다.

이런 법리를 게임에 그대로 적용해 보면, 게임 규칙 자체는 게임을 구성하는 하나의 소재 즉 아이디어에 불과하기 때문에 그것의 조합·배열 그 자체도 저작권법상 보호 받을 수 없는 아이디어에 해당하는 것이고, 에피소드나 스토리 없이 정해진 게임 규칙에 따라 진행되는 게임의 경우는 화면상의 한계 등으로 인해 표현할 수 있는 방법이 매우 제한적일 수밖에 없기 때문에 이러한 표현 형태의 선택·배열·조합에 작성자의 개성이 드러날 여지가 상당히 낮다고 할 수 있다.

---

27) KOCCA 연구보고서 12-40, 「방송포맷의 권리보호 방안 연구」, (2012. 11. 30), 9-11면

그러나 에피소드나 스토리가 있는 게임의 경우는 게임의 규칙에 의한 게임의 진행·전개 말고도 별도의 이야기가 있고 그 이야기를 구성하는 소재의 선택·배열·조합에는 무수히 많은 표현 형태가 존재할 수 있기 때문에 작성자의 개성을 드러낼 수 있는 가능성이 상대적으로 높다.

이와 관련하여 〈팜히어로사가 vs 포레스트 매니아〉 사건(76쪽 참고)에서 2심 법원이 게임 규칙의 조합 및 배열의 저작물성에 관해 어떻게 판단했는지 살펴보도록 하겠다.[28]

■ 게임 규칙의 조합 및 배열이 저작권의 보호대상인 표현에 해당하는지 여부(X)

 A회사의 주장

게임 규칙의 조합과 배열은 시각적 디자인과 별개로 저작권의 보호대상인 표현으로 보아야 하고, 팜히어로사가의 창작성은 규칙의 선택·배열·조합의 전체로서 판단해야 하는 것이므로 이를 각 화면 구성 및 디자인, 특수규칙, 보드 구성으로 분해하여 창작성 여부나 아이디어인지 표현인지 여부를 판단하는 것은 타당하지 않다.

---

28) 서울고등법원 2017. 1. 12. 선고 2015나2063761 판결

B회사의 반론

게임 규칙의 조합과 배열 등은 아이디어에 불과하여 저작권의 보호대상이 될 수 없다.

법원의 판단

게임 진행 과정에서 소설과 비슷하게 에피소드나 스토리를 형성해 나가는 게임과 달리 캐주얼 게임 등의 경우는 게임 규칙을 전체적으로 적용 또는 순차적으로 배열하여 게임의 각 단계별 개별 미션을 수행하더라도, 개별 미션을 처리하는 과정 내지 그 방법에 대해서만 영향을 미칠 뿐 이로써 게임의 에피소드나 스토리 자체의 전개 및 그 표현에 영향을 미친다고 볼 수 없으므로, 게임의 규칙들의 조합 자체만으로는 게임 개발자의 개성을 드러내는 표현이라고 할 수 없다.

이와 같이 게임 규칙의 조합과 배열 그 자체는 아이디어 영역에 속하는 것이고, 저작물의 창작적 표현은 여러 창작적 요소가 집적되어 이루어진 것이므로, 팜히어로사가와 포레스트 매니아의 공통 부분을 표현이라고 볼 수 있는지, 그리고 표현상의 창작성을 가지는지 여부를 판단할 때에, 그 구성요소를 분석하여 각각에 대해 표현이라고 볼 수 있는지 또는 표현상의 창작성을 가지는지 여부를 검토하는 것이 타당하다.

더욱이 저작물의 실질적 유사성을 판단함에 있어 전체적인 관념과 느낌에 의하여 판단할 경우 전체적인 관념이나 느낌의 유사성은 저작권으로 보호 받는 표현의 유사성뿐만 아니라 저작권에 의하여 보호 받지 못하는 아이디어의 유사성에 의하여 발생할 우려가 있고, 그렇게 되면 저작권의 보호 범위를 아이디어에까지 확장하는 결과를 가져오게 되어 부당하다. 이 사건의 경우에도 팜히어로사가와 포레스트 매니아가 비슷하다는 느낌을 주는 것은 주로 게임 규칙 등에 의한 것으로서 이는 아이디어 영역에 속한다고 할 것이다. 따라서 A회사의 이 부분 주장은 받아들이지 않는다.

평 석

이 사건에서 2심 법원은 게임 규칙의 조합과 배열 그 자체는 아이디어에 불과하여 저작권법상 보호대상에 해당하지 않는다고 판단했다. 즉, 아이디어에 불과한 게임 규칙을 조합·배열하는 하는 것 자체도 아이디어의 영역에 속한다는 것이다. 그렇다면 게임 규칙의 조합과 배열이 아닌 게임 규칙을 표현한 것의 조합과 배열은 어떨까? 이 또한 아이디어에 불과하여 저작권법상 보호를 받을 수 없는 것일까?

에피소드나 스토리가 없는 게임에서 게임 규칙으로 표현된 각각의 것의 조합과 배열은 결국 영상물인 게임 그 자체를 의미하는 것이므로, 그것에 저작물성이 있는지 여부는 게임의 영상저작물성 여부를 묻는 것과 다름없다.

그런데 게임은 남의 것을 그대로 모방하는 등의 특별한 사정이 없는 한 영상저작물에 해당하기 때문에 그 저작물성 여부는 게임 자체의 영상저작물성에 관한 판단에서보다는 두 게임이 전체적으로 실질적 유사성을 가지는지 여부를 판단할 때 실질적인 의미를 가진다.

실질적 유사성 여부는 게임 속 근본적 본질 또는 구조를 복제함으로써 전체적으로 포괄적인 유사성이 인정되는지(포괄적·비문자적 유사성)에 따라 판단해야 한다. 이처럼 게임 저작권 사건에서 저작권 침해 여부를 판단할 때, 그 게임이 가지는 근본적 본질 또는 구조, 시각적 표현들을 개별적으로 비교하여 그 실질적 유사성 여부를 판단하는 것은 물론이고, 두 게임이 포괄적으로 비슷한지 여부도 별도로 판단할 필요가 있다고 생각된다. 왜냐하면 양 게임이 가지고 있는 시각적 요소들의 비교 결과 그 각각에 대한 실질적 유사성은 없더라도, 전체적으로 볼 때는 양 게임 간 포괄적 유사성은 인정될 수 있기 때문이다.

따라서 게임 저작권 사건에서 침해 주장자는 게임 규칙의 조합과 배열에 대한 실질적 유사성이 아닌 게임의 근본적 본질 또는 구조와 관련된 양 게임의 전체적·포괄적 유사성 여부에 대해서 주장·입증할 필요가 있을 것으로 생각된다.

· · ·

앞서 본 〈붐버맨 vs 크레이지 아케이드 비엔비〉 사건(89쪽 참고)에서 B회사는 "붐버맨 게임의 전개 과정과 아이템의 존재 방식 및 그 내용, 폭탄의 수축 등은 현실적으로 존재하지 않는 공상적인 세계에 관한 표현 형식이므로 그 자체로 창작성이 높고 독창적이어서 저작권법에 의해 보호 받을 여지가 크다"고 주장했다.

이에 대해 법원은 "공상적인 표현 형식이 저작권법에 의해 보다 강하게 보호될 수 있다면 그 이유는 현실세계의 묘사와 달리 무한히 다양한 표현이 가능하다는 점에 있는 것이다. 앞에서 본 붐버맨 게임의 본질적, 구조적 특징과 같이 게임이라는 제약에 의하여 다양한 표현의 여지가 없는 경우에까지 상상의 세계를 나타낸다는 사정만으로 그러한 게임 규칙 등이 내재적 표현으로 보호 받는 것은 아니기 때문에, 게임의 전개방식, 플레이필드와 맵의 구성, 폭탄 및 블록, 아이템의 구성과 기능, 게임의 재미를 위한 각종 설정 등을 전체로서 배열하고 선택하는데 저작자의 개성 있는 표현의 여지가 크다고도 볼 수 없다"고 판시하였다.

그런데 게임 전개방식 등의 선택·배열과 관련하여 그것이 표현에는 해당하지만 창작성이 부족하다는 이와 같은 법원의 태도는 앞서 본 〈팜히어로사가 vs 포레스트 매니아〉 사건에서 게임 규칙의 조합과 배열 그 자체는 아이디어 영역에 속한다는 법원의 태도와는 차이가 있다고 할 수 있다.

｜6｜
유사한 게임을 부정경쟁방지법으로 규제할 수 있는가?

게임 저작권 사건의 경우, 아이디어와 표현의 이분론 등으로 인해 저작권 침해가 인정되는 예를 찾아보기 어렵다. 그러나 엄청난 노력 끝에 개발한 게임을 누군가 상당히 비슷하게 만들어서 유통시킨다면 선행 게임 개발자 입장에서는 사실상 상당한 피해를 볼 수밖에 없다. 따라서 저작권 침해에는 해당하지 않더라도 이에 대한 적절한 법적조치가 필요한데, 이것이 바로 민법 제750조에 따른 불법행위책임과 부정경쟁방지법 제2조 제1호 (차)목의 부정경쟁행위책임이다.

민법 제750조는 '고의 또는 과실로 인한 위법행위로 타인에게 손해를 가한 자는 그 손해를 배상할 책임이 있다'고 규정하고 있다. 저작권처럼 법률에 정해진 엄밀한 의미에서의 권리가 침해된 경우에 한하지 않고 법률상 보호할 가치가 있는 이익이 위법하게 침해되었다면 불법행위가 성립하므로 경쟁자가 상당한 노력과 투자로 구축한 성과물을 공정한 경쟁질서에 반하여 무단사용함으로써 부당하게 이익을 얻고 경쟁자의 법률상 보호할 가치가 있는 이익을 침해한 경우에는 부정한 경쟁행위로 민법상 불법행위에 해당한다.[29]

부정경쟁방지법의 목적은 건전한 거래질서의 유지에 있고(제 1조), 급속히 변화하는 거래 현실에서 규범적 필요가 생길 때 마다 부정경쟁행위에 해당하는 유형을 추가하는 종전의 입법 방식으로는 그러한 목적 규정과 부정경쟁행위의 개별 규정 사이에 간극이 있을 수밖에 없기 때문에 2013. 7. 30. 법률 제11963호로 개정된 부정경쟁방지법(부칙에 따라 2014. 1. 31.부터 시행되었음)은 기술의 변화 등으로 나타나는 새롭고 다양한 유형의 부정경쟁행위에 적절하게 대응하기 위하여 부정경쟁방지법 제2조 제1호 (가)목 내지 (자)목의 부정경쟁행위 외에 부정경쟁행위에 관한 보충적 일반조항으로서 '타인의 상당한 투자나 노력으로 만들어진 성과 등을 공정한 상거래 관행이나 경쟁질서에 반하는 방법으로 자신의 영업을 위하여 무단으로 사용함으로써 타인의 경제적 이익을 침해하는 행위'를 부정경쟁행위의 하나로 규정하는 제2조 제1호 (차)목을 신설하였다.

인터넷 및 디지털로 대표되는 새로운 기술의 발달로 인하여 다양한 형태로 나타나고 있는 기업의 개발 성과물을 법적으로 보호할 필요가 있음에도 불구하고 타인이 그 성과물을 자신의 경제적 이익을 위하여 도용하는 것은 매우 쉬운 반면, 특허법·실용신안법·상표법·디자인보호법·저작권법과 같은 기존의 지식재산권법은 물론 부정경쟁행위를 구체적으

---

29)   대법원 2010. 8. 25.자 2008마1541 결정, 대법원 2012. 3. 29. 선고 2010다 20044 판결

로 한정하여 열거하는 종래의 부정경쟁방지법 조항으로는 그 보호가 불가능한 상황이 종종 발생하게 됨에 따라, 새로운 유형의 부정경쟁행위에 대한 부정경쟁방지법의 포섭 범위를 확대하기 위하여 보충적 일반조항이 신설된 것이다.[30]

덕분에 유사 게임이 저작권 침해로는 인정되지 않더라도 민법 제750조에 의한 불법행위 또는 부정경쟁방지법 제2조 제1호 (차)목에 따른 부정경쟁행위에 해당된다면 유사 게임 개발자 등에게 그에 따른 손해배상책임 등을 지울 수 있는데, 이와 관련하여 〈팜히어로사가 vs 포레스트 매니아〉 사건(76쪽 참고)에서는 1심 법원[31]과 2심 법원[32]의 판단이 엇갈렸다.

- A회사의 성과물 무단 사용 행위로 인한 부정경쟁행위
  또는 불법행위 여부

 A회사의 주장

팜히어로사가가 본격적으로 국내 시장에 진출하기 이전에 B회사가 팜히어로사가의 새로운 게임 규칙과 표현 형식 등을 모방하거나 극히 일부만 변형한 포레스트 매니아를 제공한 행위는 A회사가 오랜 경험과 노하우, 인적·물적 자원 등

---

30) 서울고등법원 2017. 1. 12. 선고 2015나2063761 판결
31) 서울중앙지방법원 2015. 10. 30. 선고 2014가합567553 판결
32) 서울고등법원 2017. 1. 12. 선고 2015나2063761 판결

을 투입하여 구축한 성과물인 팜히어로사가를 통해 A회사가 얻을 수 있는 경제상의 이익을 침해하는 행위로서 부정경쟁방지법 제2조 제1호 (차)목에서 규정한 부정경쟁행위 또는 민법 제750조의 불법행위에 해당한다.

 B회사의 반론

팜히어로사가의 게임 규칙은 추상적인 게임의 개념, 장르, 전개방식 등을 결정하는 도구로서 저작권법의 보호대상이 되지 않는 아이디어에 불과할 뿐만 아니라, 기존 게임들의 게임 규칙이나 전개방식과 동일 또는 비슷하거나 이를 단순히 조합, 변형한 것에 불과하므로 A회사의 상당한 투자나 노력으로 만들어진 성과물에 해당하지 않는다. 그리고 게임 업계에서 이런 게임 규칙은 공공의 영역에 있는 것으로 이를 차용하여 새로운 게임을 서비스하는 것은 허용되는 행위이고, 포레스트 매니아에 구현된 표현적 요소는 팜히어로사가와 실질적으로 비슷하지 않다. B회사는 기존 규칙들 이외에도 새로운 게임 규칙 및 차별화된 새로운 운영방식을 도입하는 등 포레스트 매니아가 이용자들의 인기를 얻도록 많은 노력을 기울였으므로 A회사의 성과물을 공정한 상거래 관행이나 경쟁질서에 반하는 방법으로 사용한 것도 아니므로 A회사의 어떠한 경제적 이익도 침해하지 않았다. 따라서 B회사가 포레스트 매니아를 제공한 것은 부정경쟁방지법 제2조 제1호 (차)목의 부정경쟁행위 또는 민법상 불법행위에 해당하지 않는다.

법원의 판단

(1) 1심 법원의 판단 : 부정경쟁행위 또는 불법행위 해당함

1) 팜히어로사가가 '상당한 투자와 노력으로 만들어진 성과'에 해
   당하는지 여부(O)

A회사는 2012. 9.경부터 디지털 제스터 등을 통하여 새로
운 게임 개발에 착수한 후, 2013. 4.경 페이스북 플랫폼으로,
2013. 12.경에 모바일 플랫폼으로, 2014. 6. 10.경에 카카오톡
플랫폼으로 팜히어로사가를 출시하였고, 기존의 매치-3-게
임에서는 존재하지 않았던 많은 규칙들을 새로 적용한 사실
이 있다. 새로운 규칙의 추가·변형·적용에는 개발자의 창조
성과 노력이 필수적이므로, A회사가 개발 과정에 많은 인력
과 비용, 기술 및 노하우 등 유무형의 자산을 투여하였음은
경험칙 상 쉽게 알 수 있고, 팜히어로사가는 A회사의 상당
한 투자와 노력으로 만들어진 성과에 해당한다.

2) B회사의 포레스트 매니아 출시 행위가 '공정한 상거래 관행이나
   경쟁질서에 반하는 방법으로 자신의 영업을 위하여 무단으로 사
   용함으로써 타인의 경제적 이익을 침해하는 행위'인지 여부(O)

다음과 같은 점들을 종합해 보면, 포레스트 매니아를 출시
하여 일반인들에게 제공하는 B회사의 행위는 부정경쟁방지
법 제2조 제1호 (차)목 소정의 부정경쟁행위에 해당한다.

137

① 팜히어로사가에서 최초로 도입한 기본 보너스 규칙 및 추가 보너스 규칙 등이 포레스트 매니아에도 동일하게 적용되고 있는 점, ② 팜히어로사가는 2013. 4.경 개발되어 페이스북 플랫폼으로 출시되었는데, 포레스트 매니아는 그로부터 불과 10개월 정도 이후에 팜히어로사가가 국내 시장에 본격적으로 진출하기 이전인 2014. 2. 11.경 출시된 점, ③ ①, ②에 비추어 볼 때, 포레스트 매니아는 팜히어로사가에 의거하여 개발된 것으로 봄이 상당한 점 ④ A회사와 B회사는 모두 모바일 게임 제작·공급업체로 경쟁관계에 있을 뿐만 아니라, 팜히어로사가와 포레스트 매니아 역시 기본적으로 매치−3−게임 형식을 취하면서 추가적으로 동일한 각종 규칙을 적용한 동종의 게임인 점, ⑤ 비록 A회사의 저작권을 침해하는 정도에 이르렀다고는 볼 수 없지만 각 게임의 구체적인 실행 형태 등을 살펴보면, 팜히어로사가와 포레스트 매니아는 그 표현의 방식, 사용되는 효과, 그래픽 등도 상당히 비슷한 점, ⑥ 이용자들 역시 팜히어로사가와 포레스트 매니아가 거의 동일하다고 지적하고 있는 점 등.

3) 민법상 불법행위에 해당하는지 여부

B회사의 행위는 '공정한 상거래 관행이나 경쟁질서에 반하는 방법으로 자신의 영업을 위하여 무단으로 사용함으로써 타인의 경제적 이익을 침해하는 행위'에 해당하므로, 민법 제750조에서 정한 불법행위에도 해당한다.

(2) 2심 법원의 판단 : 부정경쟁행위 또는 불법행위 해당하지 않음

지식재산권에 의한 보호 대상이 아닌 타인의 성과 이용은 원칙적으로 자유로운 영역이므로, 그 이용을 규제하기 위해서는 일정한 합리성(사회적 타당성)이 인정되어야 한다. 그리고 이러한 합리성의 근거는 대개 그 이용 행위의 위법성, 즉 경쟁사회의 공통규범인 경업자간의 공정하고 자유로운 경쟁의 확보라는 원칙에 비추어 상당하지 않은 것에 있다.

지식재산권법에 의하여 보호되지 않는 타인의 성과인 정보(아이디어) 등은 설령 그것이 재산적 가치를 갖는다고 해도 자유로운 모방과 이용이 가능하지만 공정한 거래질서 및 자유로운 경쟁질서에 비추어 정당화될 수 없는 '특별한 사정'이 있는 경우로서 그 지적 성과물의 이용 행위를 보호해 주지 않으면 그 지적 성과물을 창출하거나 고객흡인력 있는 정보를 획득한 타인에 대한 인센티브가 부족하게 될 것이 명백한 경우 등에는 허용될 수 없다는 뜻이다.

따라서 타인의 성과 모방이나 이용 행위의 경과, 이용자의 목적 또는 의도, 이용의 방법이나 정도, 이용까지의 시간적 간격, 타인의 성과물의 취득 경위, 이용 행위의 결과(선행자의 사업이 괴멸적인 영향을 받는 경우 등) 등을 종합적으로 고려하여 ① 절취 등 부정한 수단에 의하여 타인의 성과나 아이디어를 취득, ② 선행자와의 계약상 의무나 신의칙에 현저히 반하는 양태의 모방, ③ 의도적으로 경쟁자의 영업을 방해하거나 경쟁지역에서 염가로 판매하거나 오로지 손해를 줄 목적으로 성과물을 이용하는 경우, ④ 타인의 성과를 대부분 그대로 가져오면서 모방자의 창작적 요소가 거의 가미되지 않은 직접적 모방에 해당하는 경우 등에는 예외적으로 타인의 성과 모방이나 이용 행위에 공정한 거래질서 및 자유로운 경쟁질서에 비추어 정당화될 수 없는 '특별한 사정'이 있는 것으로 보아 민법상 불법행위 또는 부정경쟁방지법 제2조 제1호 (차)목에서 규정하는 부정경쟁행위에 해당한다고 본다.

A회사와 같은 게임 제공업자로서 경쟁 관계에 있는 B회사가 팜히어로사가와 같은 매치-3-게임 형식에 동일한 게임 규칙 등을 사용한 포레스트 매니아를 이용자들에게 제공함으로써 팜히어로사가의 인기에 일부 편승한 부분이 있다 하더라도 그 밖에는 B회사 측의 독자적인 아이디어를 바탕으로 B회사 측의 비용과 노력을 들여 팜히어로사가와 실질적으로 비슷하다고 볼 수 없고, 팜히어로사가에 존재하지 않는 다양한 창작적 요소를 가진 포레스트 매니아를 제작하여 게임 이용자들에게 제공한 것이므로 B회사 측의 이러한 게임 창작 및 제공행위는 A회사의 저작권을 침해하지 않는 한도에서는 원칙적으로 허용되는 행위로서 그것이 상도덕이나 공정한 경쟁질서에 반하여 명백한 불법행위에 해당한다거나 공정한 상거래 관행이나 경쟁질서에 반한다고 보기 어렵다. 따라서 B회사의 위와 같은 행위는 부정경쟁방지법 제2조 제1호 (차)목의 부정경쟁행위나 부정한 경쟁행위로서 일반 불법행위에 해당하지 않는다.

A게임과 비슷한 B게임의 개발·출시행위가 부정경쟁방지법
상 부정경쟁행위 또는 민법상 불법행위에 해당하는지에 관
한 동일한 사안을 두고 1심 법원과 2심 법원은 정반대의 결
론을 내렸다. 이러한 상이한 결과는 저작권법과의 관계에서
부정경쟁방지법 제2조 제1호 (차)목을 어떻게 해석할 것인지
에 관한 관점의 차이로 볼 수 있다.

1심 법원은 부정경쟁방지법 제2조 제1호 (차)목의 행위는 종
래의 지식재산권 관련 제도 내에서는 예상할 수 없어서 기
존 법률로는 미처 포섭할 수 없었던 유형의 행위로서 (가)목
내지 (자)목의 부정경쟁행위에 준하는 것으로 평가할 수 있
는 행위를 규율 대상으로 하는 것이라고 해석하여, (가)목
내지 (자)목에서 정하고 있는 부정경쟁행위로 인정되기 위한
요건을 갖추지 못한 행위를 다시 민법상의 불법행위 또는 신
설된 위 (차)목이 정한 부정경쟁행위에 해당한다고 볼 것인
지 여부는 매우 신중하게 판단해야 할 필요성이 있기는 하지
만, 그렇다고 그 적용을 배제하는 것은 종래의 지식재산권
침해 행위와는 별개의 유형인 부정경쟁행위를 방지하여 건
전한 거래질서를 유지함을 목적으로 하는 부정경쟁방지법의
입법목적 자체를 부정하는 것이므로, 저작권 침해 행위에
해당하지 않는다고 하여 곧바로 부정경쟁행위에도 해당하지
않는다고 단정할 수 없다는 입장이다.

그래서 1심 법원은 비록 저작권법적으로 보호 받을 수 없는 게임 규칙이라도 그것이 선행 게임 개발자에 의해 최초로 도입된 것이고 그러한 게임 규칙을 타인이 그대로 도용한 것으로 평가할 수 있는 정도라면 상거래 관행이나 경쟁질서에 반하는 행위라고 봄이 상당하고, 만일 이를 부정경쟁방지법 제2조 제1호 (차)목으로 제재하지 않는다면 게임 개발업체에서는 굳이 힘들여 새로운 게임 규칙이나 그 조합을 갖는 게임을 창작할 이유가 없게 될 것이라고 판단하여, B회사의 행위를 부정경쟁방지법상 부정경쟁행위는 물론 민법상 불법행위에도 해당한다고 판시하였다.

이에 반해, 2심 법원은 부정경쟁방지법 제15조에서는 부정경쟁방지법이 저작권법 등과의 관계에서 보충적인 지위에 있다고 규정하고 있으므로 부정경쟁방지법 제2조 제1호 (차)목은 저작권법 등에 모순·저촉되지 않는 한도 내에서만 지적 창작물을 보호할 수 있고, 지식재산권법에 의해 보호되지 않는 타인의 성과는 원칙적으로 자유로운 모방과 이용이 가능하며, 거래 관행상 현저히 불공정한 경우에 한해서만 예외적으로 규제해야 한다는 입장이다.

그래서 2심 법원은 게임 규칙은 아이디어로서 보호대상이 되지 않고, 팜히어로사가와 포레스트 매니아는 그 표현 형태가 상이하며, 포레스트 매니아에는 팜히어로사가에서는 찾아볼 수 없는 독창적인 게임 규칙 등이 가미되어 있기 때문에 직접 모방이 아니라 생산적 또는 변형적 이용 내지 모방을 한 것이고, 포레스트 매니아의 출시로 인해 팜히어로사가와 관련된 A회사의 사업이 괴멸된 것이라고 보기도 어렵다고 판단하여, B회사의 행위는 부정경쟁방지법상 부정경쟁행위나 민법상 불법행위에 해당하지 않는다고 판시하였다.

이처럼 저작권법에 의해서는 제재를 받지 않는 어떤 행위가 부정경쟁방지법 제2조 제1호 (차)목에서 규정하고 있는 부정경쟁행위 또는 민법상 불법행위에 해당하는지에는 명확한 기준이 있는 것이 아니라 여러 사정들을 종합적으로 고려하여 판단할 수밖에 없는데, 대법원의 판시내용과 부정경쟁방지법 제2조 제1호 (차)목의 요건이 거의 비슷한 것으로 보아, 결국 어떤 행위가 부정경쟁방지법 제2조 제1호 (차)목에서 규정하고 있는 부정경쟁행위에 해당하면 민법상 불법행위에도 해당하고, 그렇지 않으면 그 반대가 된다.

그렇다면 어떤 행위가 부정경쟁방지법 제2조 제1호 (차)목에서 규정하고 있는 부정경쟁행위 또는 민법상 불법행위에 해당하는지를 살필 때는 부정경쟁방지법 제2조 제1호 (차)목에서 규정하고 있는 부정경쟁행위에 해당하는지 여부에 대해서만 심도 있게 판단하면 될 것이다. 그런데 부정경쟁방지법 제2조 제1호 (차)목도 부정경쟁방지법에서 규정하고 있는 부정경쟁행위인 만큼, 그 신설 취지와 동조 동항 (가)목 내지 (자)목의 부정경쟁행위 여부 판단 시 동원되는 논리나 그 보호의 정도 등을 고려하여 그 인정 여부를 판단해야 할 것이다.

┌7┐
게임에 등장하는 이미지는
저작물로 보호 받을 수 있는가?

게임이 영상저작물로 보호 받는 것과 별개로 게임 내 캐릭터나 각종 이미지도 별도의 미술저작물로 보호 받을 수 있다. 캐릭터와 관련해서는 나중에 살펴보기로 하고, 여기서는 게임 이미지의 저작물성을 중심으로 살펴보도록 하겠다.

골프장의 저작물성과 관련된 사건에서 법원은 "골프장의 경우 연못이나 홀의 위치와 배치, 골프 코스가 돌아가는 흐름(Routing Plan) 등을 어떻게 정하느냐에 따라 다른 골프장과 구분되는 개성이 드러나고, 시설물이나 골프 코스의 배치 및 루팅 플랜 등을 정함에 있어 골프장 부지의 지형, 토양, 일조 방법, 바람, 식생 등 자연적 요소와 진입도로, 관리도로, 상수, 오수, 전기, 통신 등의 관로 배치 등을 종합적으로 고려하여 골프장의 전체적인 미적 형상을 표현하게 된다"고 하면서, 문제가 된 골프장과 관련하여 "클럽하우스, 연결도로, 홀(티, 페어웨이, 그린, 벙커, 러프 등), 연못과 그 밖의 부대시설 등의 구성 요소가 골프장 부지 내에서 배치되고 서로 연결됨에 있어 다른 골프장들과 구별할 수 있을 정도로 창조적인 개성이 인정된다고 할 것이므로, 저작권의 보호 대상인 저작물에 해당한다고 볼 수 있다"고 판시한 바 있다.[33] 이와 같이 자연에 이미 존재하는 형상이라도 구체적인 형태 등과 그 조합에 저작자 나름의 정신적 노력의 소산으로서의 특성 이 부여되어 있는 경우에는 저작권법상 보호되는 미술저작 물에 해당될 수 있다.

〈구름 이미지〉 사건[34]

A는 디지털 이미지 제작업체를 운영하면서 포토샵, 페인터 프로 그램 및 타블렛 도구를 이용하여 정교한 형상의 구름 이미지를 제작하여 다른 물방울 등의 이미지들과 함께 20여 장의 CD로 제작하여 판매하였다.

B회사는 온라인물을 개발하는 게임 제작회사이고, C회사는 B회 사로부터 온라인 게임물을 공급받아 국내외 이용자들에게 제공 하는 회사이다(이하 B회사, C회사 등을 통칭하여 'B회사 등'이라 함).

B회사 등의 야구 게임물에는 하늘 부분에 수 개의 구름 이미지 들이 배치되어 있다.

이에 A는 B회사 등이 A의 구름 이미지를 무단으로 도용했다는 이유로 저작권 침해에 따른 손해배상 청구 소송을 제기하였다.

---

33) 서울중앙지방법원 2015. 2. 13. 선고 2014가합520165 판결
34) 서울중앙지방법원 2012. 9. 25. 선고 2012가합503548 판결

■ A의 구름 이미지의 저작물성 인정 여부(O)

A는 액정 또는 평판 타블렛에 타블렛 펜 등을 이용하여 직접 구름 형상을 그려 넣은 다음, 색채 및 명암을 삽입하는 등의 과정을 거쳐 구름 이미지를 제작하는데, 구름의 윤곽선이나 색채, 명암 등이 A 나름의 표현 방법으로 세밀하게 표현되어 일반인들이 실제 구름 모습이라 착각할 정도로 정교하게 표현된 구름 이미지인 점을 인정할 수 있다.

자연에 이미 존재하는 형상의 하나인 구름 모양은 그 구체적인 윤곽선, 꼬리 형태, 굴곡, 색채, 명암 및 그 조합에 따라 얼마든지 다른 모습으로 창작될 수 있는데, A의 구름 이미지는 구체적 윤곽선, 꼬리 형태, 굴곡, 색채, 명암 등을 고려할 때 누가 하더라도 같거나 비슷하게 표현할 수밖에 없는 형상의 구름 모양이라고는 볼 수 없는 것이어서, A 나름의 정신적 노력의 소산으로서의 특성이 부여되어 있는 저작권법 보호 대상인 미술저작물에 해당한다고 봄이 상당하다.

평석

자연에 존재하는 형상을 실제와 거의 비슷하게 표현하더라도, 그것을 표현할 수 있는 다양한 방법 가운데 하나를 선택해서 거기에 저작자의 개성과 창작성을 가미했다면 이 또한 저작권법상 보호 받을 수 있는 저작물이 될 수 있다.

8

게임의 명칭은
어떻게 보호 받을 수 있는가?

1 저작권 침해 여부

대법원은 만화 〈또복이〉 사건에서 또복이는 사상 또는 감정의 표명이라고 보기 어렵기 때문에 저작물로 보호 받을 수 없다는 판시를 한 이래로, 일관되게 저작물의 명칭이나 제목에 대해서는 그 저작물성을 인정하지 않고 있다. 즉, 저작물의 제목은 그 문구가 짧고 의미가 단순해서 거기에 창작성을 부여할 수는 없다는 것이다. 제목처럼 문구가 짧고 의미가 단순한 것에 대해 저작물성을 인정하게 되면 그 이후에는 어떤 누구도 그 제목 저작권자의 허락 없이는 해당 제목과 같은 문구를 사용할 수 없게 되는 불합리한 결과가 발생하게 된다. 그러나 제목과 같은 짧은 문구는 저작물을 만드는 과정에서 누구나 자기도 모르게 흔하게 사용할 수 있는데, 그럴 때마다 그 사용을 위해 제목 저작권자에게 허락을 받는다는 것은 현실적으로도 어려운 일일뿐만 아니라, 문화 융성이라는 저작권법의 목적에도 부합하지 않는 것이기 때문에 제목은 저작권법상 보호 대상이 될 수 없는 것이다.

게임의 경우 그 명칭이 비슷하다는 이유로 다툼이 발생하기도 하지만, 이런 경우에는 보통 저작권 침해를 문제 삼기보다는 상표권 침해 또는 부정경쟁방지법상의 부정경쟁행위에 해당함을 주장하는 경우가 대부분이다. 그러므로 이제부터는 게임의 명칭과 관련된 상표권 침해 여부 내지 부정경쟁행위 해당 여부에 관해 살펴보도록 하겠다.

2 상표권 침해 여부

게임의 명칭은 해당 게임의 장르나 내용 등을 함축적으로 나타내는 경우가 있을 수 있는데 이런 경우 게임 명칭으로서의 사용에 대하여는 상표권의 효력이 미치지 않는 것이 원칙이다. 즉, 타인의 등록상표를 게임의 명칭으로 사용하더라도 상표의 본질적인 기능이라고 할 수 있는 출처표시를 위한 것이 아니라, 게임의 장르나 내용 등을 설명하기 위한 경우에는 상표권 침해가 되지 않는 것이다.

이와 같이 상표권은 타인의 등록상표를 자신의 상표로서 사용한 경우에만 침해가 되는 것이고, 이 경우 상표로서 사용한 것인지 여부는 상품과의 관계, 당해 표장의 사용 태양(상품 등에 표시된 위치·크기 등), 등록상표의 주지 저명성 그리고 사용자의 의도와 사용 경위 등을 종합하여 실제 거래계에서 그 표시된 표장이 상품의 식별표지로서 사용되고 있는지 여부를 종합하여 판단하여야 한다.[35]

상표의 유사 여부를 판단함에 있어서 문자들의 조합으로 이루어진 결합상표는 상표를 구성하는 전체 문자에 의해 생기는 외관(상표의 모습, 모양 또는 형태), 호칭(상표명을 부르는 것) 또는 관념(상표의 의미)에 의해 판단하는 것이 원칙이지만, 문자들의 결합관계 등에 따라 '독립하여 자타상품을 식별할 수 있는 구성부분', 즉 요부(상표의 주요 부분)만으로도 거래에 놓일 수 있다고 인정할 수 있는 경우에는 그 요부를 분리 추출한 부분에 의해 생기는 호칭 또는 관념에 의해 판단할 수 있다.[36]

다만, 당해 상표를 둘러싼 일반적인 거래 실정, 즉 시장의 성질, 고객층의 재력이나 지식 정도, 연령, 성별, 당해 상품의 속성과 거래 방법, 거래 장소, 상표의 현존 및 사용 상황, 상표의 주지 정도 및 당해 상품과의 관계 등에 비추어 볼 때 상표가 실제 거래에서 전체로서만 사용되는 것으로 인식되어 있어서, 일부분만으로 상표의 동일성을 인식하기 어려운 경우 즉, 상표의 구성 부분을 분리하여 관찰하면 자연스럽지 못할 정도로 불가분적으로 결합되어 있는 경우에는 분리 관찰이 적당하지 않으므로 전체 관찰을 하여야 할 것이다.[37]

35) 대법원 2011. 1. 13. 선고 2010도5994 판결
36) 대법원 2007. 3. 29. 선고 2006후3502 판결 등
37) 대법원 2004. 7. 22. 선고 2004후929 판결

〈드래곤 퀘스트〉 사건[38]

A는 dragon quest(이하 '이 사건 출원상표'라고 함)를 출원하였으나, 특허청은 이 사건 출원상표는 그 지정상품 내지 지정서비스업의 일부와 관련하여 볼 때 선등록상표, 선등록서비스표 또는 선출원상표 등(QUEST 또는 퀘스트 등, 이하 '선등록상표 등'이라고 함)과 표장 및 지정상품 내지 지정서비스업에 있어 비슷하므로, 상표법 제7조 제1항 제7호[39]에 해당하여 등록받을 수 없다는 이유로 거절결정을 하였다.

A는 이러한 거절결정에 대해 불복하는 심판청구를 하였으나, 이에 대해 특허심판원은 이 사건 출원상표는 quest만으로 약칭될 수 있고, 이와 같이 약칭되는 경우 선등록상표 등과 표장 및 지정상품 내지 지정서비스업이 비슷하기 때문에 상표법 제7조 제1항 제7호에 해당하여 등록받을 수 없다는 이유로 A의 청구를 기각하는 심결을 하였다.

그러자 A는 이러한 특허심판원의 심결에 불복하여 그 심결을 취소하라는 소송을 제기했다.

---

38) 대법원 2008. 2. 28. 선고 2006후4086 판결
39) 현행 상표법 제34조 제1항 제7호(선출원에 의한 타인의 등록상표와 동일·비슷한 상표로서 그 지정상품과 동일·비슷한 상품에 사용하는 상표)

■ 이 사건 출원상표에 관하여

A는 1986년 일본에서 발매한 닌텐도에 이 사건 출원상표를
표시하여 dragon quest vii까지 발매(2003년경) 하였다. A는 일
본에서 이 사건 출원상표를 도형화한 상표 및 이 사건 출원
상표와 일본어가 결합된 상표를 지정상품 내지 지정서비스업
에 20건을 등록하였다.

국내에서 1991년 서적을 통하여 이 사건 출원상표가 사용된
게임에 관한 소개가 시작된 이래 늦어도 2000년경부터 인터
넷에서 위 게임을 다운로드 받는 사이트와 아이템을 거래하
는 사이트들이 무수히 개설되어 위 게임 및 아이템을 다량
거래하고 있으며, 이 사건 출원상표를 사용한 게임은 RPG
의 대표적인 예로서 그 시나리오를 분석하는 서적까지 출판
되었다.

이 게임의 이용자를 비롯한 수요자 사이에 이 사건 출원상
표를 dragon 또는 quest로 분리하여 호칭하거나 인식하는 예
는 찾아볼 수 없으며, 약칭하는 경우에조차도 dra.que의 일
본어 음역인 '드라퀘(ドラクェ)', 또는 '드퀘'로 호칭되고 있다.

■ 이 사건 출원상표가 상표법 제7조 제1항 제1호에 해당하는지 여부

 특허법원(X) : 상표등록 거절결정은 부당함

이 사건 출원상표는 그 지정상품 또는 서비스업에 속하는 게임, 서적과 관련하여 국내의 일반 수요자나 거래자 사이에 널리 알려진 상표로서 dragon quest 전체로 사용·인식되어 왔음을 알 수 있으므로, 이와 동일·비슷한 나머지 지정상품 내지 지정서비스업 등에서도 이를 dragon 또는 quest만으로 분리하여 관찰하는 것은 부자연스럽다.

이러한 전제하에 이 사건 출원상표와 선등록상표 등을 대비하면, ① dragon quest와 quest 등은 그 외관이 서로 다르고, ② 이 사건 출원상표는 '드래곤 퀘스트' '드라퀘' '드퀘' 등 전체적으로 호칭되고, '퀘스트'는 역할수행게임(RPG)에서 통상적으로 사용되는 용어임에 비추어 볼 때 '드래곤 퀘스트' 가운데 앞에 위치하는 '드래곤'으로 호칭될 가능성이 높아 '퀘스트'로 호칭되는 선등록상표 등과는 다르며, ③ 이 사건 출원상표는 '용을 찾아서'라는 관념이 형성되는 데 비하여, 선등록상표 등은 '찾음, 추구'의 관념만이 있어 서로 다르다.

따라서 이 사건 출원상표는 선등록상표 등과 그 외관, 호칭, 관념에 있어 서로 비슷하지 않으므로, 상표법 제7조 제1항 제7호에 해당하지 않는다.

dragon quest로 이루어진 이 사건 출원상표는 dragon과 quest 부분이 서로 간격을 두고 떨어져 있고 호칭도 짧지 않아 이를 분리하여 관찰하는데 특별한 어려움이 없고, 그 가운데 quest가 그 지정상품 내지 지정서비스업과 관련하여 독립하여 자타상품을 식별하는 기능을 충분히 할 수 있어서 이 사건 출원상표는 quest 부분만으로도 호칭·관념된다.

특허법원은 이 사건 출원상표가 컴퓨터게임 소프트웨어와 관련된 지정상품의 거래 상황에서 분리되지 않고 전체로서 인식되고 있음을 근거로 항상 전체로서 인식된다고 보았으나, 이 사건 출원상표의 지정상품에는 컴퓨터게임 소프트웨어와 관련이 없는 지정상품이 다수 포함되어 있을 뿐만 아니라, 선등록상표 등과의 유사 여부가 문제되는 지정상품은 컴퓨터게임 소프트웨어와 관련이 없는 것들이기 때문에 그 거래 상황에서도 항상 전체로서 인식된다고 볼 수는 없다.

그렇다면 이 사건 출원상표는 선등록상표 등과 동일·비슷한 상품에 함께 사용되는 경우 quest 부분이 공통되므로 이로 인해 그 출처에 오인·혼동이 발생할 가능성이 있어서, 이 사건 출원상표와 선등록상표 등은 서로 비슷하다고 할 것이다. 그럼에도 불구하고 이와 달리 판단한 특허법원은 상표의 유사 여부 판단에 관한 법리를 오해하여 판결에 영향을 미친 잘못이 있는 것이다.

상표권 침해가 인정되기 위해서는 문제가 되는 상표가 외
관·호칭·관념에서 등록상표와 동일·유사해야 하는 것은 물
론, 그 상표가 적용된 상품 내지 서비스업이 등록상표의 그
것과 동일·유사해야 한다. 그런데 이 사건은 상표권 침해 여
부가 문제된 사안은 아니고, A가 출원한 dragon quest라는
상표가 등록 가능한 상표인지 여부가 문제된 사안이었다.
즉, A보다 먼저 출원해서 이미 등록된 quest 또는 '퀘스트'
등과 같은 상표(선등록상표 등) 등과 동일·비슷한 상표로서 그
지정상품 내지 서비스업과 동일·비슷한 상품 내지 서비스업
에 사용하는 상표인지 여부에 따라 dragon quest의 상표등록
여부가 갈리는 상황이었다.

이와 관련하여 특허법원은 A의 출원상표인 dragon quest는
그 지정상품 또는 서비스업에 속하는 게임 등과 관련하여
국내 일반 수요자나 거래자 사이에 dragoon quest 전체로 사
용·인식되어 왔으므로, 다른 지정상품 내지 지정서비스업에
서도 dragoon 또는 quest로 분리해서 호칭하는 것은 부자연
스럽다고 전제한 후, dragoon quest 전체와 선등록상표 등인
quest 등이 그 외관, 호칭 및 관념 면에서 동일·비슷한지 여
부를 비교하였다. 그 결과 특허법원은 서로 동일·비슷하지
않다고 판단하였고, 특허청이 A의 출원상표인 dragon quest
를 등록거절한 것은 부당하다는 결론을 내렸다.

이에 반해 대법원은 A의 출원상표인 dragoon quest는 각 단어가 붙어있지 않기 때문에 분리해서 호칭하는 데 어려움이 없고, 그 각각으로도 지정상품 내지 지정서비스업과 관련하여 출처표시기능을 하기에 충분하다고 판단하였다. 이러한 전제 하에서, 대법원은 dragoon quest는 게임이나 서적과 관련해서는 특허법원의 판단과 같이 전체로 인식될 수 있지만, dragoon quest의 지정상품 또는 지정서비스업에는 게임과 관련이 없는 상품이나 서비스업도 포함되어 있고, 이 사건에서 문제가 되는 것은 게임과 무관한 것들이며, 그러한 상품이나 서비스업의 거래계에서는 dragoon quest를 전체로 인식한다는 아무런 근거가 없다고 판단하였다.

즉, 대법원은 dragoon quest는 quest만으로도 호칭·관념될 수 있고 그렇게 되면 quest 등 선등록상표 등과 동일·비슷하게 되어, 일반 소비자들은 quest라는 호칭이나 관념만으로는 그것의 출처가 어디인지 혼동할 수 있다는 이유로, 등록거절이 타당하다고 판단한 것이다.

그러나 만일 quest 등을 게임 명칭으로 사용하고 있는 quest 등의 상표권자가 dragon quest를 게임 명칭으로 사용하고 있는 A를 상대로 상표권 침해를 주장했다면 어땠을까? 아마도 특허법원의 판단과 같이 dragon quest는 게임 분야에서 수요자나 거래자 사이에 전체로서 사용·인식되고 있고, 또 quest는 RPG 게임에서 통상적으로 사용되는 게임 용어에 불과하기 때문에, quest 등과 dragon quest는 그 외관, 호칭, 관념에 있어 서로 비슷하지 않고 따라서 상표권 침해에는 해당하지 않는다는 결론이 났을 것이다.

...

비슷한 사건으로, A의 출원등록상표인 game champ가 그 것과 동일·비슷한 지정상품인 팸플릿 등으로 이미 그 이전에 등록된 '도형 + champion'과 그 표장이 동일·비슷하기 때문에 등록무효에 해당하는지가 문제된 사건에서 대법원은 "game champ와 그보다 먼저 출원등록된 상표인 '도형 + champion'을 대비해 보면, 두 상표는 한글과 도형의 유무 및 글자의 수 등 외관은 좀 다르지만, 호칭에 있어서 등록상표는 game과 champ가 불가분적으로 결합된 것이라고 볼 수 없어 '챔프'로 간략하게 분리 호칭될 수 있는데, 그런 경우 '챔피온'으로 호칭되는 '도형 + champion'과 비슷하고, 관념에 있어서도 game champ는 '놀이, 오락, 경기, 운동회' 등의 뜻을 가진 game과 '선수권자, 우승자'의 뜻을 가진 champ의 결합상표로서 두 개의 요부 가운데 하나인 champ 의 관념이 인용상표 champion의 그것과 동일·비슷하므로 두 상표는 전체적으로 비슷한 상표라 할 것이며, 지정상품도 팸플릿 등으로 동일·비슷하여 두 상표가 함께 사용될 경우 수요자 사이에 상품출처에 대한 오인·혼동이 야기될 우려가 있다"[40]고 판시함으로써, 등록무효가 타당하다고 판단하였다.

---

40) 대법원 1998. 4. 14. 선고 97후1863 판결

부정경쟁방지법은 그 정의규정인 제2조 제1호에서 총 10가 지의 부정경쟁행위에 관해 한정적으로 열거하고 있다. 같은 법 제15조에는 특허법, 실용신안법, 디자인보호법, 상표법, 농수산물 품질관리법 또는 저작권법에 다른 규정이 있으면 그 법에 따르도록 규정하고 있어서, 상표법 등에 다른 규정 이 있는 경우에는 그 법에 저촉되지 않는 범위 내에서 부정 경쟁방지법을 적용할 수 있다. 또 제2조 제1호 소정의 행위 는 상표권 침해 행위와는 달라서 반드시 등록된 상표(서비스 표)와 동일 또는 비슷한 상표 등을 사용하는 것을 요하는 것 이 아니고, 등록 여부와 관계없이 사실상 국내에 널리 인식 된 타인의 성명, 상호, 상표, 상품의 용기, 포장 기타 타인의 상품임을 표시하는 표지와 동일 또는 비슷한 것을 사용하거 나 이러한 것을 사용한 상품의 판매 등으로 타인의 상품과 혼동을 일으키게 하거나 타인의 영업시설 또는 활동과 혼동 을 일으키게 하는 일체의 행위를 의미하는 것이다.[41]

부정경쟁방지법 제2조 제1호 (가)목 및 (나)목에서는 상품주 체 혼동행위 및 영업주체 혼동행위를 규정하고 있는데, 그 요건으로 타인의 상품표지나 영업표지가 국내에 널리 인식 되어 있을 것 즉 '주지성'을 규정하고 있다. 주지성 여부는 사용 기간, 방법, 태양, 사용량, 거래 범위 등과 거래 실정

---

41) 대법원 1999. 4. 23. 선고 97도322 판결

및 사회통념상 객관적으로 널리 알려진 정도가 기준이 되는데, 단순한 문자나 숫자의 결합으로 이루어졌거나 상품이나 서비스업의 성질을 표시한 것에 불과하여 식별력이 없거나 미약한 상표 또는 서비스표가 사용된 결과로 국내에 널리 인식된 경우에는 원래 독점시킬 수 없는 표지에 권리를 부여하는 것이므로 그 기준은 엄격하게 해석 적용되어야 한다.[42)]

부정경쟁방지법 제2조 제1호 (가)목에서 규정하고 있는 상품주체 혼동 행위에는 현실적으로 상품 출처에 관한 혼동을 초래하는 행위뿐만 아니라 혼동을 초래할 우려가 있는 행위도 포함되며, 그에 해당하는지 여부는 상품표지의 주지성과 식별력의 정도, 표지의 유사 정도, 사용 태양, 상품의 유사 및 고객층의 중복 등으로 인한 경업·경합 관계의 존부, 그리고 모방자의 악의(사용의도) 유무 등을 종합하여 판단하여야 한다. 따라서 비록 상품의 품질과 가격, 판매장소, 판매방법이나 광고 등 판매 당시의 구체적 사정 때문에 구매 당시에는 상품의 출처를 혼동하지 않더라도, 구매자로부터 상품을 양수하거나 구매자가 지니고 있는 상품을 본 제3자가 그 상품에 부착된 상품표지 때문에 상품의 출처를 혼동할 우려가 있는 등 일반 수요자의 관점에서 상품의 출처에 관한 혼동의 우려가 있는 경우 역시 상품주체 혼동 행위에 해당한다.[43)]

---

42) 대법원 2008. 9. 11. 선고 2007도10562 판결
43) 대법원 2012. 12. 13. 선고 2011도6797 판결

부정경쟁방지법 제2조 제1호 (나)목에서 규정하고 있는 영업 주체 혼동행위는 어떤 영업자의 영업상의 시설 또는 활동을 타인의 영업상의 시설 또는 활동이라고 오인하는 것을 말하는 것으로, 영업표지 자체가 동일하다고 오인하게 하는 경우뿐만 아니라 국내에 널리 인식된 타인의 영업표지와 동일 또는 비슷한 표지를 사용함으로써 일반수요자나 거래자로 하여금 당해 영업표지의 주체와 동일·비슷한 표지의 사용자 사이에 자본, 조직 등에 밀접한 관계가 있다고 잘못 믿게 하는 경우도 포함하고, 그와 같이 타인의 영업표지와 혼동을 하게 하는 행위에 해당하는지 여부는 영업표지의 주지성, 식별력의 정도, 표지의 유사 정도, 영업 실태, 고객층의 중복 등으로 인한 경업·경합 관계의 존부 그리고 모방자의 악의(사용의도) 유무 등을 종합하여 판단하여야 한다.[44]

따라서 게임의 명칭이 상표로 등록되어 있지 않더라도, 그것이 국내에 널리 인식(주지성)되어 있고, 제3자가 이러한 게임의 명칭과 동일·비슷한 표지를 사용함으로써 게임 명칭 주체의 상품이나 영업상의 시설 또는 활동과 혼동을 일으킨다면, 이는 부정경쟁방지법상의 부정경쟁행위에 해당하기 때문에 게임 명칭의 주체는 그에 따른 법적 규제를 받을 수 있다.

---

44) 대법원 2009. 4. 23. 선고 2007다4899 판결

〈부루마불〉 사건[45]

A1은 부루마불 게임을 생산·판매하는 자이다.

A1은 국내의 수요자들 및 거래자들 사이에 블루 마블(Blue MarBle) 게임의 상표로 널리 알려져서 주지성을 가지고 있는 부루마불 표장을 B가 A1의 허락 없이 무단 사용하여 게임을 생산·판매함으로써 A1의 부루마불 게임과 혼동하게 하는 부정경쟁행위를 하였고, 그로 인하여 A1의 영업상 이익이 침해되었거나 침해될 우려가 있다고 주장하면서, B에 대하여 부정경쟁방지법에 따른 손해배상 등 청구소송을 제기하였다.

■ 사실 관계

A1은 A2와 완구 제조·판매업을 위해 A3회사를 설립하고, A3회사를 출원인으로 하여 부루마불게임(이하 '이 사건 A1 상표'라 함) 및 지제 완구(종이 장난감), 보드게임, 서양 주사위놀이구 등을 지정상품으로 하여 출원, 같은 해 상표등록되었다. A1은 A2와 A3회사를 공동으로 운영하면서 로고를 부착한 보드게임(이하 '부루마불게임'이라 함)을 생산·판매하다가, A2가 이 사건 A1 상표를 포함한 A3회사의 동업지분을 A1에게 양도하고 동업관계에서 탈퇴한 뒤부터는 A3회사와는 별개로 A4회사를 운영하면서 부루마불게임을 생산·판매하여 왔다.

---

45) 서울동부지방법원 2004. 2. 12. 선고 2000가합1820 판결

A1은 1982년경부터 부루마불게임의 주된 소비자층인 청소년들이 주로 구독하는 《보물섬》 등의 잡지에 1년에 5회 정도 꾸준히 부루마불게임을 광고하였고, 한국방송공사 등을 통해서도 4회 가량 광고하였다. 부루마불게임이 널리 알려짐에 따라 '인생럭키게임' 등 비슷한 종류의 게임들이 다른 업체들에 의해 제작·판매되기도 했지만 그 내용들이 조잡하여 소비자들의 관심을 끌지는 못했다.

A1은 이 사건 A1 상표의 상표권 존속기간 만료 뒤에 갱신등록절차를 이행하지 않아서, 상표등록이 말소되고 상표권은 소멸되었다.

B는 주사위 놀이 보드게임을 개발한 후, 이 사건 A1 상표가 말소된 것을 확인하고 그 직원 명의로 부루마불이라는 이 사건 A1 상표와 비슷한 표장 및 지제 완구, 보드게임, 서양 주사위놀이구 등을 지정상품으로 하여 상표(이하 '이 사건 B 상표'라고 함) 출원하였고, 상표 등록되었다.

B는 이 사건 B 상표를 부착한 주사위 놀이 보드게임(이하 'B게임'이라고 함)을 생산하여 판매하였는데, 주사위와 모의화폐를 사용한다는 점, 게임판의 배치와 구성, 게임진행 및 승패 결정 방법 등이 A의 부루마불게임과 상당히 비슷하다.

■ A1과 B 사이의 분쟁

A1은 B에 대하여 부정경쟁방지법 위반죄로 고소하였고, 그에 따른 수사 결과 B는 불구속 기소되었다.

A1은 특허청에 이 사건 B 상표 등록 이의신청을 하였는데, 특허청은 이 사건 A1 상표의 표장이 주지성을 가지고 있다고 인정되지 않고 그 상표권자도 A1이 아니라 A3회사라는 이유로 이의신청을 기각하였다. A1은 이에 불복하여 특허심판원에 등록무효심결을 청구하였다가 그 청구마저 기각되자, 다시 특허법원에 B로부터 이 사건 B 상표를 이전받은 C를 상대로 특허심판원 심결의 취소를 구하는 등록무효소송을 제기하였다.

형사사건에서 법원은 B에게 무죄를 선고하였고, 그 무렵 판결은 확정되었다.

그러나 특허법원은 이 사건 B 상표는 상표법 제7조 제1항 제11호[46]에서 규정하고 있는 '수요자를 기만할 염려가 있는 상표'에 해당하여 그 등록은 무효라고 판단하였고, 그 후 대법원은 상고기각 판결을 함으로써 이 사건 B 상표는 등록무효로 확정되었다.

---

46) 현행 상표법 제34조 제1항 제12호

B의 반박

이 사건 A1 상표는 적어도 B가 B 게임을 생산·판매하기 시작한 1998. 12.경에는 주지성을 가지고 있지 않았으므로 B의 B 게임 생산·판매행위는 A1에 대한 부정경쟁행위가 되지 않을 뿐만 아니라, 당초 상표권자도 A3회사이기 때문에 A1은 B에 대하여 손해배상 등을 청구할 수 없다.

법원의 판단

(1) '부루마불' 표장의 표지성과 주지성 여부(O)

A1의 '부루마불'이라는 표장은 부루마불게임에 부착된 로고와 이 사건 A1 상표의 주된 구성 부분이면서 상품명 그 자체이므로 A1의 상품임을 표시하는 표지라고 할 것이다.

A1의 부루마불게임 영업기간, 영업대상 및 특성, 판매량, 광고의 빈도 및 광고비의 지출 규모, 다른 비슷한 방식의 보드게임에 대한 부루마불게임의 비교 우위성, 판결에 의하여 이 사건 피고 상표의 등록이 무효로 확정된 사정 등에 비추어 볼 때, 이 사건 A1 상표와 그 표지인 '부루마불' 표장은 B가 B 게임을 생산·판매할 당시 이미 국내의 수요자들 및 거래자들인 청소년, 학부모, 도·소매상 등의 대부분이 이들을 A1의 상품인 부루마불게임의 상표 및 표장으로 인식하고 있음으로써 그 주지성을 가지고 있었다고 할 것이다.

그리고 B의 주장처럼 A1 상표가 그 이전에 존속기간이 만료되어 소멸되었다는 사정은 주지성의 인정에 아무런 방해가 되지 않으며, B에게 무죄를 선고한 형사판결은 위 판결 후 이 사건 B 상표에 대한 등록무효가 대법원 및 특허법원의 판결에 의하여 확정된 점에 비추어 모두 믿지 않는다.

또한 A1이 동업자인 A2와 함께 A3회사를 설립하여 운영하다가 A2로부터 이 사건 A1 상표를 포함한 A3회사의 동업지분을 포괄적으로 양수하여 A3회사와 별개로 업체를 운영하면서 위 게임을 생산·판매하여 왔고, 그 이후 A3회사는 전혀 영업활동을 하지 않았으므로, A3회사가 이 사건 A1 상표에 관한 권리는 위 지분 양도 당시 A1 개인에게 이전되었다고 봄이 상당하고, 따라서 이 사건 A1 상표에 관한 A1의 권리를 다투는 B의 주장 역시 이유 없다.

(2) B의 부정경쟁행위 책임(O)

부루마불게임과 B 게임은 주사위와 모의화폐를 사용한다는 점, 게임판의 배치 및 구성, 게임 진행 및 승패를 결정하는 방법 등에 있어서 비슷하고 이 사건 B 상표도 지제 완구, 보드게임, 서양 주사위놀이구 등이므로, 수요자 및 거래자들로서는 위 두 게임을 혼동할 가능성이 크다고 할 것이다.

따라서 B가 '부루마불' 표장을 사용하여 B 게임을 생산·판매한 행위는 A1에 대한 부정경쟁행위에 해당한다.

이 사건은 B가 A1의 '부루마불'이라는 표지를 무단으로 사용한 것이 부정경쟁방지법 제2조 제1호 (가)목의 부정경쟁행위(상품주체 혼동행위)에 해당하는지가 문제된 사안이었다.

B는 부루마불게임의 상표권이 소멸된 상태이기 때문에 누구나 사용 가능한 것이고, 권리 주체 역시 A1이 아니라 A3회사이므로 이 사건 청구는 받아들일 수 없다고 주장했다.

그런데 상표법과 부정경쟁방지법은 그 입법목적과 취지가 다르고, 부정경쟁방지법 제15조에 의하더라도 상표법에 저촉되지 않는 범위 안에서는 부정경쟁방지법을 적용할 수 있기 때문에 상표권 소멸과 부정경쟁행위 여부는 무관한 것이다. 게다가 이 사건은 상표권 침해가 아니라 부정경쟁행위 여부가 문제되는 사안이기 때문에 부루마불게임에 대한 실질적 권리를 가지고 있는 A1이 이 사건 청구를 하는 것에는 아무 문제가 없고, 법원 또한 이와 같은 취지로 판단했다.

법원은 부루마불게임의 상표 및 표장은 여러 사정을 고려해 볼 때, A1의 부루마불게임의 상표 및 표장으로 국내에 널리 인식(주지성)되어 있고, A1의 부루마불게임과 B의 게임 내용이 비슷해서 수요자들 및 거래자들이 두 게임의 상품 주체를 혼동할 가능성이 크다는 이유로 부정경쟁방지법상 부정경쟁행위에 해당한다고 판단하였다.

게임 캐릭터의
독자적 저작물성

11
캐릭터 저작권

캐릭터 저작권에 관해 구체적으로 살펴보기에 앞서 캐릭터라는 것이 정확히 무엇인지 알 필요가 있다. 보통 우리는 영화나 애니메이션 또는 게임 등에 나오는 등장인물, 특히 눈에 보이는 디자인적인 요소만을 캐릭터라고 생각하는 경향이 있다. 그러나 캐릭터는 '만화, 텔레비전, 영화, 신문, 잡지, 소설, 연극 등 대중매체를 통하여 등장하는 인물, 동물, 물건의 성격, 생김새, 명칭, 도안, 특이한 동작 그리고 더 나아가서 작가나 배우가 부여한 특수한 성격을 묘사한 인물을 포함한 총체적인 아이덴티티'라고 정의된다. 그러므로 캐릭터의 디자인에 해당하는 도안, 즉 우리가 캐릭터라고 생각하는 것은 캐릭터를 구성하는 여러 요소들 가운데 하나에 불과한 것이지 그것과 캐릭터를 완전히 동일시할 수는 없다.

애니메이션 등에 등장하는 캐릭터는 주로 시각적 표현에 창작적 개성이 드러나긴 하지만, 오로지 원그림에 해당하는 미술저작물만으로 구성되는 것은 아니고, 다른 창작적 요소(성격, 말투, 목소리 등) 또한 캐릭터의 형성에 중요한 역할을 한다. 때문에 각각의 구성 요소에 창작적인 기여를 한 사람이라면 누구라도 캐릭터의 저작자가 될 수 있다.

〈뽀로로〉 사건[47)]

주식회사 오콘(이하 '오콘'이라 함)은 디지털 영상물 제조, 자문 및 공급업 등을 영위하는 회사이고, 주식회사 아이코닉스엔터테인먼트(이하 '아이코닉스'라고 함)는 애니메이션 제작, 수입 및 판매업 등을 영위하는 회사이다.

오콘은 아이코닉스를 상대로 〈뽀롱뽀롱 뽀로로〉에 등장하는 뽀로로, 루피, 크롱, 에디, 포비(이하 '〈뽀로로〉 캐릭터'라고 함)에 관하여 오콘이 단독 저작권을 갖는 것을 확인하는 소송을 제기했다.

이 사건은 〈뽀로로〉 캐릭터의 시각적인 부분의 창작에 기여한 오콘만 저작자인지 아니면 캐릭터의 성격, 목소리, 말투 등을 형성하는데 기여한 아이코닉스도 저작자가 될 수 있는지가 쟁점이 된 사건이었다.

 오콘의 주장

〈뽀로로〉 캐릭터의 특징은 모두 시각적인 생김새에 의하여 표현되어 있고, 캐릭터가 가지는 성격과 같은 요소는 저작권에 의해 보호 받을 수 없는 아이디어의 영역에 속한다. 그러므로 아이코닉스가 〈뽀로로〉 캐릭터의 성격 형성에 기여했다고 하더라도 〈뽀로로〉 캐릭터의 저작자가 될 수는 없다.

---

47) 서울고등법원 2013. 11. 21. 선고 2013나39638 판결

법원의 판단

(1) 캐릭터의 저작자가 될 수 있는 경우

〈뽀로로〉캐릭터는 애니메이션을 통하여 대중들에게 인식된 것이기 때문에 〈뽀로로〉캐릭터가 가지는 외형적인 모습뿐만 아니라 말투, 목소리, 동작 등의 요소 역시 〈뽀로로〉캐릭터를 구성하는 구체적 표현에 해당한다. 그러므로 시각적인 캐릭터는 등장인물에 관한 그림만을 캐릭터로 보아야한다는 오콘의 주장은 받아들일 수 없다.

이러한 법원의 판단은 캐릭터의 성격 등도 캐릭터를 구성하는 요소에 해당하는 것이기 때문에 그 창작에 기여한 사람도 캐릭터의 저작자가 될 수 있다는 점을 분명히 한 것이라는 점에서 의미가 크다.

(2) 아이코닉스도 〈뽀로로〉캐릭터의 저작자인지 여부(O)

아이코닉스가 성우를 섭외하여 녹음, 음악 및 음향 효과, 믹싱 작업을 담당한 이상, 아이코닉스가 직접 하지는 않았더라도 아이코닉스의 전체적인 기획과 지휘 아래 이루어진 것이기 때문에 아이코닉스는 〈뽀로로〉캐릭터의 목소리, 말투 등의 구체적인 표현에 있어서 창작적인 기여를 한 것이다. 그러므로 아이코닉스는 〈뽀로로〉캐릭터에 관하여 저작권을 가진다.

이로써 〈뽀로로〉 캐릭터는 오콘과 아이코닉스의 공동저작물이 되었다. 그래서 〈뽀로로〉 캐릭터에 대해 오콘이 단독 저작권을 가진다는 것을 확인해 달라는 이 사건 소송은 오콘의 패소로 끝이 났다. 그 후에 뽀로로는 아빠가 두 명이라는 재미있는 기사가 나오기도 했다.

평 석

캐릭터는 단순히 등장인물의 생김새나 형태 등의 그림만으로 그 특성들이 모두 형상화되는 것이 아니라, 그것이 가지는 다양한 요소들을 모두 포함하는 총체적이고 통일적인 개념이기 때문에, 캐릭터의 요소 가운데 일부 요소(캐릭터의 성격, 말투, 목소리 등)를 분리하여 나머지 요소(생김새, 동작)만으로 구성되는 별개의 캐릭터를 상정할 수는 없다. 시각적인 캐릭터라 해서 캐릭터의 정의가 달라지는 것은 아니며, 다만, 창작적 표현 형식 자체에 기여했는지, 아니면 단순히 아이디어를 제공한 것에 불과한지에 따라 저작자 여부가 결정되어야 한다.

〈뽀로로〉 캐릭터처럼 애니메이션에 등장하는 캐릭터는 생김새, 동작 등 시각적 표현에 주로 창조적 개성이 드러나기 때문에 시각적 표현 위주로 캐릭터가 구성된다는 점에 대해서는 절대로 부정할 수 없지만, 캐릭터의 성격, 말투, 목소리 등도 캐릭터의 형성에 중요한 역할을 하고 있으므로, 이에 기여한 자도 캐릭터의 공동저작자가 될 수 있다는 것을 인정했다는 점에서 이 판결은 시사하는 바가 아주 크다.

이처럼 캐릭터의 성격적인 부분도 캐릭터를 구성하는 중요한 요소들 가운데 하나이기 때문에 이를 무단으로 변형하여 캐릭터의 이미지를 훼손한다면, 캐릭터 저작자의 저작인격권 가운데 동일성유지권을 침해하는 것이 될 수 있다. 이와 관련된 재미있는 일본 판례가 있다. 이 판례를 보면 동일성유지권 침해라는 것이 어떤 것인지 바로 이해가 될 것이다.

〈도키메키 메모리아루〉 vs 〈도기마기 이메지네이손〉 사건[48]

A회사는 〈도키메키 메모리아루〉 게임 저작권을 가지고 있다.

B회사는 〈도키메키 메모리아루〉 게임에 나오는 주요 등장인물의 도안을 무단으로 이용해 애니메이션 비디오를 제작했다.

A회사는 B회사의 이러한 행위에 대하여 위 주요 등장인물의 도안에 관한 복제권 및 동일성유지권 침해를 주장하면서 손해배상 등을 청구했다.

■ 게임 및 비디오에 관한 설명

〈도키메키 메모리아루〉 게임은 1994년 5월 27일에 발매된 최초의 전연령 연예시뮬레이션 게임으로 나오자마자 선풍적인 인기몰이를 했던 작품이다.

---

48) 동경지방법원 1999. 8. 30. 선고 제15575호

고등학교 3년 동안 수업도 듣고 아르바이트도 하면서 건전하게 이성교제를 하다가 졸업식 날 운동장에 있는 전설의 나무 밑에서 남학생이 여학생으로부터 사랑 고백을 받게 되면 게임이 종료되는 해피 앤딩 게임이다.

게임에 등장하는 주요 인물은 여주인공 후지사키 시오리이다. 이 게임이 워낙 인기를 끌다보니 B회사는 A회사의 허락도 받지 않고 후지사키 시오리를 주인공으로 하는 비디오를 무단으로 만들었다. 특히 비디오에는 졸업식 날 운동장에 있는 전설의 나무 밑에서 남학생과 여학생이 성행위를 하는 장면이 묘사되어 있다.

■ 복제권 침해 여부(O)

 A회사의 주장

B회사가 후지사키 시오리의 도안을 무단으로 이용해서 비디오를 제작한 것이므로, B회사는 후지사키 시오리 도안과 관련된 A회사의 복제권을 침해했다.

 B회사의 반박

후지사키 시오리의 도안은 기존에 흔히 있는 도안이어서 창작성이 없으므로 저작물에 해당하지 않는다.

후지사키 시오리의 도안은 얼굴, 머리 모양 등의 표현 방법에서 창작성이 있으므로 저작물에 해당하고, 비디오에 등장하는 여고생의 도안은 용모·머리 모양·교복 등의 특징이 후지사키 시오리의 도안과 공통되므로, B회사는 후지사키 시오리의 도안을 복제한 것이다.

■ 동일성유지권 침해 여부(O)

 A회사의 주장

B회사의 비디오에 있는 성행위 장면은 후지사키 시오리 도안의 청순한 이미지를 훼손함으로써 게임을 변형시켰으므로 게임 저작자의 동일성유지권을 침해했다 .

 B회사의 반박

동일성유지권 침해 유무는 게임과 비디오의 구체적인 도안을 대비함으로써 결정해야 하는 것이고 이미지 손상 여부와는 무관하다.

법원의 판단

B회사는 비디오에서 후지사키 시오리의 도안을 성행위 하는 모습으로 변형하여, A회사가 가지는 청순한 고등학생 이미지의 후지사키 시오리의 도안과 관련된 동일성유지권을 침해했다.

평석

이 사건에서 법원은 후지사키 시오리의 도안과 관련하여 저작재산권 가운데 복제권 침해를 인정했고, 또한 후지사키 시오리 도안과 관련하여 저작인격권 가운데 동일성유지권 침해를 인정했다.

그런데 후지사키 시오리 도안과 관련하여 복제권 침해를 인정하는 것은 쉽게 이해가 되지만, 도안과 관련하여 동일성유지권 침해를 인정한 것은 조금 납득하기가 어렵다. 다만, 법원에서 말하는 도안이 단순한 그림이 아니라 총체적인 아이덴티티로서의 캐릭터를 의미하는 것이라면 이해 못할 바는 아니다.

그렇다면 이 사건에서 법원은 캐릭터의 성격적인 부분을 캐릭터의 구성 요소들 가운데 하나로 인정한다는 전제 하에서, 그 성격적인 부분의 변형을 동일성유지권 침해라고 판단한 것으로 보인다.

이 사건에서 후지사키 시오리의 시각적인 부분을 그대로 베낀 것과 관련해서는 복제권 침해가 인정되었고, 그 성격적인 부분의 변형과 관련해서는 동일성유지권 침해가 인정되었다. 그렇다면 당연히 2차적저작물작성권 침해도 인정될 수 있을 것으로 보이는데, A회사가 2차적저작물작성권 침해에 관해서는 별도 주장을 하지 않았기 때문에 법원에서도 이에 대해 판단하지 않은 것으로 보인다.

만일 이 사건의 법원이 위와 같은 논리로 저작권 침해를 인정한 것이라면, 법원은 먼저 후지사키 시오리 캐릭터를 영상저작물인 게임과는 별개의 독립된 저작물로 인정할 수 있는지에 관해 판단했어야 하는데, 이에 관해서는 특별한 언급을 하지 않았다.

이러한 논의가 필요한 이유는 캐릭터를 애니메이션이나 게임 등과는 별개의 독립된 저작물로 인정할 수 있는지 여부에 따라 침해되는 저작물의 종류가 달라질 수 있고 그 저작권자도 달라질 수 있기 때문이다.

|2|
캐릭터는 독자적 저작물로
보호 받을 수 있는가?

1 개 요

최근에는 TV 광고나 애니메이션 등을 통해 캐릭터를 대중들에게 먼저 선 보인 다음에, 그러한 캐릭터의 고객흡입력을 십분 활용하여 다양한 형태의 상품을 생산·판매하는 방식으로 상품화 사업이 한참 진행되고 있다. 이는 애니메이션 자체로 인한 이익보다 오히려 캐릭터 상품화 사업이 훨씬 더 큰 경제적 이익을 가져오기 때문이고, 이러한 점이 바로 새로운 애니메이션이나 문화 콘텐츠의 개발에 중요한 동인으로 작용하기도 한다.

이러한 이유 때문에 캐릭터는 처음부터 바로 상품화 사업을 통해 대중들에게 다가가기 보다는 애니메이션 등과 같은 다른 매체들을 통해 자연스럽게 대중들에게 접근하는 방식을 취하는 경우가 많다. 그래서 저작권법적인 관점에서 볼 때, 과연 캐릭터가 그것이 등장하는 애니메이션 등과는 별개의 독자적인 저작물로 인정받을 수 있는지가 문제될 수 있다.

얼핏 생각하면 "왜 이런 걸 고민하지? 캐릭터는 당연히 저작물로 인정받을 수 있는 게 아닌가?"라는 의문이 들 수 있다. 그런데 앞서 캐릭터의 정의에서 살펴본 바와 같이, 캐릭터는 도안과 성격 등 여러 가지 요소들이 합쳐진 총체적 아이덴티티를 의미하기 때문에, 시각적인 부분만 가지고 캐릭터라고 할 수는 없고, 성격적인 부분 등 다른 요소들이 모든 합쳐졌을 때 비로소 캐릭터라고 부를 수 있는 것이다.

예를 들어 애니메이션 등에 등장하는 캐릭터는 등장인물들 사이의 관계 설정과 구체적인 스토리 전개 등을 통해서 하나의 캐릭터가 완성되는 것이기 때문에, 캐릭터를 애니메이션 등과 별도로 분리하여 독자적으로 인정하기는 어렵다는 논의가 있을 수 있다.

2 캐릭터의 독자적 저작물성을 부정하는 견해

이런 이유로 캐릭터의 독자적 저작물성은 부정되어야 한다는 견해가 있다. 시각적인 부분과 성격적인 부분 등으로 구성되어 있는 캐릭터는 애니메이션 등에 전체적으로 녹아 들어가 있기 때문에 이러한 캐릭터는 구체적인 표현이라기보다는 추상적인 개념에 가깝다. 따라서 표현만을 보호하는 저작권법상 캐릭터는 보호 대상이 될 수 없다는 것이다. 다만, 캐릭터와 관련된 부분이 저작권법상 전혀 보호 받을 수 없다는 것은 아니고, 이에 대해서는 원저작물인 애니메이션 등의 일부로서 보호하면 된다는 입장이다.

3 캐릭터의 독자적 저작물성을 긍정하는 견해

캐릭터의 독자적 저작물성을 긍정하는 견해도 있다. 저작물의 성립 요건인 '표현'은 반드시 구체적인 표현일 필요는 없고, 캐릭터의 경우에는 만화·애니메이션 또는 게임 등을 통해 그것을 전체적으로 감지할 수 있으면 족하다. 이러한 관점에서 볼 때 캐릭터도 표현되어 있는 것이다.

그런데 만약 캐릭터의 독자적 저작물성은 부정하는 견해를 가진 사람들이 주장하는 것처럼 캐릭터를 원저작물의 일부로만 보호한다면 어떻게 될까?

쉬운 예로 영상저작물의 경우를 보자. 게임은 영상저작물이다. 영상저작물의 저작권 침해를 인정받으려면 구체적인 줄거리 등이 동일하거나 유사해야만 한다. 단지 거기에 등장하는 등장인물의 도안들이 동일하거나 비슷하다는 것만으로는 영상저작물의 저작권이 침해되었다고 할 수 없는 것이다. 그리고 이러한 불합리한 문제는 캐릭터의 독자적 저작물성을 인정해야만 해결된다는 입장이다.

그렇다면 캐릭터의 독자적 저작물성에 관한 우리 법원의 태도는 어떨까? 몇 가지 판례를 통해 캐릭터의 독자적 저작물성에 관한 우리 법원의 태도를 살펴보자.

〈마시마로〉 사건[49]

〈마시마로〉 캐릭터는 원래 유아용 콘텐츠 캐릭터로 만들어졌지만 유아용으로 하기에는 너무 독특해서 거부감을 줄 수 있다는 이유로 다수의 인터넷 콘텐츠 업체로부터 외면당했다.

그러나 그 후 〈마시마로〉 캐릭터는 〈마시마로 숲 이야기〉라는 플래쉬 애니메이션으로 선풍적인 인기를 끌기 시작했다.

마시마로 측은 〈마시마로〉 캐릭터 상품화 사업을 시작했다.

A는 〈마시마로〉 캐릭터와 비슷한 봉제 인형을 제조·판매하는 자이다.

마시마로 측은 A에게 저작권 침해라고 항의했다.

이에 A는 마시마로 측이 만든 마시마로 봉제 인형은 창작성이 없다는 감정서에 기초하여, 마시마로는 저작물에 해당하지 않는다는 저작물부존재확인의 소를 제기했다.

---

49) 대법원 2004. 6. 14. 선고 2004다15096 판결

〈마시마로〉와 같은 캐릭터는 그것이 등장하는 플래쉬 애니메이션의 구체적 표현으로부터 승화된 등장인물의 총체적인 아이덴티티로서 추상적 개념에 불과할 뿐, 그 자체가 구체적인 표현이라고 볼 수 없다. 그러므로 플래쉬 애니메이션이 영상저작물로 인정된다고 하더라도 그 등장인물인 〈마시마로〉 캐릭터 자체는 플래쉬 애니메이션으로부터 분리되어 독자적인 저작물이 될 수 없다.

 법원의 판단

〈마시마로〉 캐릭터는 애초에 미술저작물로서 시작된 것이기 때문에 플래쉬 애니메이션과는 별도의 미술저작물로 보호된다. 그리고 〈마시마로〉 캐릭터는 나름의 창작성도 있기 때문에 저작물로 인정할 수 있다.

평석

이 사건에서 비록 법원이 〈마시마로〉 캐릭터에 대한 저작물 부존재확인의 소를 기각하긴 했지만, 캐릭터의 독자적인 저작물성 여부에 관해서는 명확하게 판단하지 않았다. 이 사건 이후에 캐릭터의 독자적인 저작물성 여부에 관해 직접적으로 판시한 사건이 나왔는데 그 사건이 바로 〈실황야구〉 vs 〈신야구〉 사건이다.

〈실황야구〉 vs 〈신야구〉 사건[50]

A회사는 〈실황야구〉라는 일본 야구 게임 저작권자이다. B회사는 〈신야구〉라는 야구 게임을 제공하고 있는 국내 회사이다.

A회사는 B회사의 〈신야구〉 캐릭터가 A회사의 〈실황야구〉 캐릭터와 실질적으로 비슷하기 때문에 A회사의 〈실황야구〉 캐릭터에 대한 복제권을 침해한 것이라고 주장하면서 그 침해 금지를 청구했다.

 항소심 법원의 판단(캐릭터의 독자적 저작물성을 부정)

〈실황야구〉와 같은 저작물은 등장하는 여러 캐릭터, 플롯 (plot), 게임의 전개, 다양한 선택, 도구 등 여러 가지 구성 요소로 이루어지는 것이 보통인데, 실황야구 캐릭터는 〈실황야구〉라는 영상저작물의 일부에 불과하다. 캐릭터는 일반인의 머릿속에 형성된 일종의 이미지로서 표현과는 대비된다. 즉, 캐릭터란 그 개개 장면의 구체적인 표현으로부터 승화된 등장인물의 특징이라는 추상적 개념이지 구체적인 표현이 아니기 때문에 그 자체가 사상 또는 감정을 창작적으로 표현한 것이라고 볼 수 없다. 따라서 〈실황야구〉 자체를 영상 저작물로 보호하는 것으로 족하고, 별도로 실황야구 캐릭터 자체를 독립된 저작권법의 보호 대상으로 보기는 부족하다.

---

50) 대법원 2010. 2. 11. 선고 2007다63409 판결

대법원의 판단(캐릭터의 독자적 저작물성을 긍정)

〈실황야구〉에 등장하는 실황야구 캐릭터는 인물의 모습을 개성적으로 도안함으로써 저작권법이 요구하는 창작성의 요건을 갖추었다. 그러므로 원저작물인 게임물과 별개로 저작권법의 보호 대상이 될 수 있다. 따라서 원심이 실황야구 캐릭터가 독립된 저작권법의 보호 대상으로 보기에는 부족하다고 판단한 것은 잘못이다.

평 석

대법원은 일반적인 미술저작물의 저작물성 판단과 동일하게 캐릭터의 독자적인 저작물성을 판단하면서, 2심법원의 판단이 '잘못이다'라고만 판시했기 때문에, 대법원이 구체적으로 어떤 근거에 기초해서 캐릭터의 독자적 저작물성을 인정했는지는 명확하지 않다.

그러나 대법원 판시 내용을 자세히 분석해 보면, 아마도 대법원은 캐릭터의 독자적 저작물성을 긍정하는 입장에서, 캐릭터는 추상적인 개념이 아니라 저작권법에 의해 보호 받는 하나의 표현에 해당하고 시각적 캐릭터의 경우에는 그것을 구성하는 여러 요소들 가운데 도안에 창작성이 있으면(다른 구성 요소의 경우에는 그것만으로는 창작성을 인정하기가 어려움) 다른 구성 요소들과 결합해서 전체적으로 독자적 저작물성을 인정할 수 있다는 취지로 해석된다.

5 저작권법상 저작물의 종류에 '캐릭터 저작물'을 신설할 필요성

캐릭터는 그 정의에서 살펴본 바와 같이, 현행 저작권법상의 저작물 가운데 어떤 저작물에 해당한다고 딱 꼬집어 말하기 어렵다. 시각적인 부분과 관련해서는 미술저작물로 볼 수도 있고, 성격적인 부분과 관련해서는 어문저작물로 볼 수도 있으며, 캐릭터의 독자적 저작물성을 부정하는 견해에 따르면 영상저작물의 일부로 볼 수도 있는 것이다.

따라서 여러 가지 성격을 지니고 있는 캐릭터는 그것의 독자적 저작물성에 관한 소모적 논쟁 등을 감안해 볼 때, 이를 저작권법상 별도의 저작물로 규정하여 보호하는 것이 보다 바람직할 것으로 생각된다.

PART

05

게임 저작(권)자

들어가며

저작자는 저작물을 창작한 자를 말한다(저작권법 제2조 제2호). 따라서 게임의 경우도 해당 게임을 실제로 만든 자가 그 게임의 저작자가 된다. 저작자와 저작권자는 구분되는 개념으로, 저작자는 해당 저작물을 창작한 자를, 저작권자는 저작물을 직접 창작했는지 여부와는 무관하게 해당 저작물의 저작권을 가지고 있는 자를 각각 의미한다.

저작자가 저작물을 창작하는 순간 저작권을 가지게 된다는 것을 창작자 원칙이라고 한다. 그래서 저작물의 창작자는 그 저작물의 저작자가 되는 동시에 저작권자가 되는 것이다. 이러한 창작자 원칙의 유일한 예외는 '업무상저작물의 저작자'에 관한 저작권법의 규정뿐이다.

저작자가 저작권을 타인에게 양도하면 그 양수인은 해당 저작물에 관한 저작재산권자로서 저작권자가 된다. 그런데 저작권 가운데 저작인격권은 그것의 일신전속성으로 인해 양도가 불가능하기 때문에 저작자가 타인에게 저작권을 양도하더라도 저작인격권은 저작자에게 그대로 남아 있게 된다. 따라서 저작자는 항상 저작인격권자로서 저작권자가 된다.

이처럼 저작자와 저작권자는 그 의미에 있어서 명확히 구분되는 개념이기 때문에 앞으로 이들 용어를 사용할 때 주의를 기울일 필요가 있다.

한편, 게임은 여러 저작물이 한데 모인 저작물들의 집합체이고 이는 영상저작물의 형태로 구현되기 때문에 게임의 저작(권)자와 관련해서는 다른 저작물과는 달리 영상저작물에 관한 특례규정이 적용된다. 다만, 영상저작물에 관한 특례규정은 저작자가 누구인지를 정하는 규정이 아니라 저작권이 누구에게 귀속되는지를 정하는 규정이기 때문에 영상저작물에 해당하는 게임 전체가 업무상저작물이 되는 경우에는 영상저작물에 관한 특례규정은 적용할 필요 없이, 업무상저작물의 저작자에 관한 규정만 적용하면 된다.

왜냐하면 영상저작물에 관한 특례규정은 다수의 저작자가 존재하는 상황에서 영상제작자가 저작권을 온전히 확보하여 원활하게 활용하기 위해 만든 규정인데, 게임이 업무상저작물로서 게임 개발사 등이 그 게임의 저작자가 된다면 게임의 원활한 이용이라는 측면에서는 아무런 문제가 발생하지 않기 때문이다.

그리고 이러한 영상저작물에 관한 특례 규정은 당사자 간의 특약이 없는 경우에 보충적으로만 적용되는 것이기 때문에, 게임제작에 협력한 자와 게임제작자 간에 저작권에 관한 특약이 있는 경우에는 그 특약에 따르면 된다.

게임과 영상저작물에 관한 특례

1 개 요

우리 저작권법은 영상저작물을 저작물의 예시 가운데 하나로 규정하고 있다(저작권법 제4조 제1항 제7호). 이러한 영상저작물은 어문, 음악, 미술 등 여러 장르의 저작물들이 거기에 녹아 있는 종합예술이기 때문에, 그 저작자들과 저작인접권자들이 다수 존재할 수밖에 없다. 그래서 영상제작자와 영상제작에 참여한 자 사이에 영상저작물에 관한 권리 관계를 미리 정해 두지 않으면 그에 관한 분쟁이 발생할 소지가 높다. 이에 저작권법에서는 이러한 것을 일률적으로 규정함으로써 영상제작과 그것의 원활한 이용 등을 도모하기 위한 '영상저작물에 관한 특례' 규정을 별도로 두고 있다.

2 영상저작물 제작에 협력하는 자의 저작권 양도 추정

영상제작자와 영상저작물의 제작에 협력할 것을 약정한 자가 그 영상저작물에 대하여 저작권을 취득한 경우 특약이 없는 한 그 영상저작물의 이용을 위하여 필요한 권리는 영상제작자가 이를 양도 받은 것으로 추정한다(법 제100조 제1항).

영화 〈두사부일체〉 vs 영화 〈투사부일체〉 사건[51]

J엔터테인먼트와 주식회사 F는 영화 〈두사부일체〉의 공동제작을 위한 영화제작계약을 체결했다. 그 계약에서 J엔터테인먼트는 영화제작을, 주식회사 F는 투자 및 투자유치·비용집행·판권 거래 등을 각각 담당하기로 한 뒤, 영화의 감독·연출·촬영·편집 담당자들·배우들 등과 영화제작협력계약을 체결하였다.

이후 주식회사 F는 A회사와 투자계약을 체결하였는데, 이 때 A회사가 주식회사 F에 투자를 하는 대신 주식회사 F가 가지는 영화 〈두사부일체〉의 저작재산권 지분을 수익금 분배비율에 따라 공동소유하기로 약정하고 J엔터테인먼트의 동의 없이 영화 〈두사부일체〉의 저작재산권 지분을 A회사에게 양도하였다.

그 후 J엔터테인먼트는 영화 〈두사부일체〉를 제작, 상영하였다.

그 후 K는 B회사를 설립하여 주식회사 F의 동의 하에 J엔터테인먼트로부터 영화 〈두사부일체〉 관련 저작재산권 및 제작사가 갖는 모든 권리를 승계 받아 영화 〈투사부일체〉를 제작하여 상영하였다.

A회사는 영화 〈두사부일체〉에 관한 저작재산권의 지분을 가지고 있다고 주장하며, B회사가 A회사의 허락 없이 영화 〈투사부일체〉를 제작한 것은 2차적저작물작성권을 침해한 것이라는 이유로 손해배상 청구 소송을 제기하였다.

---

51) 서울고등법원 2008. 7. 22. 선고 2007나67809 판결

■ 영화 〈두사부일체〉의 영상제작자는 누구인지
(J엔터테인먼트와 주식회사 F)

 B회사의 주장

영화 〈두사부일체〉의 영상제작자는 영화 자체의 구체적인
제작 과정을 기획하고 책임진 J엔터테인먼트이므로, J엔터테
인먼트만이 저작재산권자에 해당한다. 따라서 단순한 투자
자에 불과한 주식회사 F는 영화 〈두사부일체〉와 관련하여
어떠한 저작재산권도 갖고 있지 않으므로 A회사에게 저작재
산권을 양도할 수 없다. 그러므로 영화 〈두사부일체〉에 관
한 저작재산권의 일부 지분을 보유하고 있다는 것을 전제로
한 A회사의 이 사건 청구는 그 자체로 받아들일 수 없다.

 법원의 판단

영화의 제작에 관여한 다수 당사자 가운데 누가 저작자가
되고 누구에게 저작재산권이 귀속되는지에 관해 저작권법은
영상저작물에 관한 특례를 두어 영상제작자가 저작물의 이
용에 필요한 권리를 양도받은 것으로 추정하고 있다.

저작권법이 규정하고 있는 영상제작자는 영상저작물 자체의
창작과정을 기획하고 책임을 지는 자만을 의미하는 것으로
좁게 해석할 수는 없고, 직접 투자를 하거나 다른 투자자를
유치하고 영상저작물 제작과 관련된 제반 사무처리 및 회계

업무를 전체적으로 기획하고 책임지는 자 역시 전체 영상 제작과정에 기여한 정도에 따라 영상제작자에 포함될 수 있다.

따라서 J엔터테인먼트와 영화제작 계약을 체결하여 판권 거래 등 모든 상행위 관련 업무를 담당하여 해당 분야의 전체를 기획하고 책임졌던 주식회사 F도 영화 〈두사부일체〉의 공동 영상제작자에 해당한다.

평 석

이 사건은 결국 영상제작자가 영상저작물 자체의 구체적인 제작과정을 기획하고 책임진 자만을 의미하는지 아니면 영상저작물의 제작을 위해 투자한 자 등도 포함되는지가 문제된 사안이다.

A회사는 J엔터테인먼트의 허락 없이 영화 〈두사부일체〉의 제작을 담당한 주식회사 F로부터 영화 〈두사부일체〉의 저작재산권 지분을 양도받고, B회사는 영화 〈두사부일체〉의 투자, 투자유치 등의 업무를 담당한 J엔터테인먼트로부터 영화 〈두사부일체〉의 모든 권리를 승계했다.

이런 상황에서 B회사가 A회사의 허락 없이 영화 〈투사부일체〉를 제작·상영한 행위는 A회사가 영화 〈두사부일체〉에 대해 가지고 있는 2차적저작물작성권을 침해하는 것일까?

A회사가 B회사를 상대로 제기한 이 사건 청구가 의미 있기 위해서는 주식회사 F로부터 양도 받은 저작재산권의 지분이 B회사에 대해 그 효력을 주장할 수 있어야만 한다. 일반적인 경우라면 특별히 문제될 것이 없겠지만 만일 J엔터테인먼트가 영화 〈두사부일체〉의 공동저작권자로서 저작재산권을 가지고 있다면 주식회사 F는 저작재산권의 지분을 A회사에 양도할 때 저작권법 제48조 제1항에 따라 J엔터테인먼트의 승낙을 받아야만 그 양도의 효력을 주장할 수 있다.

그런데 영화와 같은 영상저작물의 경우에는 영상제작자가 영화제작에 협력할 것을 약정한 사람들로부터 그들이 영화에 대해 가지는 저작권을 양수받는 것으로 추정되기 때문에 영화제작자가 해당 영화의 저작재산권을 가진다고 보면 된다. 따라서 이 사건의 경우에도 영화 〈두사부일체〉의 저작재산권을 가지는 주체는 영화제작자가 된다. 그렇다면 직접적인 제작에는 관여하지 않고 투자 등의 업무만을 담당한 주식회사 F가 영화제작자가 될 수 있는지가 문제가 되었다.

이에 법원은 영상저작물의 제작을 위하여 직접 투자를 하거나 다른 투자자를 유치하고 영상저작물의 제작과 관련된 제반 사무처리 및 회계업무를 전체적으로 기획하고 책임지는 자 역시 전체 영상 제작과정에 기여한 정도에 따라 영상제작자에 포함될 수 있다고 하면서 J엔터테인먼트와 함께 주식회사 F도 영화 〈두사부일체〉의 영화제작자에 해당한다고 판시하여 주식회사 F의 저작재산권을 인정하였다.

이와 같은 법원의 태도에 따르면, 영상저작물에 해당하는 게임의 경우도 게임 자체의 창작과정을 기획하고 책임을 지는 자뿐만 아니라, 게임제작을 위하여 직접 투자하거나 다른 투자자를 유치하고 게임의 제작과 관련된 제반 사무처리 등을 담당하는 자도 게임제작자로서 해당 게임에 관한 저작재산권을 가질 수 있다.

...

이처럼 영상제작자가 여럿인 경우 영상제작자들은 저작권법 제100조 제1항에 따라 영상저작물 제작에 협력할 것을 약정한 자들로부터 해당 영상저작물에 관한 저작권을 양도받는 것으로 추정되고, 해당 영상저작물의 공동저작권자가 되는데, 이러한 법리는 게임제작자가 여럿인 경우에도 그대로 적용된다.

한편, '영상저작물의 제작에 협력한 것을 약정한 자' 라고 함은 저작권법 제100조 제2항과의 관계 및 실연자에 관하여 규정하고 있는 법 제100조 제3항을 고려해 볼 때, 영상저작물의 작성에 저작자로서 참여한 자를 의미하는 것으로 해석하는 것이 타당할 것으로 보인다. 그리고 본 규정에 의하여 영상저작물의 제작에 협력하는 자가 양도하는 것으로 추정되는 권리는 영상저작물의 이용을 위해 필요한 복제권과 배포권 등은 이에 포함되지만, 2차적저작물작성권과 저작인격권은 포함되지 않는다.

ᴦ3ᴀ
업무상 만든 게임의 저작자

원칙적으로 저작물은 인간의 사상이나 감정을 표현한 창작물이기 때문에 그 저작물에 관한 정신적인 창조 활동을 실제로 담당한 자연인(법인과 구별)만이 저작자가 될 수 있다.

그럼에도 불구하고 저작권법에는 법인 등의 기획 하에서 법인 등의 업무에 종사하는 자가 업무상 작성한 저작물(업무상저작물, 저작권법 제2조 제31호)에 대해서는 정신적인 창조 활동을 직접적으로 하지 않은 법인 등을 업무상저작물의 저작자로 규정함으로써(저작권법 제9조) 저작권 제도의 전반을 관통하는 대원칙인 창작자 원칙에 대한 중대한 예외를 인정하고 있다.

이에 따라 법인 등이 업무상저작물의 저작자가 되는 경우에는 단순히 저작재산권만 가지는 것이 아니라 저작인격권까지도 함께 가지게 된다. 이와 관련하여 법인이 저작인격권의 주체가 될 수 있는지가 문제된 〈파이널판타지7 어드벤트 칠드런〉 vs 〈유혹의 소나타〉 사건에 대해 살펴보도록 하겠다.

〈파이널판타지7 어드벤트 칠드런〉
vs 〈유혹의 소나타〉 사건[52]

A회사는 게임, 애니메이션 제작업 등을 영위하는 일본 회사로, 컴퓨터그래픽 애니메이션 '파이널 판타지7 어드벤트 칠드런 (FINAL FANTASY VII ADVENT CHILDREN)' (이하, '이 사건 영상물'이라고 함)의 저작자이다.

B회사는 음반 기획, 제조, 배급과 판매업 등을 영위하는 한국 회사이다.

C는 뮤직비디오 등의 영상물을 제작하는 감독이다.

A회사는 B회사와 C가 A회사의 허락을 받지 않고 이 사건 영상저작물의 줄거리, 배경, 등장인물과 등장인물의 손동작, 표정, 복장 등 이용하여 뮤직비디오를 제작하였다고 주장하면서 B회사와 C를 상대로 이 사건 영상저작물에 대한 저작재산권(복제권 또는 2차적 저작물작성권과 방송권, 전송권)과 저작인격권(동일성유지권)을 침해하였다는 이유로 손해배상청구 등 소송을 제기하였다.

■ 사실 관계

A회사는 '파이널 판타지(FINAL FANTASY)'라는 제목으로 1편에서 12편까지의 컴퓨터 게임을 제작하여 판매하였고, 1997년 무렵 제작한 '파이널 판타지 7'이 세계적으로 많은 판매

---

52) 서울중앙지방법원 2008. 3. 13. 선고 2007가합53681 판결

량을 올리자 그 게임 상의 세계를 바탕으로 게임에서의 스토리의 종료 이후 2년 후에 발생한 사건을 내용으로 하는 이 사건 영상물을 DVD로 제작해 일본에서 최초로 발표했다(A회사의 전체적인 기획 아래 A회사의 직원들이 만들었고 A회사 명의로 발표되었다). 이 사건 영상물에는 여주인공인 티파가 폐허가 된 교회에서 마린이라는 여자아이를 보호하면서 마린을 납치해 가려는 롯즈와 싸우는 약 6분 길이의 영상이 있다.

B회사는 D회사 소속 가수 아이비의 2집 음반을 제작하여 그 판매 수익을 배분하기로 D회사와 약정하고, C에게 그 음반에 담긴 '유혹의 소나타'라는 노래의 뮤직비디오 제작을 맡겼다.

C는 이 사건 영상물 가운데 티파와 롯즈의 전투 장면에 '유혹의 소나타' 노래를 삽입하여 브리핑을 하면서 티파를 아이비로 대체하여 실사(實寫)화한 뮤직비디오(이하 '이 사건 뮤직비디오'라고 함)를 제작하여 B회사에 납품했고, B회사는 이를 공중파방송 등을 통해 발표하였다.

한편, 이 사건 뮤직비디오의 영상 부분은 전체적으로 여전사가 여자아이를 지키면서 다른 남자 전사와 싸우는 장면이고, 이는 개별 장면들로 구성되어 있다. 이러한 개별 장면들 사이에 아이비가 무용수들과 함께 춤을 추는 장면이 일부 삽입되어 있다.

■ 법인인 A회사가 동일성유지권의 주체가 될 수 있는지 여부(O)

 B회사의 주장

동일성유지권은 인격권의 일종으로써 자연인에게만 인정되는 권리이므로 법인인 원고는 동일성유지권의 주체가 될 수 없다.

 법원의 판단

법인은 법인의 기획 하에 법인의 업무에 종사하는 사람이 업무상 작성하는 업무상저작물의 저작자가 될 수 있고(저작권법 제9조), 저작자는 동일성유지권 등의 저작인격권과 저작재산권을 가진다(저작권법 제10조 제1항). 따라서 법인도 당연히 저작인격권인 동일성유지권의 주체가 될 수 있다.

평 석

법인이 업무상저작물의 저작자가 되는 경우에는 말 그대로 저작자에 해당하기 때문에, 저작자는 저작재산권과 저작인격권을 가진다는 저작권법 제10조 제1항에 따라 저작인격권도 가지게 된다. 즉, 업무상저작물의 저작자는 단순히 그 업무상저작물에 대해 저작권만을 가지는 차원이 아니라 그 업무상저작물을 창작한 자로 간주된다는 점을 명심할 필요가 있다.

한편, 업무상저작물의 저작자에 관한 저작권법의 규정은 창작자 원칙의 예외이다 보니, 법인 등과 해당 업무상저작물을 직접 창작한 직원 등 사이에 저작자를 달리 정하는 약정을 할 수 있다. 그러나 일반적으로는 당사자들이 이에 관해 별도의 약정을 하는 경우가 거의 없기 때문에 업무상저작물의 경우에는 저작권법상의 규정과 그에 관한 법리에 따라 업무상저작물과 그것의 저작자 여부를 판단하면 된다.

그런데 게임업계에서는 특히 업무상저작물의 특성에 대해 알아두는 것이 꼭 필요하다. 게임업체에서 저작권에 관한 기본적인 사항을 숙지한 후 업무상 만들어진 게임의 저작권은 법인 등에게 있다는 점 등을 직원들에게 인식시키는 것이 가장 좋다. 게임업계에서는 게임 개발자의 역할 비중이 굉장히 높기 때문에 직원들이 퇴사한 이후에 게임의 저작권이 자신들에게 있다고 오해하기 쉽고, 무단으로 이를 이용하는 일도 쉽게 일어나는 편이기 때문에 미리 예방해 둘 필요가 있는 것이다.

---

53) 서울고등법원 2013. 11. 21. 선고 2013나39638 판결

⌂4⌂
공동으로 만든 게임의 저작자

1) 하나의 저작물을 여러 명이 공동으로 창작한 저작물을 공동저작물이라고 한다. 저작권법은 이러한 공동저작물을 '2인 이상이 공동으로 창작한 저작물로서 각자의 이바지한 부분을 분리하여 이용할 수 없는 것'(저작권법 제2조 제21호)이라고 정의하고 있다. 따라서 2인 이상이 공동 창작의 의사를 가지고 창작적인 표현 형식 자체에 공동의 기여를 함으로써 각자의 이바지한 부분을 분리하여 이용할 수 없는 단일한 저작물을 창작한 경우 이들은 그 저작물의 공동저작자가 된다. 여기서 공동 창작의 의사는 법적으로 공동저작자가 되려는 의사를 뜻하는 것이 아니라, 공동의 창작행위에 의하여 각자의 이바지한 부분을 분리하여 이용할 수 없는 단일한 저작물을 만들어 내려는 의사를 뜻하는 것이다.

이와 관련하여 애니메이션에 등장하는 캐릭터의 경우 그 저작자가 누구인지를 판단함에 있어서는 미술저작물의 창작에 기여한 것만을 보고 판단해야 하는지 아니면 총체적 아이덴티티로서의 캐릭터를 창작하는데 기여한 자가 누구인지에 따라 판단해야 하는지에 관해서는 〈뽀로로〉 사건(169쪽 참고)을 통해 자세히 살펴본 바가 있다.[53]

공동저작물은 창작적 기여의 시점과 장소가 달라도 그 공동 저작자들이 공동 창작의 의사를 가지고 각각 창작하여 그 기여 부분을 분리하여 이용할 수 없는 저작물이 되면 족하다. 따라서 하나의 저작물에 2인 이상이 시기를 달리하여 창작에 관여한 경우, 선행 저작자에게 자신의 저작물이 완결되지 아니한 상태에서 후행 저작자가 이를 수정·보완하여 새로운 창작성을 부가하는 것을 허락하거나 받아들이는 의사가 있고, 후행 저작자에게 선행 저작자의 저작물에 터 잡아 새로운 창작을 부가하는 의사가 있다면, 이들에게 각 창작 부분의 상호 보완에 의하여 하나의 저작물을 완성하려는 공동 창작 의사가 있는 것으로 인정할 수 있다.

그리고 여기서 '기여 부분을 분리하여 이용할 수 없다'는 의미는 그 분리가 불가능한 경우뿐만 아니라 분리할 수는 있지만 그 분리 이용이 의미가 없게 되는 경우도 포함한다. 또한 저작물의 원본, 복제물 등에 저작자로서의 실명 또는 이명으로서 널리 알려진 것이 일반적인 방법으로 표시된 자는 그 저작물의 저작자로 추정(저작권법 제8조 제1항 제1호)되지만, 공동저작자 가운데 1인 또는 그 일부만이 저작자라고 표시되는 경우에도 다른 공동저작자들은 저작권법상 공동저작자로서의 권리를 주장할 수 있다.

이와 관련하여 〈만화 그림과 만화스토리〉 사건에서는 만화 그림과 만화 스토리가 각각 별개의 저작물인지 아니면 상호 유기적으로 어우러진 공동저작물인지가 문제되었다.[54]

〈만화 그림과 만화 스토리〉 사건[55]

A1, A2 및 A3(이하 이들 모두를 통칭할 때는 'A1 등'이라고 함)는 만화 스토리 작가로 활동하고 있고, B는 만화가로 활동하고 있다.

A1 등은 B의 의뢰를 받아 만화 스토리를 작성해서 B에게 제공했다(A1이 작성한 만화 스토리를 기초로 만들어진 만화를 '이 사건 제1만화'라고 하고, A2가 작성한 만화 스토리를 기초로 만들어진 만화를 '이 사건 제2 만화'라고 함).

B는 A1 등의 동의 없이 이 사건 만화들에 관하여 C출판사와 출판권을 설정하고 이를 재출판한 것은 물론 인터넷 서비스 제공업체로 하여금 만화들을 유·무선 통신의 방법에 의하여 송신하거나 이용하도록 하였다.

이에 A1 등은 이 사건 만화들은 A1 등이 창작하여 작성한 스토리를 토대로 만들어진 것으로서 2차적저작물이거나 공동저작물에 해당하기 때문에, A1 등과 B는 이 사건 만화들에 대한 공동저작권자라고 주장하면서, B가 A1 등의 동의 없이 출판권을 설정하고 인터넷 서비스 제공업체로 하여금 송신하거나 이용하도록 한 것은 A1 등의 저작권을 침해하는 행위라는 등의 이유로 B를 상대로 저작권 침해에 따른 손해배상 청구 소송을 제기하였다.

---

54) 서울북부지방법원 2008. 12. 30. 선고 2007가합5940 판결
55) 서울북부지방법원 2008. 12. 30. 선고 2007가합5940 판결

■ 사실 관계

A1 등은 B와 독립된 사무실에서 만화의 제목, 주제, 줄거리, 시간적·장소적 배경 등을 기획·구상하고, 등장인물의 외모, 성격 등 캐릭터를 설정한 후, 구체적인 내용을 시나리오 형식의 문서로 작성하거나 콘티 형식의 문서로 작성하는 등의 방법으로 만화 스토리를 작성하여 B에게 제공하였다.

B는 A1 등으로부터 제공받은 만화 스토리에 기초하여 완성한 만화를 출판사 C와 출판권 설정 계약을 체결하여 A1 등의 성명 등을 표시하지 않은 채 B 명의로 출간하였다.

B는 A1, A2의 동의 없이 C출판사와 이 사건 제 1만화와 제2 만화(이하 '이 사건 만화들'이라고 함)를 재출판할 수 있는 권리를 설정하고, 이 사건 제1 만화 가운데 일부의 제호를 변경하여 재판본을 출간하였다. 또한 인터넷 서비스 제공업체들에게 A1 등의 만화들 가운데 일부를 제공하여 유료 또는 무료로 볼 수 있도록 하였으며, 그 수익을 정산 받았다.

■ 이 사건 만화들의 특성

이 사건 만화들은 캐릭터의 행동과 묘사의 정황적 설명을 글과 그림으로 나타내어 이야기를 전개시키는 코믹 스트립스(comic strips)의 일종으로, 이야기를 그 전개 순서에 따라 글과 그림으로 구성되는 개개의 장면을 구상하고, 지면을 다양한 크기와 모양으로 분할한 칸에 구상한 장면에 자유로운 과장법과 생략법을 사용한 그림과 말풍선 등에 들어가는 대사를 배열하는 형식을 취한 저작물이므로, 소설처럼 글로만 표현되는 장르가 아니고 그림을 통한 이야기의 전개가 필수적인 요소로서 시각적으로 보여주는 것이기 때문에, 이야기의 주제를 정하고 스토리를 쓰는 작업과 이를 연출하기 위해 다양한 모양과 형식의 컷을 나누고 배치하여 그림을 그리는 작업 모두가 필요하다.

■ 이 사건 만화들이 2차적저작물인지, 공동저작물인지 여부
(공동저작물)

만화저작물의 경우 만화 스토리 작성자가 만화 작가와 기획의도·전개방향 등에 대한 구체적인 협의 없이 독자적인 시나리오 내지 소설 형식으로 만화 스토리를 작성하고, 이를 제공받은 만화 작가가 만화 스토리의 구체적인 표현방식을 글(언어)에서 그림으로 변경하면서 만화적 표현 방식에 맞게 수정·보완하고, 그 만화 스토리의 기본적인 전개에 근본적인 변경이 없는 경우에는 만화 스토리를 원저작물, 만화를 2차적저작물로 볼 여지가 있다.

그러나 A1, A2와 B는 처음부터 만화 작품의 완성이라는 공동 창작의 의사를 가지고 있었던 점, A1, A2의 만화 스토리는 B에게만 제공된 점, 이 사건 만화들은 A1, A2의 만화 스토리와 B의 그림, 장면 설정, 배치 등이 결합하여 만들어진

저작물인 점, A1, A2와 B의 작업과정 등에 비추어 보면 이 사건 만화들은 B가 A1, A2의 스토리를 변형, 각색 등의 방법으로 작성한 창작물이라기보다 A1, A2가 창작하여 제공한 만화 스토리와 B의 독자적인 그림 등이 유기적으로 어우러져 창작된 A1, A2와 B의 공동저작물이라고 봄이 상당하다.

평 석

여러 명이 관여해서 하나의 저작물을 만들었을 때, ① 그 저작물은 각자의 이바지한 부분을 분리하여 이용할 수 없는 공동저작물일 수도 있고, ② 시간 순서상 먼저 관여한 사람이 만든 저작물이 원저작물이 되고 그 이후에 관여한 사람(후행 저작자)이 만든 저작물이 2차적저작물이 될 수도 있는데, 각각 저작자가 주장할 수 있는 권리 등이 달라질 수 있기 때문에 이를 확정하는 것이 매우 중요하다.

공동저작물의 저작권은 저작(권)자 전원의 합의에 따라 행사하여야 하는 반면, 이미 원저작가가 후행 저작자에 의해 그 원저작물에 창작적 변형이 가해진다는 점과 그렇게 만들어진 저작물을 후행 저작자가 이용할 것이라는 점을 알고 있는 상황에서 후행 저작자에 의해 만들어진 그 저작물이 2차적저작물이라고 판단된다면, 그 후행 저작자는 원저작물의 저작자와의 합의 없이 그 저작권을 행사할 수 있는 여지가 많아지게 된다.

이 사건에서는 최종 만화가 공동저작물인지, 2차적저작물인지가 쟁점이 되었다. 이에 대해 법원은 이 사건 만화들은 A1, A2와 B가 하나의 만화를 만들기 위해 공동 창작의 의사를 가지고 각자 맡은 부분을 창작한 것으로써, 주제, 스토리와 그 연출 방법, 그림 등의 유기적인 결합으로 완성되어 각 기여 부분을 분리하여 이용할 수 없는 저작물 즉, 공동저작물에 해당한다고 판단하였다.

. . .

이러한 관점에서 볼 때, 게임의 경우도 그것이 2차적저작물인지 공동저작물인지에 따라 게임 개발사의 권리 범위와 권리의 행사방법 등이 달라지기 때문에 이를 미리 확정해 두는 것이 무엇보다 중요할 것이다.

2) 공동저작물의 저작재산권은 그 저작재산권자 전원의 합의에 의하지 않고서는 이를 행사할 수 없다(저작권법 제48조 제1항 본문). 따라서 공동저작자가 해당 공동저작물을 이용하는 등 저작재산권을 행사하기 위해서는 다른 공동저작자의 동의를 받아야만 한다. 그런데 만일 공동저작자 가운데 일부가 다른 공동저작자의 동의 없이 무단으로 이용하면 어떻게 될까? 공동저작물에 관한 저작재산권의 행사방법을 위반한 것일까? 아니면 다른 공동저작자의 저작재산권을 침해하는 행위까지 되는 것일까? 전자에 해당한다면 순수한 민사 문제로 손해배상 청구 등에 그치겠지만, 후자에 해당한다면 저작권법 위반에 따른 형사 처분 대상이 될 수 있다.

이와 관련하여 수필 〈친정엄마〉 사건에서 대법원은 "저작권법 제48조 제1항 전문은 '공동저작물의 저작재산권은 그 저작재산권자 전원의 합의에 의하지 아니하고는 이를 행사할 수 없다'고 정하고 있는데, 위 규정은 어디까지나 공동저작자들 사이에서 각자의 이바지한 부분을 분리하여 이용할 수 없는 단일한 공동저작물에 관한 저작재산권을 행사하는 방법을 정하고 있는 것일 뿐이므로 공동저작자가 다른 공동저작자와의 합의 없이 공동저작물을 이용하더라도 그것은 공동저작자들 사이에서 위 규정이 정하고 있는 공동저작물에 관한 저작재산권의 행사 방법을 위반한 행위가 되는 것에 그칠 뿐 다른 공동저작자의 공동저작물에 관한 저작재산권을 침해하는 행위까지 된다고 볼 수는 없다"라고 판시함으로써[56], 공동저작자 가운데 일부가 다른 공동저작자의 동의 없이 그 공동저작물을 무단으로 이용하는 것은 저작권 침해에 해당하지 않는다고 판결하였다.

이것은 게임의 경우도 게임 공동저작자 가운데 일부가 다른 공동저작자의 동의 없이 단독으로 그 게임을 이용하더라도 이에 대해 수익 분배 등 민사적 청구를 하는 것은 별론으로 하더라도 저작권 침해에 따른 법적조치는 취할 수 없게 된다는 것을 의미한다.

---

56) 대법원 2014. 12. 11. 선고 2012도16066 판결

3) 공동저작물에 관한 권리가 침해된 경우에 각 저작자 또는 각 저작재산권자는 다른 저작자 또는 다른 저작재산권자의 동의 없이 저작권 등의 침해 행위 금지청구를 할 수 있다. 공동저작물의 저작인격권은 저작자 전원의 합의에 의하지 않고서는 이를 행사할 수 없지만(저작권법 제15조 제1항), 이는 그 저작인격권을 행사하는 것(예컨대, 게임의 공동저작자들이 그 게임의 저자 표시방법에 관한 성명표시권 등의 행사)에 대한 제한 규정일 뿐, 저작인격권에 대한 침해정지청구권을 행사함에 있어서도 공동저작자 전원의 합의가 필요하다는 취지는 아니다.[57] 따라서 공동저작자의 일부 또는 그 가운데 1인이라도 저작권의 침해정지청구권을 행사할 수 있다

그리고 저작(권)자는 저작인격권을 제외한 저작재산권의 침해에 관하여 자신의 지분에 관한 손해배상 청구를 할 수 있다. 또 저작인격권의 침해에 대한 손해배상이나 명예회복 등 조치청구는 저작인격권의 침해가 저작자 전원의 이해관계와 관련이 있는 경우에는 전원이 행사하여야 하지만, 1인의 인격적 이익이 침해된 경우에는 단독으로 손해배상 및 명예회복조치 등을 청구할 수 있고, 특히 저작인격권 침해를 이유로 한 정신적 손해배상을 구하는 경우에는 공동저작자 각자가 단독으로 손해배상 청구를 할 수 있다.[58]

---

57) 서울고등법원 1998. 7. 15. 선고 98나1661 판결
58) 대법원 1999. 5. 25. 선고 98다41216 판결

┃5┃
게임 저작권의 양도와
저작권 귀속

1) 앞에서 살펴보았듯이 저작권을 구성하는 저작재산권과 저작인격권 가운데 양도가 가능한 것은 저작재산권 뿐이기 때문에, 보통 저작권 양도라고 하면 그것은 저작재산권의 양도를 의미하며, 저작물에 관한 저작재산권을 양수받은 사람은 저작재산권자로서의 저작권자가 된다.

게임의 경우도 영상저작물에 해당하기 때문에 원칙적으로는 영상저작물에 관한 특례규정에 따라 게임제작자가 게임에 협력한 자로부터 게임에 관한 저작권을 양수받는 것으로 추정된다. 때문에 게임제작자는 별도의 저작권 양도계약 없이 게임에 관한 저작권을 가지게 되지만, 게임제작자와 게임제작에 협력한 자 사이에 게임 저작권의 귀속에 관한 특약을 한 경우에는 그 특약에 따라야 한다. 이와 관련하여 〈팜히어로사가 vs 포레스트 매니아〉 사건(76쪽 참고)에서 A회사가 어떤 형태로 팜히어로사가의 저작권자가 되었는지에 관해 살펴보도록 하겠다.[59]

---

59) 서울고등법원 2017. 1. 12. 선고 2015나2063761 판결

■ A회사가 팜히어로사가의 저작권자인지 여부(O)

A회사의 주장

팜히어로사가는 디지털 제스터 등에 의하여 개발되었고, A
회사는 디지털 제스터 등으로부터 팜히어로사가에 관한 저
작재산권을 양도받았으므로 A회사는 팜히어로사가의 저작
재산권자이다.

법원의 판단

A회사는 2012. 9.경부터 디지털 제스터 등과 함께 게임 개
발에 착수하여 2013. 4.경 팜히어로사가를 출시하였고, A회
사는 2013. 12. 19. 디지털 제스터와 게임 개발 서비스 계약
(GAME DEVELOPMENT SERVICES DEED)을, 게임 소스코드 등
개발업체인 MIDASPLAYER AB(이하 '마이더스플레이어'라 한다)와
게임 개발 및 기술 제공 서비스 계약(GAME DEVELOPMENT
& TECHNOLOGICAL SUPPORT SERVICES DEED)을 각각 체결하
였는데, 위 각 계약에 의하면 '서비스 제공자(디지털 제스터, 마
이더스플레이어)는 서비스 제공 과정에서 창출된 모든 지식재산
권을 창출하는 순간부터 존속하는 동안 A회사에게 양도한
다'라고 정하고 있으며, A회사는 팜히어로사가와 관련하여
2013. 8. 19. 페이스북 버전에 관한 저작권을, 2014. 4. 2. 안드
로이드 버전 및 iOS 버전에 관한 저작권을 미합중국 저작권
청(United States Copyright Office)에 각각 등록하였다.

이에 의하면, A회사는 디지털 제스터 및 마이더스플레이어와 공동으로 팜히어로사가를 제작하였거나, 적어도 팜히어로사가를 제작하여 그 저작권을 원시적으로 취득한 디지털 제스터, 마이더스플레이어로부터 팜히어로사가에 관한 모든 지식재산권을 적법하게 양수하였다고 봄이 상당하므로, A회사는 팜히어로사가의 저작권자라 할 것이다.

평 석

팜히어로사가는 영상저작물에 해당하고, 디지털 제스터 등은 팜히어로사가의 게임제작자의 지위에 있다고 보기는 어렵기 때문에 원칙적으로는 영상저작물의 관한 특례규정에 따라 게임제작사인 A회사가 디지털 제스터 등으로부터 게임과 관련된 저작권을 양도받은 것으로 추정할 수 있다.

그러나 A회사와 디지털 제스터 등은 그들 사이에 게임제작과 관련된 계약을 체결하면서, 팜히어로사가를 제작하는 과정에서 발생하는 저작재산권을 A회사에게 귀속시킨다는 별도의 약정을 하였다.

이러한 경우에는 영상저작물에 관한 특례규정이 적용되지 않고 위 당사자 사이의 약정에 따라 A회사가 디지털 제스터 등과 함께 팜히어로사가에 관한 공동저작자인지 여부와는 무관하게 A회사는 팜히어로사가의 온전한 저작권자가 되는 것이라고 할 수 있다.

2) 저작권 침해를 당한 다음에 저작권을 양도할 때는 반드시 고려해야 할 것이 하나 있다.

만일 저작권 양도인이 이미 발생한 저작권 침해에 대해 직접 손해배상을 청구하고자 한다면 보통의 저작권 양도계약에 따라 저작권을 양도하면 되지만, 그렇지 않고 저작권 양수인이 기존 저작권 침해에 따른 손해배상 청구를 하고자 하는 경우에는 저작권 양도 이전에 양도인이 침해자에게 가지고 있던 저작권 침해에 따른 손해배상청구권까지 승계 받아야 하는 것이다. 그리고 이를 위해서는 저작권 양도인과 양수인 사이에 '저작재산권 양도계약'을 서면으로 체결할 때, 그 내용에 '양도인은 양수인에게 본 저작재산권 양수도 이전에 양도인이 제3자에 대해 가지는 저작권 침해에 따른 손해배상청구권을 양도한다'는 조항을 반드시 포함시켜야 한다.

하지만 이렇게 저작권과 함께 저작권 침해에 따른 손해배상 청구권까지 양도하더라도, 앞서 본 바와 같이 이는 어디까지나 저작재산권과 관련된 것뿐이기 때문에 저작인격권 침해에 따른 손해배상 청구는 여전히 저작자가 해야만 한다. 따라서 이런 상황에서 저작권 침해에 따른 손해배상 청구 소송을 제기할 때는 그 소송의 원고를 양수인으로만 할 것이 아니라, 먼저 저작재산권 침해와 관련해서는 양수인을, 저작인격권 침해와 관련해서는 저작자(양도인이 저작자인 경우에는 양도인)를 원고로 삼아야만 제대로 된 손해배상을 받을 수 있다.

3) 게임 개발사가 외부 업체와 공동으로 게임을 개발하는 경우에는 저작권 귀속과 관련하여 여러 가지 경우의 수가 있을 수 있다.

외부 업체가 단순히 게임 제작에 협력하는 정도에 불과한 경우로써 게임 개발사와 외부 업체가 게임 저작권에 관한 특약을 정하지 않은 경우에는 영상저작물에 관한 특례규정에 따라 게임에 관한 외부 업체의 저작권을 게임 개발사가 양도받는 것으로 추정되어 게임 개발사가 게임 저작권을 가지게 된다. 그러나 게임 개발사와 외부 업체가 게임 저작권에 관한 별도의 특약을 한 경우에는 그 특약에 따라야 한다.

외부 업체와 게임 개발사가 모두 게임제작자로서 공동으로 게임을 만들었다면 그 게임은 그들의 공동저작물이 되는 것이므로 이런 경우에는 영상저작물에 관한 특례규정이 아닌 공동저작물에 관한 일반적인 저작권법 규정 등이 적용된다.

따라서 게임 개발사 입장에서는 외부 업체에 게임 개발을 단순히 의뢰하는 것이든, 외부 업체와 공동으로 게임을 개발하는 것이든 저작권에 관한 분쟁을 미연에 예방하는 차원에서 해당 계약서에 게임 저작권을 게임 개발사에 귀속시키기로 하는 조항을 두는 것이 무엇보다 중요하다.

4) 게임에 관한 저작재산권을 양도받은 양수인은 한국저작권위원회에 저작재산권 양도에 관한 등록을 할 필요가 있다. 저작재산권을 양도받았다 해도 이를 등록하지 않은 사이에 그 양도 사실을 모르는 제3자가 동일한 게임을 정당하게 이용한다면, 양수인은 그 제3자에게 대항할 수 없기 때문이다.

다만, 저작권법 제52조에 따른 저작재산권의 양도등록은 그 양도의 유효요건이 아니라[60], 제3자에 대한 대항요건[61]에 불과하고, 여기서 등록하지 않으면 제3자에게 대항할 수 없다고 할 때의 '제3자'란 당해 저작재산권의 양도에 관하여 양수인의 지위와 양립할 수 없는 법률상 지위를 취득한 경우 등 저작재산권의 양도에 관한 등록의 흠결을 주장함에 정당한 이익을 가지는 제3자에 한하고, 저작재산권을 침해한 사람은 여기서 말하는 제3자에 해당되지 않는다.[62]

따라서 게임에 대한 저작재산권 양도 등록을 하지 않은 사이에 정당한 이익을 가진 제3자가 그 게임을 이용한다면 양수인은 그 제3자에게 대항할 수 없지만, 정당한 이익을 가지지 않은 제3자가 무단 이용한 것에 대해서는 저작권 침해를 주장할 수 있다.

---

60) 저작재산권 양도계약 후 양도 등록을 하지 않더라도 양도 계약 자체는 여전히 유효하다.

61) 저작재산권자로서 제3자에 대해 주장할 수 있는 것을 의미한다.

62) 대법원 2002. 11. 26. 선고 2002도4849 판결

게임 관련
저작권 침해
판단 기준

⌂11
복제물, 2차적저작물 및
독립저작물로서의 게임

1 개 요

저작권 사건에서 어떤 저작물이 다른 저작물의 복제물에 해
당하는지 아니면 2차적저작물에 해당하는지 또는 독립저작
물에 해당하는지에 따라 저작권 침해 여부와 침해되는 저작
권의 종류가 달라진다.

따라서 게임과 관련된 저작권 사건에서도 침해 저작물이 피
침해 저작물과의 관계에서 어떤 저작물에 해당하는지를 먼
저 파악해야만 저작권 침해에 해당하는지 여부와 저작권 침
해에 해당한다면 복제권 침해인지 아니면 2차적저작물작성
권 침해인지를 정확하게 판단할 수 있다.

2 복제물

저작권법에서는 '저작자는 그의 저작물을 복제할 권리를 가진다'라고 규정하고 있고(저작권법 제16조), '복제'에 대해서는 '인쇄·사진촬영·복사·녹음·녹화 그 밖의 방법으로 일시적 또는 영구적으로 유형물에 고정하거나 다시 제작하는 것을 말한다'라고 정의하고 있다(저작권법 제2조 제22호).

그러므로 저작권법상 저작물의 '복제'라고 함은, 기존의 저작물에 의거하여 그 내용과 형식을 인식할 수 있거나 감지하기에 충분한 정도로 다시 만드는 것을 말하고, 그 동일성의 정도에 있어서는 완전히 동일한 경우뿐만 아니라 어느 정도의 수정·증감이 있다고 하더라도 저작물의 동일성을 손상할 정도가 아닌 실질적으로 동일한 경우도 포함한다. 따라서 복제물이란 기존 저작물을 원형 그대로 복제한 것은 물론이고, 다소의 수정·증감·변경이 가해지긴 했지만 거기에 새로운 창작성이 더해지지 않은 것을 말한다.

앞서 본 〈팜히어로사가 vs 포레스트 매니아〉 사건(76쪽 참고)에서 법원은 팜히어로사가의 특징적인 규칙들이 기존에 출시된 다른 게임들에서 통상적으로 이용되는 방법이거나 그러한 규칙에 약간의 변형을 가한 것에 불과하다고 판시함으로써, 기존 게임들에 있던 규칙들을 그대로 모방하거나 기존 게임규칙에 사소한 변형을 가한 것에 불과한 팜히어로사가의 규칙은 창작성이 없다는 취지로 판단하였다.

다만, 이는 게임 내 표현물에 관한 것이 아닌 게임규칙 자체에 관한 평가이기 때문에 팜히어로사가의 규칙이 기존 게임규칙의 '복제물'이라는 의미라기보다는 기존의 게임규칙을 모방했다는 의미로 봄이 상당할 것이다.

이와 관련하여 〈파이널판타지7 어드벤트 칠드런〉 vs 〈유혹의 소나타〉 사건(195쪽 참고)은 비록 게임들 상호간의 저작권 침해가 문제된 사안은 아니었지만, 게임 상의 세계를 바탕으로 게임에서의 스토리 종료 이후 2년 후에 발생한 사건을 내용으로 하는 영상저작물의 줄거리, 배경, 등장인물 등을 이용하여 뮤직비디오를 제작한 것이 영상저작물의 복제권을 침해한 것인지 아니면 2차적저작물작성권을 침해한 것인지가 문제되었는데, 이에 대해 알아보도록 하겠다.

■ 복제권 또는 2차적저작물작성권 침해 여부(복제권 침해에 해당)

이 사건 뮤직비디오에서 아이비가 무용수들과 함께 춤을 추면서 '유혹의 소나타'를 부르는 일부 장면을 제외하고 나머지는 대부분 아이비가 어린 여자아이를 보호하면서 다른 남자와 싸우는 장면으로 채워져 있다.

이 장면들은 이 사건 영상물 가운데 티파가 롯즈와 싸우는 장면과 그 사건구성, 전개과정, 배경, 등장인물의 용모와 복장, 등장인물들이 싸우는 동작 등에 있어서 거의 동일하고, 차이점은 이 사건 영상물은 컴퓨터그래픽으로 제작한 영상물이고, 이 사건 뮤직비디오는 사람이 실제로 연기한 것을 카메라로 촬영한 영상물이라는 것 때문에 생기는 사소한 것에 불과하다. 결국 이 사건 뮤직비디오의 전투 장면은 이 사건 영상물의 전투 장면과 비교하여 그 표현에 있어 부가된 창작성이 있는 부분이 없다.

따라서 B회사와 C는 이 사건 영상물의 전투 장면에 의거해서 그 실질적 동일성을 갖춘 뮤직비디오를 제작하였으므로 원고의 이 사건 영상물에 대한 저작재산권 가운데 복제권을 침해하였다.

평 석

이 사건에서 법원은 아이비가 무용수들과 함께 춤을 추면서 '유혹의 소나타'를 부르는 일부 장면은 이 사건 영상저작물에는 없는 새로운 내용이지만, 전체적으로 볼 때, 이 사건 뮤직비디오는 이 사건 영상저작물을 다소 수정·증감한 것에 불과하고 대부분 그대로 모방한 것이라고 보았다. 따라서 이 사건 뮤직비디오는 이 사건 영상저작물의 복제물에 해당하여, B회사 등은 A회사의 이 사건 저작물에 관한 2차적저작물작성권이 아닌 복제권을 침해했다고 판단하였다.

한편, 이 사건에서는 아이비가 무용수들과 함께 춤을 추면서 '유혹의 소나타'를 부르는 일부 장면을 이 사건 뮤직비디오에 추가한 것이 A회사가 이 사건 영상저작물에 대해 갖는 동일성유지권을 침해하였는지가 문제되었는데, 이에 대해 법원은 이러한 일부 장면의 추가로 인해 이 사건 영상저작물의 동일성이 손상되었으므로, A회사의 이 사건 영상저작물에 대한 동일성유지권 침해를 인정할 수 있다고 판단하였다.

정리하자면, B회사 및 C의 이 사건 뮤직비디오 제작 행위는 이 사건 영상저작물과 실질적으로 동일하다는 이유로 복제권도 침해하였고, 이 사건 영상저작물의 동일성을 손상시켰다는 이유로 동일성유지권을 침해한 것이 된다.

그런데 이 사건에서 복제권 침해를 인정하면서 동일성유지권 침해까지 인정한 것은 좀 의문이다. 복제물은 기존 저작물을 그대로 베낀 경우(완정한 동일성)뿐만 아니라 사소한 변경을 가한 경우(실질적 동일성)까지도 포함하는 개념이고, 여기서 실질적 동일성은 기존 저작물의 동일성을 손상시키지 않는 정도의 동일성이라고 봄이 상당하기 때문이다.

이 사건 법원이 아이비가 무용수들과 함께 춤을 추면서 '유혹의 소나타'를 부르는 일부 장면이 포함된 이 사건 뮤직비디오가 이 사건 영상저작물과 실질적으로 동일하다고 판단하여 복제권 침해를 인정하면서 위와 같이 동일성유지권까지도 그 침해를 인정한 것은 아무래도 좀 납득하기 어려운 부분이다.

3 2차적저작물

저작권법에서는 2차적저작물을 '원저작물을 번역·편곡·변형·각색·영상제작 그 밖의 방법으로 작성한 창작물'로 정의하고 있다(저작권법 제15조 제1항). 따라서 2차적저작물은 번역·편곡·변형·각색·영상제작 그 밖의 방법으로 작성한 창작물로서 기존 저작물과 실질적 유사성(그 표현상의 본질적 동일성)을 유지하면서 구체적인 표현에 수정·증감·변경 등을 가하여 새롭게 사상 또는 감정을 창작적으로 표현(실질적 개변)함으로써 이를 접하는 사람이 기존의 저작물이 갖고 있는 표현상의 본질적인 특징을 직접 느껴서 알 수 있는 것을 말하고, 이는 원저작물과는 별개로 독자적인 저작물로 보호된다.

그렇기 때문에 복제물과 2차적저작물의 차이는 새롭게 창작성을 더하여 기존의 저작물과 별개의 새로운 저작물로 인정되는지 여부에 있다. 따라서 기존의 저작물에 기초한 작품의 저작권 침해의 성립여부가 문제가 되는 경우에 다소의 수정·변경이 있다고 하더라도 당해 작품에서 새로운 창작성이 더해진 것으로 인정되지 않고, 당해 작품과 기존 저작물의 사이에 실질적인 동일성이 손상되지 않는 경우에는 복제권의 침해가 성립하게 된다. 이에 대하여 당해 작품이 기존의 저작물에 기초하면서도 새로운 창작성이 더해져 당해 작품과 기존 저작물의 사이에 실질적 동일성이 인정되지 않는 경우에는 복제권 침해는 성립하지 않고, 2차적저작물작성권 침해 여부가 문제된다.

한편 이와 같은 복제권 침해나 2차적저작물작성권 침해 여부를 판단함에 있어서는 저작권이 보호의 대상으로 하는 것은 그 표현 방법이라는 추상적인 아이디어 자체가 아니고 구체적인 표현형식이라는 점을 유의해야 한다. 따라서 기존 저작물에 다소의 수정·증감을 한 데 불과한 경우로서 기존 저작물에 대한 개변이 사소한 경우에는 기존 저작물의 복제물에 불과할 뿐 2차적저작물이 될 수는 없다.[63]

그리고 원저작물 저작권자의 허락 없이 원저작물을 기초로 하여 2차적저작물을 창작한 경우에 원저작물 저작권자의 2차적저작물작성권 침해는 별론으로 하더라도, 2차적저작물의 창작자는 그 2차적저작물에 대해 독자적인 저작권을 가지게 되므로, 제3자가 그러한 2차적저작물을 무단으로 사용한다면 저작권 침해를 주장할 수가 있다. 즉, 원저작물 저작권자의 2차적저작물작성권 침해와 그 2차적저작물 자체와 관련된 저작권 발생은 전혀 별개의 문제인 것이다.

2차적저작물에 대한 흔한 오해 가운데 하나는 디지털화 한 경우(예를 들어 종이 책을 전자책으로 만든 경우)이다. A저작물을 디지털화했을 때 일반인들은 그것을 A저작물의 2차적저작물로 생각하는 경우가 많다. 그러나 2차적저작물은 원저작물을 변경하여 거기에 새로운 창작성이 더해져야만 하는 것이기 때문에 디지털화 된 것은 단순한 복제물에 불과하다.

---

63) 서울중앙지방법원 2008. 3. 13. 선고 2007가합53681 판결

다음은 게임 공략집이 원저작물인 게임의 2차적저작물에 해당하는지 여부가 문제된 〈게임 공략집〉 사건이다.

〈게임 공략집〉 사건[64]

A회사가 운영하는 사이트에는 B가 만든 게임공략집 파일이 무단으로 업로드 되어 있었다.

A회사 등은 이에 대한 기술적 조치를 이행하지 않았다는 이유로 저작권법 위반의 방조로 기소되었다.

■ B의 게임 공략집이 원저작물인 게임의 2차저작물에 해당하는 지 여부(O)

 A회사 등의 주장

B의 게임공략집은 원저작물인 게임의 저작권자로부터 동의를 받지 않고 원저작물 이미지를 무단 복제한 저작권 침해물이면서, 기존 게임의 구성요소, 해법 등을 설명한 것에 불과하여 창조적 개성이 드러나는 것도 아니므로, 저작권법상 보호 대상이 아니다.

---

64) 서울서부지방법원 2015. 3. 16. 선고 2015노1711 판결

저작권법상 원저작물을 번역·편곡·변형·각색·영상제작 그 밖의 방법으로 작성한 창작물인 2차적저작물은 독자적인 저작물로서 보호되고, 2차적저작물이 원저작권자에 대한 관계에서 저작권 침해로 되는 것은 별론으로 하고 그 자체로는 저작권법상 저작물로서 보호 대상이 된다.[65] 또한 저작권법 제8조에 의하면 저작물의 원본이나 그 복제본에 저작자로서의 실명 또는 이명으로 널리 알려진 것이 일반적인 방법으로 표시된 자 등은 저작권을 갖는 것으로 추정된다.

B의 게임공략집은 각 게임별 공략 요령을 설명하면서 상세한 텍스트 및 이미지 파일로 재편집되어 있어 그 자체로 독자적인 개성을 담은 창작성을 보유하고 있다.

그리고 그 첫머리에 작성자 아이디로 보이는 별칭과 함께 '본 공략집은 ○○에서 자체 제작한 것입니다. 비디오 게임라인 관리자의 동의 없이는 인용을 불허합니다'라고 기재되어 있고 B는 ○○상호로 사업자등록을 한 사업자에 해당하는 사실이 인정되며, B가 언급한 직원이나 작가들로부터 그 저작권 귀속에 관한 자료가 제출되지 않았다는 사정만으로 저작권법상의 법률상 추정을 깨고 B측에게 저작권이 없다고 단정할 수 없다.

---

65) 대법원 1995. 11. 14. 선고 94도2238 판결

이 사건은 특정 게임의 공략방법을 저술한 B의 게임공략집이 원저작물인 게임의 2차적저작물에 해당하는지 아니면 게임의 복제물에 불과한지가 쟁점이 된 사안이다.

이 사건에서 법원은 비록 B의 게임 공략집이 원저작물인 게임 저작권자들의 동의 없이 제작되었더라도, 그러한 행위가 게임 저작권자들의 2차적저작물작성권을 침해하는 것은 별론으로 하고, B의 게임 공략집은 거기에 B의 창작성이 가미되어 있으므로 원저작물인 게임의 2차적저작물에 해당하여 원저작물과는 별개의 저작권이 발생함을 인정하였다.

그리고 B의 게임 공략집의 저작권자가 누구인지와 관련해서는 B의 게임 공략집 첫 머리에 'OO에서 자체 제작'한 것이라고 기재되어 있고, OO는 B가 운영하는 회사의 상호이므로, 저작권법 제8조에 의해서 B의 게임 공략집 복제본에 저작자로 기재된 B가 게임 공략집의 저작권을 갖는 것으로 추정된다고 판단하였다.

4 독립저작물

어떤 저작물이 기존 저작물을 다소 이용하였더라도 기존 저작물을 짐작할 수 없을 정도로 환골탈태하여 양 저작물 사이에 실질적 유사성이 없는 것을 '독립저작물'이라고 하고, 이러한 독립저작물은 앞서 본 2차적저작물과는 달리 기존 저작물의 저작권의 효력을 받지 않는다.

즉, 다른 사람의 원저작물을 원형 그대로 복제하지 않고 사회통념상 새로운 저작물이 될 수 있을 정도의 수정·증감·변경을 가하여 새로운 창작성을 부가하였더라도 원저작물과의 실질적 유사성이 유지되고 있다면 이는 원저작물과는 별개의 독립된 저작물이 아니라 2차적저작물에 해당하므로, 원저작자의 동의 없이 위와 같은 저작물을 작성하는 행위는 원저작자의 2차적저작물작성권을 침해하는 행위이지만, 원저작물에 새로운 창작성이 부가되어 원저작물과의 실질적 유사성을 찾아볼 수 없을 정도로 변형 되었다면 이는 원저작물과는 별개의 독립된 저작물로서 원저작자의 2차적저작물작성권의 효력이 미치지 않게 되는 것이다.

---

66) 서울고등법원 2017. 1. 12. 선고 2015나2063761 판결, 이러한 게임에 관한 개념 정의와 관련하여 저작권법 제2조 제17호에서 규정하고 있는 소재 (저작물이나 부호, 문자, 음, 영상 그 밖의 형태의 자료)가 아닌 게임규칙으로만 이루어진 것을 결합저작물 내지 편집저작물로 볼 수 있을지는 의문이다.

┌2┐
게임은 편집저작물로
보호 받을 수 있는가?

'편집저작물'이란 편집물로서 그 소재의 선택, 배열 또는 구성에 창작성이 있는 것을 말하고(저작권법 제2조 제18호), '편집물'은 저작물이나 부호, 문자, 음, 영상 그 밖의 형태의 자료(이를 통칭해 '소재'라고 함)의 집합물을 말하며 데이터베이스를 포함한다(저작권법 제2조 제17호). 따라서 편집저작물은 저작물 또는 저작물성이 없는 자료를 선택·배열 또는 구성한 것에 작성자의 창작성이 있는 것을 의미한다. 그리고 이러한 창작성은 반드시 수준이 높아야 하는 것은 아니지만, 저작권법에 의한 보호를 받을 가치가 있는 정도의 최소한의 창작성은 있어야 하므로, 누가 하더라도 같거나 비슷할 수밖에 없는 것 또는 통상적인 편집방법에 불과한 것이라면 거기에 작성자의 개성이 드러나 있다고 볼 수는 없기 때문에 이는 단순한 편집물에 불과할 뿐, 편집저작물이라고 할 수는 없다.

게임은 다양한 소재 또는 소재저작물로 이루어진 결합저작물 내지 편집저작물이라고 할 수 있다.[66] 여기서 말하는 '소재'는 게임규칙 자체를 의미한다고 할 수 있고 '소재저작물'은 게임규칙에 의해 표현된 여러 시각적인 요소들을 의미한다고 볼 수 있다. 그리고 게임의 저작물적인 구성형태가 결합저작물인지 편집저작물인지는 게임의 소재 또는 소재저작물의 선택·배열·조합에 창작성이 있는지 여부에 따라 결정되는데, 그것에 창작성이 있다면 게임 전체적으로 볼 때 편집저작물이 되어 게임을 구성하는 시각적인 요소들의 선택·배열·조합도 저작권법상 보호를 받을 수 있는 반면, 그것에 창작성이 없는 경우에는 게임을 구성하는 시각적인 요소들이 저작물로 보호 받을 수 있는 것은 별론으로 하더라도 게임 전체적으로 볼 때는 결합저작물[67]에 해당하기 때문에 게임을 구성하는 시각적인 요소들의 선택·배열·조합은 저작권법상 보호대상이 되지 못한다.

게임의 편집저작물성에 관한 논의는 앞선 '아이디어 등의 선택·배열·조합의 저작물성' 부분에서 살펴본 내용과 그 맥을 같이하기 때문에 구체적 설명은 생략하고 한 가지만 추가적으로 설명하겠다. 게임 저작권 사건에서 피침해 게임이 편집저작물에 해당하는지 아니면 단순한 저작물 등의 집합

---

67) 일반적으로 결합저작물은 공동저작물과 비교되는 개념으로 사용된다. 즉, 공동저작물은 여러 명이 하나의 저작물을 창작하는데 기여하는 것이어서 각자가 기여한 부분을 그 저작물로부터 분리할 수 없는 저작물을 의미하는 반면, 결합저작물은 외관상으로는 하나의 저작물로 보이지만 실제는 여러 저작물이 단순히 결합만 된 것으로서 각 저작물에 대해 각자가 별도의 저작권을 가지는 저작물을 의미한다. 그런데 여기서 말하는 결합저작물은 공동저작물에 대비되는 개념이라기보다는 편집저작물에 대비되는 개념으로서 여러 저작물의 선택·배열·조합에 창작성이 없는 편집물을 의미하는 것으로 상정한다.

물에 해당하는지는 피침해 게임과 침해 게임 사이의 실질적 유사성을 판단할 때 게임을 구성하는 시각적 표현들 사이의 실질적 유사성이 인정되지 않을 경우를 대비한 최후의 공격 방법으로 중요한 의미를 갖는다.

즉, 게임 저작권 사건에서 비록 양 게임의 시각적 요소들은 서로 비슷하지 않더라도, 창작성 있는 피침해 게임의 전체적 편집성[68]과 침해 게임을 구성한 시각적 요소들의 편집성이 실질적으로 비슷하다면 저작권 침해를 인정할 수 있는 것이기 때문에, 결국 게임의 편집저작물성 여부는 저작권 침해 여부를 결정짓는 매우 중요한 의미를 가진다 할 것이다.

비록 게임과 관련된 것은 아니지만 이하에서 볼 〈소개팅 어플리케이션〉 사건은 비슷한 형태의 어플리케이션들 사이의 저작권 침해 여부가 다투어진 사건으로써, 이 사건에서 법원은 어플리케이션에 따라 스마트폰 등 관련 구동기기에 구현되는 각 화면은 웹페이지와 비슷하게 텍스트, 그림, 사진 등 여러 소재를 선택·배열·구성하고 있다는 점에서 편집저작물에 해당한다고 볼 여지가 있으므로, 어플리케이션의 각 화면이 그 소재의 선택 또는 배열·구성에 창작성이 있다면 독자적인 편집저작물로 보호될 수 있다고 판단한 바가 있다.

---

68) 게임규칙에 의해 표현되는 게임의 시각적 요소들의 선택·배열·조합

〈소개팅 어플리케이션〉 사건[69]

A는 소개팅 어플리케이션인 A의 어플리케이션을 개발하여 오픈 마켓에 출시, 이용자들이 무료로 다운로드받을 수 있도록 공중에 제공하고 있다.

B회사도 소개팅 어플리케이션인 B회사 어플리케이션을 오픈마켓에 출시하여 이용자들이 무료로 다운로드받을 수 있도록 공중에 제공하고 있다.

A는 B회사의 어플리케이션은 A의 어플리케이션의 1일 소개 인원, 소개팅 진행 방식, 단계 구성을 그대로 모방하였고, 소개팅 진행에 따른 각 화면을 A의 어플리케이션의 각 화면과 동일한 구성·형태로 만들어 인터페이스가 실질적으로 동일하며, 안내문구도 A의 어플리케이션의 그것과 실질적으로 동일하다고 주장하면서, B회사를 상대로 B회사의 어플리케이션의 사용 등 금지가처분을 신청하였다.

■ A의 어플리케이션의 1일 소개 인원, 소개팅 진행 방식, 단계 구성에 관한 저작권 침해 여부(X)

A의 어플리케이션은 이용자들이 매일 일정 수의 이성 이용자들을 무작위로 소개받은 다음 일정한 선택 과정을 거쳐 최종적으로 연결된 이성 이용자와 온라인상으로 채팅을 할

---

69) 서울중앙지방법원 2014. 7. 15. 선고 2013카합1953 판결

수 있도록 하는 소개팅 어플리케이션인데, B회사의 어플리케이션도 같은 방식의 소개팅 어플리케이션으로서 1일 소개해 주는 이성의 수, 이성 선택 및 연결 방식이 A의 어플리케이션과 거의 같다.

그러나 소개팅 어플리케이션의 경우, 이용자에게 1일간 소개해주는 이성의 수, 소개받은 이성 가운데 특정인과 연결하는 방식 등 소개팅 진행 규칙 자체는 아이디어에 해당하는 것이기 때문에, 설령 B회사가 A의 어플리케이션의 독창적인 아이디어를 모방하였다고 하더라도 그러한 사정만으로 곧바로 저작권 침해를 구성한다고 할 수 없다.

■ A의 어플리케이션의 각 화면의 구성·형태에 관한 저작권 침해
　여부(X)

A의 어플리케이션의 각 화면은 소재의 선택과 배열 및 구성 등 그 표현 기법에 창작성이 인정될 여지가 있다. 그러나 B회사 어플리케이션의 각 화면상의 텍스트, 그림, 사진 등 선택한 소재 자체, 그 소재의 배열, 구성은 A의 어플리케이션의 각 화면과 다르고, A의 어플리케이션의 각 화면에 없는 새로운 소재를 추가하고 있으므로, B회사의 어플리케이션이 A의 어플리케이션의 각 화면 가운데 창작성이 있는 표현을 그대로 모방한 것이라고 보기 어렵다.

■ A의 어플리케이션의 안내문구에 관한 저작권 침해 여부(X)

어문저작물로서 보호 받기 위하여는 저자 자신의 작품으로
서 남의 것을 베낀 것이 아니라는 것과 최소한도의 창작성이
있어야 한다. 따라서 작품의 수준이 높아야 할 필요는 없지
만 저작권법에 의한 보호를 받을 가치가 있는 정도의 최소
한의 창작성은 요구되므로, 단편적인 어구나 계약서의 양식
등과 같이 누가 하더라도 같거나 비슷할 수밖에 없는 성질
의 것은 최소한도의 창작성을 인정하기 어렵다.

그런데 A의 어플리케이션에 쓰인 안내문구는 소개팅을 진행
하는 단계별로 그에 관한 짧은 설명을 제공하는 정도의 간
단하고 전형적인 표현에 불과하기 때문에, 이를 저작권법에
의하여 보호 받을 수 있는 창작성이 있는 표현이라고 보기
는 어렵다.

평 석

이 사건에서 법원은 B회사의 어플리케이션이 A의 어플리케
이션의 저작권을 침해했는지 여부를 세 부분으로 나누어 판
단했다.

① B회사의 어플리케이션의 안내문구가 A의 어플리케이션
의 그것과 실질적으로 비슷한지, ② B회사의 어플리케이션
의 각 화면의 구성·형태가 A의 어플리케이션의 그것과 실질

적으로 비슷한지, ③ B회사의 어플리케이션의 1일 소개 인원, 소개팅 진행 방식, 단계 구성이 A의 어플리케이션의 그것과 실질적으로 비슷한지.

법원이 이렇게 구분해서 판단한 이유는 소개팅 어플리케이션이 크게는 각 화면에 쓰인 안내문구와 각 화면 그 자체 그리고 각 화면의 조합 및 배열로 구성되어 있기 때문이다.

이에 관한 법원의 판단 가운데 위 ①, ②와 관련해서는 그 타당성이 인정되지만, 위 ③과 관련해서는 추가적인 판단이 필요한 것이 아닌가 생각된다.

이 사건 법원은 A의 어플리케이션의 각 화면 자체에 대해서는 소재의 선택과 배열 및 구성 등으로 볼 때 편집저작물에 해당할 여지가 있다고 판단하였지만, A의 어플리케이션의 각 화면의 선택·배열·조합의 측면에서 편집저작물에 해당하는지 여부에 관해서는 별도 판단을 하지 않고, 1일 소개 인원, 소개팅 진행 방식, 단계 구성이 아이디어에 해당한다고만 판단했다.

그런데 그런 것이 아이디어에 해당한다고 해서 곧바로 A의 어플리케이션의 각 화면의 전체적인 선택·배열·조합도 아이디어에 해당한다고 볼 수는 없는 것이므로 A의 어플리케이션의 각 화면의 전체적인 선택·배열·조합도 아이디어에 해당하는지 판단해야 했고, 만일 그것이 표현에 해당한다면 거기에 창작성이 있는지 여부를 판단하여 A의 어플리케이션이 편집저작물로 보호 받을 수 있는지 및 A의 어플리케이션이 편집저작물로 보호 받을 수 있다면 A의 어플리케이션의 각 화면의 선택·배열·조합과 B회사의 그것이 실질적으로 비슷한지 여부를 각각 판단했어야 하는 것이 아닌지 생각된다.

한편, 이 사건에서는 A의 어플리케이션이 영상저작물로 보호 받을 수 있는지에 대해서도 다투어졌는데, 이에 관해 법원은 '영상저작물은 연속적인 영상이 수록된 창작물로서 그 영상을 기계 또는 전자장치에 의하여 재생하여 볼 수 있거나 보고 들을 수 있는 것을 의미하는데, A의 어플리케이션은 정지된 각 화면이 이용자의 선택 여하에 따라 다른 화면으로 전환되는 어플리케이션으로서 일반적인 홈페이지와 다를 바가 없으므로, 이를 연속적인 영상이 수록된 영상저작물이라 보기는 어렵다'고 판시했다.

3

게임 관련 저작권
침해 판단 기준

복제물 또는 2차적저작물의 작성에 해당하기 위해서는 기존의 저작물의 해당 부분이 저작권법의 보호 대상인 인간의 사상 또는 감정을 창작적으로 표현한 것에 해당해야 한다. 그리고 창작적으로 표현되었다고 하기 위해서는 엄밀한 의미에서의 독창성이 발휘된 것이어야 할 필요는 없고, 작성자의 개성이 표현된 것으로 충분하지만, 표현상의 제약이 있어 누가 하더라도 같거나 비슷할 수밖에 없는 경우, 표현이 평범하고 흔한 것인 경우에는 창작적인 표현이라고 할 수 없다.

따라서 게임 저작권 침해 소송에서 상대방이 복제하거나 2차적저작물을 작성하였다고 다투는 경우에는 먼저 동일·유사성이 있는 부분을 확정한 다음, 그 동일·유사성이 있는 부분이 창작성 있는 표현에 해당하는지, 상대방의 해당 부분이 기존 게임의 해당 부분에 의거하여 작성된 것인지와 기존 게임의 내용과 형식을 인식할 수 있거나 감지할 수 있는지 또는 표현상의 본질적 특징을 직접 느껴서 알 수 있는지를 개별적으로 판단해야 한다.[70]

게임 저작권 침해 판단 기준도 다른 저작물과 마찬가지로, ① 저작권 침해 주장자의 저작물이 저작권법에 의해 보호받을만한 창작성이 있을 것, ② 상대방이 저작권 침해 주장자의 저작물에 의거하여 이를 이용하였을 것, ③ 저작권 침해 주장자의 저작물과 상대방의 저작물 사이에 실질적 유사성이 있을 것 등의 세 가지 요건이 충족되어야 하는 것이다.

필자가 저작권 사건을 상담하다 보면, 상대방이 저작권 침해를 인정하거나 그가 만든 저작물이 상담자(상담자가 저작권자인 경우) 저작물의 2차적저작물임을 인정한 경우에는 저작권 침해가 명백한 것이라고 생각하고 손해배상금액 등에 대해서만 묻는 경우가 있다. 그러나 저작권 침해에 해당하는지 또는 2차적저작물에 해당하는지 여부는 법률적 판단의 문제이기 때문에 상대방이 아무리 저작권 침해를 인정하는 말이나 행동을 했더라도 그러한 이유만으로 곧바로 저작권 침해가 인정되는 것은 아니라는 점을 꼭 알아둘 필요가 있다.[71]

---

70) 서울고등법원 2014. 1. 23. 선고 2013나33609 판결
71) 서울중앙지방법원 2007. 1. 17. 선고 2005가합65093(본소), 2006가합
   54557(반소) 판결

1 저작물성 여부

저작물성 여부에 관한 판단은 실질적 유사성 여부를 판단할 때 그 전제가 되기 때문에 게임의 경우에도 저작권 침해 여부를 판단하기 위해서는 그 저작물성 여부에 관해 먼저 살펴볼 필요가 있다. 이에 관해서는 앞에서 구체적으로 살펴보았으므로, 여기서는 이에 관한 설명은 생략하기로 한다.

2 의거성 여부

저작권법이 보호하는 복제권이나 2차적저작물작성권의 침해가 성립하기 위해서는 대비대상이 되는 저작물이 침해되었다고 주장하는 기존의 저작물에 의거하여 작성되었다는 점이 인정되어야 하는데, 이러한 의거성이 인정되기 위해서는 ① 침해자가 피해자 저작물의 표현 내용을 인식하고 있어야 하고, ② 피해자 저작물을 이용하는 의사를 가지고 있어야 하며, ③ 실제로 피해자 저작물을 이용하는 행위를 해야 한다.

한편, 두 저작물 사이에 의거관계가 인정되는지 여부와 실질적 유사성이 있는지 여부는 서로 별개의 판단이기 때문에, 의거관계를 판단할 때에는 저작권법에 의하여 보호 받는 표현뿐만 아니라 저작권법에 의하여 보호 받지 못하는 표현 등의 유사성 여부도 함께 참작될 수 있다.

그러나 의거성은 직접 증거에 의해 입증되기 어렵기 때문에, 기존의 저작물에 대한 접근 가능성 여부, 대비대상 저작물과 기존의 저작물이 독립적으로 작성되어 같은 결과에 이르렀을 가능성을 배제할 수 있을 정도의 현저한 유사성이 있는지 여부를 판단하여, 그것이 인정되면 의거성을 추정하는 방식으로 의거성 여부를 판단하는 것이 일반적이다.

즉, 의거관계는 대비대상 저작물이 기존의 저작물에 의거하여 작성되었다는 사실이 직접증거에 의해 인정되지 않더라도 기존의 저작물에 대한 접근 가능성이 있으면 추정될 수 있고, 이러한 접근 가능성을 인정할 만한 증거도 부족한 경우에는 대비대상 저작물이 기존의 저작물에 의거하지 않고 독자적으로 창작되었다고 생각하기 어려울 정도로 내용이나 표현상에 현저한 유사성 등의 간접사실이 인정되면 사실상 추정될 수 있다. 다만, 대비대상 저작물이 기존의 저작물보다 먼저 창작된 경우, 후에 창작되었더라도 기존의 저작물과 무관하게 독립적으로 창작되었다고 볼 만한 간접사실이 인정되는 경우에는 의거성이 추정된다고 단정하기 어렵다.

게임의 경우에도 기존 게임이 언제 공표되었고 그것이 얼마만큼 유통되었는지 등 그 노출의 정도를 따져 대비대상 게임의 기존 게임 접근 가능성 여부를 판단하거나 기존 게임이 공표된 적이 없거나 그 노출 정도가 미미한 경우에는 기존 게임의 구체적 표현이 대비대상 게임의 그것과 현저하게 비슷한지 여부를 판단하여 의거성 추정 여부를 결정한다.

일반적인 저작권 사건에서는 보통 기존 저작물이 대비대상 저작물보다 먼저 공표되어 대비대상 저작물이 기존 저작물에 접근했을 가능성이 있다는 이유로 의거성이 추정되는 경우가 대부분이고, 의거성 자체가 문제되는 경우는 그리 흔하지 않다.

앞서 본 〈팜히어로사가 vs 포레스트 매니아〉 사건(76쪽 참고)에서는 출시 시점이나 팜히어로사가의 규칙 및 진행방식의 동일성 등에 비추어 보았을 때, 포레스트 매니아는 팜히어로사가에 의거하여 개발된 것으로 봄이 상당하다고 판시하기는 했지만 이는 저작권 침해 여부가 아닌 부정경쟁행위 여부 판단 부분에서 언급된 것이었다.

심지어 앞서 본 〈붐버맨 vs 크레이지 아케이드 비엔비〉 사건(89쪽 참고)에서는 A회사가 비엔비 게임을 개발하면서 붐버맨 게임에 의거했다는 것을 명백히 다투지 않아서 그렇지, 이 사건 법원은 A회사가 이러한 의거관계를 자백한 것이라고 보기도 했다.

이러한 점만 보더라도 저작권 사건에서 당사자들은 의거성 보다는 이하에서 볼 실질적 유사성 여부에 무게를 두고 논쟁을 해나간다는 것을 알 수 있다.

3 실질적 유사성 여부

다른 사람의 저작물을 무단으로 복제하면 복제권 침해가 된다. 저작물을 원형 그대로 복제하지 않고 다소의 수정·증감이나 변경이 가해진 것이라도 새로운 창작성을 더하지 않은 것 역시 복제로 보아야 한다. 한편, 원저작물을 기초로 하되 원저작물과 실질적 유사성을 유지하고 이것에 사회통념상 새로운 저작물이 될 수 있을 정도의 수정·증감을 가하여 새로운 창작성을 부가한 경우에는 저작권법 제5조 제1항의 2차적저작물로 보호를 받게 된다. 더 나아가 어떤 저작물이 기존의 저작물을 다소 이용하였더라도 기존의 저작물과 실질적인 유사성이 없는 별개의 독립적인 저작물이 되었다면, 이는 창작으로서 기존의 저작물의 저작권을 침해한 것이 되지 않는다.[72]

그렇기 때문에 저작권 침해가 인정되기 위해서는 앞서 본 의거성 이외에도 두 저작물 사이에 실질적 유사성이 인정되어야 한다. 그런데 저작권법이 보호하는 것은 인간의 사상 또는 감정을 말·문자·음·색 등에 의하여 구체적으로 외부에 표현하는 창작적인 표현형식이고, 아이디어나 이론 등의 사상 및 감정 그 자체는 설사 그것이 독창성, 신규성이 있더라도 원칙적으로 저작권의 보호 대상이 되지 않는다.

---

72) 대법원 2010. 2. 11. 선고 2007다63409 판결
73) 게임방식이나 규칙 등이 디자인 등과 결합하여 구체적으로 표현된 경우

따라서 복제권 또는 2차적저작물작성권의 침해 여부를 가리기 위하여 두 저작물 사이에 유사성이 있는지 여부를 판단할 때에는 창작적인 표현형식에 해당하는 것만을 가지고 대비하여야 하고, 바로 이러한 점 때문에 저작물성 여부가 실질적 유사성 여부 판단의 전제가 되는 것이다.

즉, 실질적 유사성 여부를 판단하기 위해서는 저작권 침해 주장자의 침해 부분이 저작권법에 의해 보호 받을 수 있는 것이어야 하므로, 구체적인 비교 판단 이전에 반드시 해당 부분의 저작물성에 대해 먼저 판단해야 하고, 기존 저작물의 특유한 인식이나 아이디어는 저작권법상 보호대상이 아니기 때문에 비교대상에서 제외해야 하는 것이다.

게임과 관련하여 실질적 유사성 여부를 판단할 때도 창작적인 표현형식에 해당하는 것만을 가지고 대비해야 한다. 즉, 게임 간의 실질적 유사성 여부를 판단할 때는 ① 추상적인 게임의 장르, 기본적인 게임의 배경, 게임의 전개방식, 규칙, 게임의 단계변화 등(게임의 개념·방식·해법·창작도구로서 아이디어에 불과함), ② 어떠한 아이디어를 표현하는데 실질적으로 한 가지 방법만 있거나, 하나 이상의 방법이 있다 해도 기술적인 또는 개념적인 제약 때문에 표현 방법에 한계가 있는 경우(그 제한된 표현을 그대로 모방한 경우에만 실질적으로 비슷하다고 할 수 있음), ③ 아이디어를 게임화 하는데 있어 필수불가결하거나 공통적 또는 전형적으로 수반되는 표현 등을 제외한 나머지 표현[73]만을 가지고 대비해야 한다.

양 게임 사이에 실질적 유사성이 인정되기 위해서는 ① 저작물의 특정한 구체적 표현이나 세부적인 부분을 따라함으로써 두 저작물 사이에 유사성이 있거나 ② 소설의 구체적인 줄거리와 같이 저작물의 근본적인 본질 또는 구조를 복제함으로써 전체로써 포괄적인 유사성이 인정되어야 한다.

그런데 소설의 구체적인 줄거리, 인물들이 만들어 내는 구체적인 사건들의 연속으로 이루어지는 사건의 전개과정 등이 아이디어의 차원을 넘어서는 내재적 표현으로 인정되어 이를 따라할 경우에 ②에서 말하는 전체로써 포괄적인 유사성이 인정되는 것은, 소설의 줄거리는 인물, 배경, 사건전개 등에 따라 무한히 많은 표현들이 가능한 가운데에서도 구체적인 줄거리는 그 자체로 저작자의 개성이 나타나 있는 표현으로 볼 수 있기 때문이다.

그러므로, 게임의 전개방식, 규칙 등이 게임 저작물의 내재적 표현으로 인정되어 저작권의 보호대상이 되기 위해서는 그러한 게임의 전개방식, 규칙 그 자체 또는 그러한 것들의 선택과 배열 그 자체가 무한히 많은 표현형태가 가능한 가운데에서도 저작자의 개성을 드러내는 표현으로 볼 수 있는 경우여야 할 것이다.

그리고 컴퓨터를 통해 조작하고 컴퓨터 모니터에 표현되어야 하는 한계, 승패를 가려야 하고 사용자의 흥미와 몰입도, 게임용량, 호환성 등을 고려해야 하는 등, 컴퓨터 게임이 갖는 제약에 의해 표현이 제한되는 경우에는 특정한 게임방식이나 규칙이 게임에 내재되어 있다고 하여 아이디어의 차원을 넘어 작성자의 개성 있는 표현에 이르렀다고 볼 수 없고, 오히려 그러한 게임방식이나 규칙은 특정인에게 독점권이 있는 것이 아니라 누구나 자유롭게 사용하여 다양한 표현으로 다양한 게임을 만들 수 있도록 하여야 할 것이다.[74]

이와 같이 게임의 경우는 게임의 진행 방식, 그 진행에 동원되는 시각적 도구, 게임화면의 배경, 게임의 등장인물 및 그 형태 등이 주된 부분으로서 게임과 관련한 저작권 침해는 게임에서 사용된 시각적 모습이나 게임의 캐릭터 등이 표현된 양상 등에 집중하게 되고, 더욱이 게임 주제나 방식이 이미 관행화된 게임 양식에 따른 것이라면 이른바 표준적 삽화의 원칙이 상당한 정도로 적용되어 매우 세밀한 부분까지 복제가 일어나지 않는 한 저작권의 보호가 배척되므로, 단순히 느낌이 같다거나 분위기가 비슷하다는 것만을 저작권 침해의 근거로 삼을 수는 없다.[75]

특히 게임과 같은 영상저작물은 '연속적인 영상(음의 수반 여부는 상관없이)이 수록된 창작물로서 그 영상을 기계 또는 전자장치에 의하여 재생하여 볼 수 있거나 보고 들을 수 있는 것'

---

74) 서울중앙지방법원 2007. 1. 17. 선고 2005가합65093(본소), 2006가합 54557(반소) 판결
75) 서울고등법원 2017. 1. 12. 선고 2015나2063761 판결

으로 주로 시각적·청각적인 형태로 표현되며, 어문저작물, 음악저작물, 미술저작물 및 사진저작물의 요소를 일부 또는 전부 가지고 있으므로, 실질적 유사성 판단에 있어 영상저작물의 창작적 요소에 따라 어문저작물, 음악저작물, 미술저작물 및 사진저작물 각각의 실질적 유사성 판단 기준 및 영상저작물 자체의 특성을 종합적으로 고려하여 실질적 유사성 여부를 판단해야 한다.[76]

이와 같은 게임의 특징들을 고려하여, 게임 저작권 사건에서 그 실질적 유사성을 판단하기 위해서는 ① 저작권 침해 주장자가 주장하는 것들이 표현에 해당하는지 아니면 아이디어에 불과한지 여부를 먼저 판단한 다음, ② 그러한 것들이 종래부터 존재했던 것인지, 게임의 내재적 한계로 인해 그렇게 밖에 생각할 없는 방법 또는 그렇게 밖에 표현할 수 없는 것인지(표준적 삽화 또는 필수장면) 또는 통상적인 것인지 여부를 판단해야 하고, ③ 나머지 것들이 실질적으로 비슷한지 여부를 판단하여야 한다.

(1) 〈팜히어로사가〉 vs 〈포레스트 매니아〉 사건[77]

판례 내용 가운데 앞서 살펴본 내용(76쪽 참고)과 중복되는 부분은 생략하였다.

---

76) 서울중앙법원 2013. 8. 16. 선고 2012가합80298 판결
77) 서울고등법원 2017. 1. 12. 선고 2015나2063761 판결

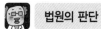

■ 팜히어로사가의 특징적인 규칙 부분

1) 히어로 모드 규칙

히어로 모드의 경우 팜히어로사가는 파란색 계통의 타일을
그대로 사용하고 있는 반면, 포레스트 매니아는 노란색 계
통의 타일로 바뀌므로 그 분위기가 달라질 뿐만 아니라, 팜
히어로사가의 반짝임 효과는 십자 무늬와 작은 원형 점의
조합으로 이루어진 반면, 피고 게임의 반짝임 효과는 다이
아아몬드 무늬로 이루어져 있어서 반짝임 효과의 세부적인
표현에 있어서도 차이가 존재한다.

2) 전투 레벨 규칙

팜히어로사가와 포레스트 매니아의 전투 레벨은 모두 악당
을 화면의 오른쪽 상단에 고정하여 표현하고 있으나, 팜히어
로사가의 경우 너구리의 모습을 한 악당이 상단 안내 바 안
쪽에 위치하고 있는 반면, 포레스트 매니아의 경우 원시인의
모습을 한 악당이 게임 보드의 위쪽 모서리를 딛고 서 있는
것으로 표현하고 있어서 그 구체적인 표현에도 차이가 있다.

3) 알 모으기 규칙

① 특수타일
팜히어로사가는 알에서 새 등이 부화하는 과정으로 표현한 반면, 포레스트 매니아는 알에서 거북이 또는 공룡이 부화하는 과정으로 표현하고 있다.

② 3단계 특수 타일
팜히어로사가는 노란빛 알의 왼쪽 상단 부분에만 원형 무늬가 있는 반면, 포레스트 매니아는 초록빛 알 전체에 원형의 무늬가 분포되어 있는 점에 차이가 있다.

③ 4단계 특수 타일
팜히어로사가는 알에 소용돌이 모양의 무늬가 있고 수풀이 가로 방향으로 누워 알의 아랫부분을 감싸고 있으나, 포레스트 매니아는 알에 아무 무늬가 없고 수풀이 세로 방향으로 자라는 것처럼 표현되어 있는 등 그 구체적인 표현에도 차이가 있다.

4) 특수 칸 규칙

팜히어로사가는 특수 칸을 얇은 수풀의 형태로 표현하고 있는 반면, 포레스트 매니아는 넓은 잎이 깔린 모습으로 표현하고 있어 세부적인 표현 방법에도 차이가 있다.

5) 양동이 규칙

팜히어로사가는 특수 타일을 양동이 모습으로 표현하여 주위에서 타일들이 맞추어질 때마다 양동이 속에 물이 차오르는 방식으로 성숙의 정도를 나타내고 있는 반면, 포레스트 매니아는 특수 타일을 나무 그루터기의 모습으로 표현하여 주위에서 타일들이 맞추어질 때마다 나무 그루터기 안에서 자라나는 버섯의 개수가 늘어나는 것으로 표현하고 있어 구체적인 표현 방법이 완전히 다르다.

또한 팜히어로사가의 경우 물방울 모양의 캐릭터가 배치되는 반면 포레스트 매니아의 경우 버섯 모양의 캐릭터가 배치된다는 점에서도 차이점이 있다.

6) 씨앗과 물방울 규칙(포레스트 매니아 : 엘프와 버섯 규칙)

팜히어로사가는 특수 타일을 녹색과 갈색으로 이루어진 씨앗의 모습으로 표현하고 있는 반면, 포레스트 매니아는 특수 타일을 노란색과 녹색으로 이루어진 요정의 모습으로 표현하고 있어 구체적인 표현 방법이 완전히 다르다.

팜히어로사가의 특수 타일은 자리바꿈 전에는 눈을 동그랗게 뜨고 있다가 자리바꿈 후에는 눈을 감고 흡족한 표정으로 변하는 반면, 포레스트 매니아의 특수 타일은 자리바꿈 전과 후에 아무런 변화가 없다는 점에서도 차이점이 있다.

7) 방해 규칙

팜히어로사가는 방해 캐릭터의 모습을 토끼로 묘사하고, 방해 캐릭터가 캐릭터를 제거하는 것을 토끼가 흙에서 튀어나와 당근 캐릭터를 잡아먹는 형태로 표현하고 있는 반면, 포레스트 매니아는 방해 캐릭터의 모습을 늑대로 묘사하고, 방해 캐릭터가 캐릭터를 제거하는 것을 늑대가 수풀에서 튀어나와 토끼를 잡아먹는 형태로 표현하고 있어서 그 표현형식이 전혀 다르다.

팜히어로사가에서 당근 캐릭터는 방해 캐릭터인 토끼의 등장에도 아무런 변화가 없는 반면, 포레스트 매니아에서 잡아먹히는 토끼 캐릭터는 방해 캐릭터인 늑대가 등장하면 겁에 질린 얼굴을 한다는 점에서도 차이점이 있다.

8) 정리

A회사가 독창적이라고 주장하는 팜히어로사가의 게임규칙은 기존 매치-3-게임 등에서 널리 사용되던 게임규칙을 기초로 하여 이를 조합하거나 변형한 것으로서 아이디어 영역에 해당할 뿐만 아니라 팜히어로사가와 포레스트 매니아에서 그 게임규칙이 표현된 표현방식에도 차이가 있어 실질적으로 비슷하다고 보기 어렵다.

■ 팜히어로사가와 포레스트 매니아의 화면 구성 및 디자인

1) 로고

팜히어로사가의 로고는 파란색의 격자무늬 뒤쪽에서 빛이 뿜어져 나오는 모습인 반면, 포레스트 매니아의 로고는 파란색 배경의 중앙에 게임 캐릭터인 붉은색 여우가 크게 배치되어 있고 그 캐릭터의 뒤쪽에서 빛이 뿜어져 나오는 모습이어서 시각적으로 확연히 구별된다.

팜히어로사가의 로고에는 캐릭터들이 거의 비슷한 크기로 파란색 격자 속에 배치되어 바깥으로 나오려는 듯한 모습인 반면, 포레스트 매니아의 로고에는 붉은색 여우가 중앙에 크게 배치되어 있고 그 주위를 훨씬 작은 크기의 캐릭터들이 둘러싸고 있으며, 그 가운데 일부는 테두리 바깥으로 나오려는 듯한 모습이어서 그 구체적인 표현에 차이가 있다.

2) 시작 화면

팜히어로사가의 시작 화면에는 목에 붉은색과 흰색 무늬의 스카프를 매고 있는 갈색 눈동자의 개가 화면의 왼쪽에 배치되어 있는 반면, 포레스트 매니아의 시작 화면에는 입 부분이 하얗고, 푸른색 눈동자를 가진 회색 늑대가 날카로운 이빨을 드러내고 화면의 중앙 하단에 배치되어 있어 그 구체적인 표현에 차이가 있다.

3) 맵 화면

S자형 길 : 팜히어로사가는 굴곡 부분 후에 직선 부분이 화면과 평행하게 진행하고 직선과 직선 사이의 폭도 좁은 반면, 포레스트 매니아의 경우 굴곡 부분 후에 직선 부분이 화면의 대각선으로 진행하고 직선과 직선 사이의 폭도 상대적으로 넓다.

노드 : 팜히어로사가는 일반 레벨에서는 사과 모양을, 전투레벨에서는 너구리 모양을 하고 있는 반면, 포레스트 매니아는 일반 레벨에서는 별 모양을, 전투레벨에서는 원시인의 얼굴 모양을 하고 있어서 양자가 시각적으로 확연히 구별된다.

안내 바 : 남은 횟수를 하트 모양으로 표현한 부분은 유사성이 있으나, 하트는 생명 또는 심장을 나타내는 것으로서 게임에서 남은 횟수를 표현할 때 통상적으로 사용되는 모양에 해당하고, 그 외에 게임 화폐의 경우는 그 모양과 색깔이 서로 다르다.

게임 이용자가 마지막으로 도달한 레벨의 노드 주변에서 물결이 퍼져나가는 것이나 새로운 레벨의 노드 주위에서 하얀색 폭죽 효과가 나타나는 구체적인 표현에서도 팜히어로사가는 폭죽이 꽃잎 다섯 개인 꽃 모양으로 구성된 반면, 포레스트 매니아는 폭죽이 별 모양으로 구성되어 있어서 양자가 시각적으로도 확연히 구별된다.

4) 게임 가운데 화면

① 게임화면 목표 안내 바

팜히어로사가의 안내 바는 전체적인 형태가 사각형이고 바탕이 체크 무늬로 이루어져 있는 반면, 포레스트 매니아의 안내 바는 위아래 모서리가 울퉁불퉁한 형상이고 바탕색이 그라데이션으로 아래쪽으로 갈수록 색채가 짙어지고, 안내 바 속의 목표 캐릭터나 안내문도 다르며, 목표 캐릭터에 표시되는 숫자 역시 팜히어로사가는 목표 캐릭터 아래에 숫자가 표시되나, 포레스트 매니아의 경우 목표 캐릭터 왼쪽에 숫자가 표시되는 등 구체적인 표현 형태에 차이가 있다.

② 게임화면 상단 안내 바

팜히어로사가의 상단 안내 바는 바탕이 체크 무늬로 이루어져 있고 이동 가능 횟수 및 원형그래프, 성취도를 나타내는 별 모양이 모두 화면 왼쪽 상단에 위치한 반면, 포레스트 매니아의 상단 안내 바는 바탕색이 그라데이션으로 오른쪽으로 갈수록 색채가 짙어지며, 이동 가능 횟수만 화면 왼쪽 상단에 위치하고 원형그래프 및 별 모양은 화면 오른쪽 상단에 위치하고 있다.

체크 표시의 경우에도 팜히어로사가의 경우 연두색 동그라미 속에 초록색 체크가 표시되는 반면 포레스트 매니아의 경우 동그라미 없이 초록색 체크만이 표시되는 등 구체적인 표현에 차이가 있다.

③ 게임화면 하단 안내 바

팜히어로사가의 안내 바는 상단 모서리가 울퉁불퉁한 형상인 반면, 포레스트 매니아의 안내 바는 전체적인 형태가 사각형이고 바탕색이 그라데이션으로 오른쪽으로 갈수록 색채가 짙어진다.

팜히어로사가의 부스터는 주황색, 파랑색 녹색, 보라색이고 그 모양은 삽, 트랙터, 동물 등인 반면, 포레스트 매니아의 부스터는 녹색, 파랑색, 보라색, 빨강색이고 그 모양은 집게, 구름, 폭죽 등이어서 그 외관에 시각적인 차이가 분명하다.

5) 특수 규칙 관련 화면

팜히어로사가와 포레스트 매니아의 특수 규칙 관련 화면의 경우 일부 비슷한 점이 있으나, 특수 규칙의 표현 방법이 제한되어 있거나 그 구체적인 표현 방법 또는 시각적인 외관이 전혀 다르다.

6) 게임 종료 후 화면

팜히어로사가의 게임 종료 후 화면은 노란색 별 3개를 연두색 띠로 연결한 반면, 포레스트 매니아의 게임 종료 후 화면은 붉은색, 보라색, 푸른색의 별 3개를 무지개 빛깔의 아치형 띠로 연결하여 그 외관에 시각적인 차이가 분명하다.

팜히어로사가의 게임 종료 후 화면은 노란색 계통의 바탕 위에 별들을 표시하고 있는 반면, 포레스트 매니아의 종료 후 화면은 숲 속에서 붉은색 여우가 꽃다발을 안고 있고 그 위에 별들을 표시하고 있어 그 표현 방법에 차이가 있다.

7) 정 리

팜히어로사가와 포레스트 매니아의 화면 구성 및 디자인 역시 실질적으로 비슷하다고 볼 수 없다.

■ 팜히어로사가와 포레스트 매니아의 보드 구성 등

게임 보드의 구성이 비슷하다 해도 목표 타일 수 및 이동 횟수 등으로 그 난이도를 달리할 수 있는데, A회사가 문제 삼는 팜히어로사가와 포레스트 매니아의 보드는 목표 타일수, 특수 칸의 위치 등에서 일부 차이가 있다. 따라서 비록 팜히어로사가와 포레스트 매니아의 게임 보드 구성이 일부 비슷하다고 하더라도 그것만으로 팜히어로사가와 포레스트 매니아가 실질적으로 비슷하다고 볼 수 없다.

또한 팜히어로사가와 포레스트 매니아의 전체 레벨이 동일한 것으로 보이지 않고, A회사의 주장에 의하더라도 동일한 게임규칙이 도입되는 레벨 역시 완전히 일치하는 것도 아니므로, A회사가 주장하는 사정만으로 팜히어로사가와 포레스트 매니아가 실질적으로 비슷하다고 볼 수 없다.

8) 소 결

팜히어로사가와 포레스트 매니아에 일부 비슷한 게임규칙 등이 있다 해도 게임규칙은 저작권의 보호대상에 해당하지 않고, 이를 제외한 나머지 부분의 경우 포레스트 매니아는 게임 캐릭터 등을 원고 게임과 다르게 표현함으로써 그 표현 형식에 상당한 차이가 있으므로 팜히어로사가와 포레스트 매니아는 실질적으로 비슷하다고 볼 수 없다.

평 석

팜히어로사가와 포레스트 매니아에서 비슷하게 보이는 부분 가운데 아이디어에 해당하거나 종래의 게임규칙 등과 동일 또는 사소한 변경만 한 것, 게임의 내재적 한계로 인해 그렇게 밖에 생각할 수 없는 방법(표현), 통상적인 방법(표현) 등 창작성이 없는 부분들은 제외하고, 팜히어로사가의 독창적인 표현 부분과 포레스트 매니아의 표현 부분을 비교해 보았을 때, 2심 법원은 포레스트 매니아가 팜히어로사가와 실질적으로 비슷하지는 않다고 판단함으로써, B회사의 저작권 침해를 인정하지 않았다.

이 사건은 현재 대법원에 계류 중인데, 이는 앞으로의 게임 저작권 사건의 바로미터가 될 것으로 예상되기 때문에, 이 사건에 관해 대법원이 과연 어떤 판결을 내릴지 그 귀추가 주목된다.

(2) 〈붐버맨〉 vs 〈크레이지 아케이드 비엔비〉 사건[78]

앞서 살펴본 내용과 중복되는 부분은 생략하였다.

 법원의 판단

■ 붐버맨 게임의 보호 받는 표현과 비엔비 게임의 표현과의 비교

1) 플레이필드 및 맵과 블록의 구성과 형태

① 아이스 맵

붐버맨 게임의 눈사람과 달리 비엔비 게임의 눈사람은 목도리를 하고 있고, 얼굴에 코가 있다는 점, 붐버맨 게임의 눈사람은 소프트블록인 눈덩이와 같은 크기인 반면, 비엔비 게임의 눈사람은 소프트블록인 얼음덩이보다 크다는 점, 붐버맨 게임의 눈덩이는 원기둥 형태인 반면, 비엔비 게임의 얼음덩이는 사각기둥 형태인 점, 붐버맨 게임은 이글루가 반구(半球) 형태인 반면, 비엔비 게임은 사각기둥 형태인 점, 이글루의 위치가 확연히 구별된다는 점에서 큰 차이가 있고, 전체적인 느낌과 미감도 전혀 다르므로 두 게임은 실질적으로 비슷하다고 볼 수 없다.

---

78) 서울중앙지방법원 2007. 1. 17. 선고 2005가합65093(본소), 2006가합 54557(반소) 판결

② 콘베이어 벨트가 등장하는 맵

비엔비 게임에는 야자나무와 바위 형태의 하드블록이 주를 이룬다는 점, 상자의 색상과 무늬가 쉽게 구별된다는 점, 붐버맨 게임은 콘베이어 벨트의 색상이 짙은 노란색이고 비엔비 게임은 회색인 점에서 큰 차이가 있고, 전체적인 느낌과 미감도 전혀 다르다. 게임 맵의 크기가 매스 기준 13×11, 15×13로 크지 않아 선택의 여지가 크지 않기 때문에 콘베이어 벨트가 바깥 둘레에서 3번째 매스의 같은 위치에 있다는 것만으로는 실질적으로 비슷하다고 보기 어렵다.

③ 빌리지 맵

집들의 구체적인 배치와 방향, 창문 형태, 굴뚝 등에서 차이가 있고, 비엔비 게임은 레고블록을 모방한 주황, 빨강의 블록을 많이 사용하고 있어 전체적인 느낌과 미감에서 차이가 있으므로 실질적으로 비슷하다고 보기 어렵다.

④ 전체적인 블록의 형태

붐버맨 게임은 주로 2차원 그래픽으로서 원통형의 블록들이 주를 이루고 공간에 여유가 있는 반면, 비엔비 게임은 3차원 그래픽으로서 정확히 한 매스를 가득 채우는 정육면체의 블록들이어서 서로 다른 느낌을 준다.

2) 캐릭터의 형태

헬멧과 벨트의 구체적인 모양, 캐릭터의 묘사에서도 차이가 있으므로, 위와 같은 유사점만으로는 각 캐릭터의 창작적 표현이 실질적으로 비슷하다고 보기 어렵다.

3) 폭탄 및 화염의 형태

구체적인 색채나 모양에 큰 차이가 있으며, 폭탄과 물풍선이 캐릭터가 있는 자리에 설치되는 구체적인 표현도 구별되고, 폭탄이 수축, 팽창하는 경우의 전체적인 미감도 확연히 구별된다. 또한 폭탄이 폭발하여 화염이 십자 형태로 미치는 표현과 물풍선이 터져 물줄기가 십자 형태로 미치는 표현, 각 연쇄반응으로 터지는 표현은 그 색채 및 형태는 물론 느낌과 미감에서 확연한 차이가 있다.

4) 아이템의 형태

① 캐릭터의 이동속도가 빨라지는 아이템

색채, 형태에서 구체적인 표현이 뚜렷이 구별되고, 비엔비 게임의 롤러스케이트는 귀엽고 아기자기한 느낌이 강조되는 등 전체적인 미감에도 차이가 있다. 붐버맨 게임의 신발 아이템은 구두, 비엔비 게임은 운동화 형태이고, 붐버맨 게임의 글러브 아이템은 야구 장갑, 비엔비 게임은 권투장갑이며, 신발로 폭탄이나 물풍선을 찼을 때의 구체적인 표현도 다르다.

② 캐릭터가 점멸하면서 캐릭터의 조작에 이상이 생기는 아이템
구체적인 형태와 색채는 구별되므로 실질적 유사성을 인정
하기 어렵다.

③ 비행물체를 탈 수 있는 아이템과 동물을 탈 수 있는 아이템
구체적인 표현이 확연히 구별되므로 실질적으로 비슷하다고
볼 수 없다.

④ 아이템들이 모두 공중에 떠있고 그림자가 생기는 것
구체적인 표현은 서로 구별되므로 실질적으로 비슷하다고
보기 어렵다.

⑤ 캐릭터가 동물에 뛰어오르듯이 타며, 화염 또는 물줄기에 맞으면
동물은 사라지고 캐릭터는 공중으로 뛰어 오른 후 다시 플레이필드
에 내려오는 표현
구체적인 영상은 확연히 구별되므로 비슷하다고 볼 수 없다.

5) 소 결

붐버맨 게임과 비엔비 게임은 그 보호 받는 표현이 실질적으
로 비슷하지 아니하므로, 비엔비 게임은 붐버맨 게임의 저작
권을 침해하지 않는다고 할 것이다.

평석 ▬▬▬▬▬▬▬▬▬▬▬▬▬▬▬▬▬▬▬▬▬▬▬▬▬

이 사건은 게임 저작권 사건에서 구체적으로 게임의 내재적 표현의 한계를 지적한 최초의 사건이라고 할 수 있다. 일반적으로 게임은 다른 저작물과는 달리 일정한 화면 내에서 표현해야만 하는 한계성을 가지고 있기 때문에 표현 방법이나 표현 그 자체에 선택의 여지가 많지 않다.

따라서 법원은 게임규칙 등 저작권법상 보호 받을 수 없는 아이디어와 표현 방법의 한계로 인해 비슷하게 보이는 것들을 제외한 나머지 저작권법상 보호 받을 수 있는 붐버맨 게임의 표현들과 비엔비 게임의 표현을 비교하였고, 그 결과 양 게임은 실질적으로 비슷하지 않다는 결론을 내렸다.

14
게임의 공정이용
(게임방송과 게임 저작권 침해와의 관계)

1 들어가며

타인의 저작물의 전부 또는 일부를 저작권자의 허락 없이
이용하면, 원칙적으로는 저작권자의 저작권을 침해하는 것
이 된다. 그러나 일정한 경우에는 저작권 침해가 되지 않는
경우가 있는데, 이를 '공정이용' 이라고 한다.

저작권법이 저작권 등을 보호하는 궁극적인 이유는 문화 및
관련 산업의 향상을 도모하는 것이므로, 저작권 등은 저작
권자 등의 개인적 이익과 문화 및 관련 산업의 향상이라는
사회적 이익의 비교형량에 따라 제한될 수 있다. 저작권법은
이러한 비교형량을 구체화하여 '저작재산권의 제한' 이라는
제목 하에 공정이용에 관한 규정들을 명시하고 있다.

따라서 타인의 게임 전부 또는 일부를 허락 없이 이용하는
경우에는 공정이용 규정들 가운데 어느 것에 해당될 수 있
는지 주의 깊게 살펴볼 필요가 있다. 그러나 공정이용은 기

본적으로 저작권자 등의 권리를 제한하는 것이다 보니 실무에서는 공정이용이라는 이유로 저작권 침해가 부정되는 경우를 사실상 찾아보기가 어렵다.

공정이용에 관한 규정은 '공표된 저작물의 인용' 등 개별적·구체적 규정 16가지와 '저작물의 공정한 이용'이라는 일반적·보충적 규정으로 구성되어 있는데(저작권법 제23조 ~ 제35조의3), 여기에서는 게임 영상을 유튜브 등에 올려서 전송하는 행위가 '저작물의 공정한 이용'에 해당될 수 있는지에 관해 살펴보도록 하겠다.

2 게임 방송 등과 공정이용

(1) 저작물의 공정한 이용

정보통신 기술의 발달과 더불어 새로운 유형의 저작물 이용형태가 계속해서 등장함에 따라 기존의 개별적인 저작재산권 제한 규정만으로는 저작물 이용 행위 모두를 공정이용으로 포함시킬 수 없게 되었다. 이에 저작권법에서는 공정이용에 관한 일반적·보충적 규정으로 '저작물의 공정한 이용'에 관한 규정(저작권법 제35조의3)을 신설하였다. 이는 개별적인 공정이용에 관한 규정을 적용할 수 없는 이용 행위에 대하여도 일정한 요건을 갖춘 경우에 이를 공정이용으로 인정하기 위한 포괄적 공정이용 조항이다.

위 '저작물의 공정한 이용'에 관한 저작권법 제35조의3에 서는 저작물의 통상적인 이용 방법과 충돌하지 않고 저작권 자의 정당한 이익을 부당하게 해치지 않는 경우에는 저작물 을 이용할 수 있고, 이를 판단하기 위해서는 ① 이용의 목적 및 성격, ② 저작물의 종류 및 용도, ③ 이용된 부분이 저작 물 전체에서 차지하는 비중과 그 중요성 및 ④ 저작물의 이 용이 그 저작물의 현재 시장 또는 가치나 잠재적인 시장 또 는 가치에 미치는 영향 등을 고려하도록 규정하고 있다.

(2) 게임 저작권자의 허락 없는 게임 방송 등과 공정이용

최근 BJ(Broadcasting Jockey) 등에 의한 실시간 게임 방송이 나 녹화 영상이 특정 사이트나 유튜브 등에 게재되고 있는 데, 타인의 게임을 그대로 이용한 실시간 게임 방송 또는 녹 화 영상을 유튜브 등에 올리는 행위(이하 '게임 방송 등'이라고 함) 는 해당 게임 저작권자의 저작권 침해라는 문제가 발생할 수 있다. 게임 방송 등은 게임 저작권자의 복제권과 공중송 신권(전송권)을 침해하는 것이 될 수 있고, 그 게임 영상이 원 저작물인 게임의 2차적저작물에 해당한다면 게임 저작권자 의 2차적저작물작성권을 침해하는 것이 될 수 있다.

종류야 어쨌든 간에 분명히 게임 저작권자의 저작권을 침해 할 소지가 있는 게임 방송 등의 경우를 저작권 침해로 볼 것 인지 아니면 저작권법상 공정이용으로 보아 저작권 침해로 보지 않을 수 있는지가 논란이 된다.

이하에서는 위와 같은 게임 방송 등이 저작권법상 공정이용의 일반적·보충적 규정인 '저작물의 공정한 이용'에 해당될 수 있는지에 관해 살펴보도록 하겠다. 다만, 이러한 문제와 관련해서는 아직 법원의 판례가 없는 관계로 이하의 내용은 필자의 개인적인 사견임을 미리 밝혀둔다.

1) 이용의 목적 및 성격

게임 방송 등을 하면, 보통 광고수익 등 경제적인 이익이 뒤따르는 경우가 많다. 때문에 그 이용 목적에 직접적이든 간접적이든 영리적인 측면이 있다고 할 수 있다. 그러나 어떤 행위든 일정 정도의 영리성은 존재할 수 있는 것이므로 영리적인 목적이 있다고 해서 무조건 공정이용에 해당하지 않는 것은 아니다. 즉, 저작물의 공정이용에 해당하기 위해서는 그 이용이 반드시 비영리적인 이용이어야만 하는 것은 아니고, 영리적인 목적을 위한 이용이라도 그 이용이 생산적인 성격을 가진다면 공정이용에 해당될 여지는 있다. 다만, 영리적인 목적을 위한 이용이 비영리적인 목적을 위한 이용의 경우에 비하여 공정이용이 허용되는 범위가 상당히 좁아질 뿐이다.

이러한 점에서 볼 때 위와 같은 게임 방송 등은 게임문화를 한층 더 향상시키는데 일조하고 있다고 할 수 있고, 더욱이 해당 게임을 홍보하는 효과도 있기 때문에 생산적인 성격으로서의 이용이 어느 정도는 존재한다고 할 수 있다.

따라서 게임 방송 등을 통해 경제적인 이익을 얻는 것에 대해서는 이를 부인할 수는 없는 일이지만, 그로 인한 생산적인 효과 또한 무시할 수 없기 때문에 저작물의 공정이용의 고려 요소들 가운데 '이용 목적 및 성격'의 측면에서 볼 때, 게임 방송 등이 저작권 침해에 가까운지 아니면 공정이용에 가까운지는 명확히 결론내리기 어렵다 할 것이다.

2) 저작물의 종류 및 용도

게임 방송 등에서 이용되는 게임은 저작권법상으로는 영상저작물에 해당하고, 그 용도는 온라인상에서 유저들이 직접 게임을 즐기도록 하는데 있다. 따라서 게임 방송 등은 게임의 본래적 의미의 용도라고 보기는 어렵다 할 것이다.

다만, 최근에는 사람들이 인터넷 등 온라인상에서 서로의 의사와 감정을 소통하는 일이 점점 늘어나면서, '다중'이라는 새로운 형태의 커뮤니티 문화가 형성되어 가고 있고, 이러한 변화는 누군가에 의해 주도되는 것이 아니라 시대적 요구에 따른 자연스런 현상이라고 할 수 있다. 이제 온라인상에서 '게임을 즐긴다'는 것은 자신이 직접 게임을 하는 것은 물론이고, 다른 사람들이 게임하는 것을 보면서 게임 공략법 등을 배우고 그 게이머의 생각과 감정을 함께 나누는 것까지도 포함하는 개념이 되었다. 따라서 현대 사회에서 게임은 그 이용형태와는 무관하게 '게임을 즐기는 것 자체'에 있는 것이므로, 사람들이 다른 사람들의 게임을 보고 듣고 느끼는 것도 이제는 게임이 가지는 또 다른 중요한 역할이라고 할 수 있다.

그렇다고 하더라도, 게임은 원래 이용자가 직접 그것을 하도록 하기 위한 용도로 만들어지는 것이기 때문에, 게임 방송 등을 게임의 본래적 용도라고 볼 수는 없고, 게임 방송 등이 게임의 통상적인 이용방법과 충돌한다고 보기도 어렵다. 따라서 저작물의 공정이용의 고려 요소들 가운데 '저작물의 종류 및 용도'의 측면에서, 게임 방송 등은 저작권 침해보다는 공정이용에 보다 더 가깝다고 할 수 있을 것이다.

3) 이용된 부분이 저작물 전체에서 차지하는 비중과 그 중요성

게임 방송 등에서 이용되는 게임 영상은 게이머의 조작에 따라 제각각 달라지긴 하지만, 그것도 어차피 그 게임 내에 있는 원래 영상들 가운데 일부이고, 그 게임이 갖는 본래적 용도를 실현하는 과정들의 결과물이기 때문에 그 게임 자체라고 할 수 있을 것이다.

게임 영상에는 원래 게임의 창작적인 표현 형식이 그대로 표현되어 있고 게임 전체에서 차지하는 양적·질적 비중이나 중요성이 상당하기 때문에 저작물의 공정이용의 고려 요소들 가운데 '이용된 부분이 저작물 전체에서 차지하는 비중과 그 중요성'의 측면에서 볼 때, 게임 방송 등은 공정이용보다는 저작권 침해에 가까운 것이라고 봄이 상당하다.

4) 저작물의 이용이 그 저작물의 현재 시장 또는 가치나 잠재적인 시장 또는 가치에 미치는 영향

일반적으로 시장논리상 게임 개발은 게임을 널리 알림으로써 최대한 많은 이용자들을 확보하고 이를 통해 기업의 이익을 극대화하는데 궁극적인 목적이 있다. 그리고 게임 시장에 영향을 미치는 요인으로는 경쟁 회사 등의 게임 출시, 온라인·모바일 등 게임의 이용 형태 및 이용자 성향의 변화와 게임의 인지도 확보 정도 등이 있다. 이 중에서도 가장 중요한 요인은 경쟁 게임의 출시로 인한 시장 대체성이라고 할 수 있다. 비록 최근에는 게임 방송 등이 게임을 즐기는 또 다른 방법이 되었지만, 이는 어디까지나 게임을 활용하는 유저들의 입장일 뿐, 게임 개발사 등은 그런 용도나 목적으로 게임을 개발하는 것은 아니기 때문에 게임 방송 등이 게임 시장에 어떤 영향을 미치는지는 별도 분석이 필요할 것이다.

그렇다고 하더라도, 현재까지는 게임 방송 등이 해당 게임과의 관계에서 경쟁관계에 있다고 볼 수는 없기 때문에 해당 게임의 가치를 침해하거나 그 수요를 대체한다고 보기 어렵고, 또한 그것이 해당 게임의 시장가치에 악영향을 미치거나 시장수요를 대체할 여지도 없으며, 오히려 해당 게임의 인지도를 높이는 방향으로 기여하고 있다고 볼 수 있다.

따라서 저작물의 공정이용의 고려 요소들 가운데 '저작물의 이용이 그 저작물의 현재 시장 또는 가치나 잠재적인 시

장 또는 가치에 미치는 영향'의 측면에서 볼 때, 게임 방송 등은 저작권 침해보다는 공정이용에 가깝다고 봄이 상당할 것이다.

5) 소 결

앞에서는 저작물의 공정이용 여부를 판단할 때 고려해야 하는 각 요소별로, 게임 방송 등이 게임 저작권 침해에 가까운지 아니면 공정이용에 가까운지를 개별적으로 판단해 보았다. 이 판단들을 단순히 정량적으로만 분석하면, 게임 방송 등이 공정이용에 가깝다고 판단되는 요소들이 좀 더 많기 때문에 저작권 침해에 해당하지 않는다고 판단할 수도 있을 것이다.

그러나 저작권법 제35조의3 제2항에서 규정하고 있는 고려 요소들은 저작물의 공정이용 해당 여부를 판단하기 위한 여러 요소들 가운데 주요한 것들만을 모아 분석한 것이기 때문에, 그 요소들 가운데 단순히 정량적인 측면에서 공정이용에 가까운 것이 많다고 하여 해당 저작물의 이용 행위가 공정이용에 해당한다고 단정할 수는 없다. 즉, 저작물의 공정이용 여부의 판단은 기본적으로 저작물의 이용 행위가 저작물의 통상적인 이용 방법과 충돌하지 않고 저작권자의 정당한 이익을 부당하게 해치지 않는지 여부에 달려 있는 것이므로, 결국 이를 위해서는 앞서 본 고려 요소들을 종합적으로 고려해서 판단할 필요가 있다.

다만, 이러한 고려 요소들 가운데 저작물의 시장수요 대체 또는 시장 경쟁관계 여부는 해당 저작권자 등의 경제적 이익에 직접적인 영향을 미치는 것인 만큼 공정이용 여부를 판단할 때 그것의 중요성과 비중은 상대적으로 크다고 할 수 있다.

이러한 점을 종합해 볼 때, 위 게임 방송 등이 비록 해당 게임 전체에서 차지하는 비중이나 중요성이 상당하다고 하더라도, 이는 시대의 변화에 따라 나타난 게임의 부수적인 이용형태에 불과할 뿐 원래 게임이 가지는 통상적인 이용방법이라고 볼 수는 없기 때문에, 게임 방송 등이 게임의 원래적 이용방법과 서로 충돌한다고 보기는 어렵고, 이러한 이유로 게임 방송 등이 해당 게임의 시장 수요를 대체하거나 시장 경쟁적 관계에 있다고 보기도 어렵다 할 것이다.

오히려 게임 방송 등은 해당 게임의 인지도를 높이는데 기여하고 있을 뿐만 아니라, 게임문화의 저변을 확대하는 측면에서도 중요한 역할을 하고 있는 만큼, 필자의 개인적인 의견으로는 게임 방송 등은 저작권 침해보다는 공정이용에 가깝다고 봄이 상당하다고 생각된다.

〔5〕
게임 저작권 침해와 손해배상

1 고의 또는 과실

저작권 침해에 따른 손해배상책임이 인정되기 위해서는 기존 저작물과 대비대상 저작물 사이에 실질적 유사성과 의거성이 인정되어야 하는 것은 물론이고, 침해자의 고의 또는 과실도 있어야만 한다. 고의 또는 과실에 대한 입증책임은 손해배상을 청구하는 측이 부담하는 것이 원칙이지만, 실무상 침해자의 주의 의무를 넓게 인정하여 그 입증의 어려움을 완화하고 있고, 저작권법에서도 등록된 저작권 등을 침해한 자는 그 침해 행위에 과실이 있는 것으로 추정하는 규정을 두고 있다(저작권법 제125조 제4항).

저작권법에는 저작재산권 침해죄에 관한 과실범 처벌규정을 별도로 두고 있지는 않기 때문에, 고의로 저작권을 침해한 경우만 형사처분 대상이 되고 과실로 침해한 경우에는 민사상 손해배상책임으로 그친다. 저작재산권 침해죄가 성립되기 위한 고의의 내용은 저작재산권을 침해하는 사실에 대한 인식이 있으면 충분하고, 미필적 고의로도 인정된다.[79]

〈바둑게임〉 사건[80)]

A는 바둑게임용 프로그램(이하 '이 사건 프로그램' 이라고 함)을 개발한 프로그램저작권자이고, B회사는 이 사건 프로그램을 기반으로 하여 국내 판매용으로 바둑게임을 제조·판매한 회사이다.

A는 C회사와 이 사건 프로그램에 관한 국내 독점생산·판매 권한을 부여하는 라이선스 계약을 체결하였다(원계약 및 추가계약).

C회사는 B회사와 이 사건 프로그램 소프트웨어 원본을 제공하고, B회사가 이 사건 프로그램의 국내 판매용 바둑게임을 제작·판매하기로 하는 내용의 독점판매권 부여 계약을 체결하였다(제1독점판매계약, 제2독점판매계약).

A는 B회사가 A로부터 명시적인 동의나 승낙을 얻은 사실이 없으므로, B회사를 상대로 이 사건 프로그램 저작권 침해를 이유로 한 손해배상 청구소송을 제기하였다.

■ B회사의 고의 또는 과실 여부(O)

 B회사의 주장

B회사의 행위가 이 사건 프로그램의 저작권을 침해하더라도, B회사에게는 저작권 침해에 관한 고의 또는 과실 등의 어떠한 귀책사유도 없으므로 손해배상책임을 지지 않는다.

---

79) 대법원 2005. 12. 23. 선고 2005도6403 판결 등
80) 서울지방법원 2001. 6. 8. 선고 2000가합20323 판결

C회사와 독점판매권 부여 계약을 체결할 당시, B회사는 이 사건 프로그램의 저작권자가 A임을 알았으면서도, A에게 이 사건 프로그램의 사용과 관련하여 문의를 하거나 동의를 구한 적이 없으므로, 이에 의하면 B회사의 이 사건 프로그램 저작권 침해 행위에 과실이 있다고 인정할 수 있다.

평 석

이 사건에서 B회사는 C회사가 A와 이 사건 프로그램에 관한 독점적인 생산·판매권을 부여받는 라이선스 계약을 체결했기 때문에 이러한 권한을 가진 C회사와 계약을 체결하여 이 사건 프로그램에 기반을 둔 바둑게임을 생산·판매한 것은 정당한 권원에 의한 것이므로 저작권 침해에 해당하지 않는다는 취지로 주장했다. 그러면서도 혹시 B회사의 행위가 A의 이 사건 프로그램 저작권을 침해하는 행위에 해당하더라도, B회사가 저작권 침해에 따른 손해배상책임을 부담하기 위해서는 그러한 저작권 침해에 관한 고의 또는 과실이 있어야 하는데 C회사와 정상적인 계약을 체결한 B회사에게는 어떠한 고의·과실이 없다고 주장했다.

이에 대해 법원은 B회사의 행위가 이 사건 프로그램 저작권을 침해하는 것은 물론이고 그 침해에 대해 과실이 있다는 이유로 A에게 손해배상책임이 있음을 인정하였다.

2 손해액의 산정

(1) 저작재산권 침해에 따른 손해액의 산정

저작권 침해가 명확하게 밝혀진 경우에도 그에 따른 손해액을 어떻게, 얼마로 산정할지는 생각만큼 쉽지 않다. 이에 저작권법에서는 저작권자 등의 손해액 입증의 곤란을 덜어주기 위해 손해액에 관한 추정규정(저작권법 제125조 제1항: 권리를 침해한 자가 그 침해 행위에 의하여 이익을 받은 때에는 그 이익액을 저작재산권자 등이 받은 손해액으로 추정한다는 규정) 등을 두고 있다.

첫째, 저작권 침해로 인해 침해자가 얻은 이익을 저작권자의 손해액으로 추정해서 청구할 수 있는 규정(저작권법 제125조 제1항)은, 저작권자가 저작권 침해로 인해 입은 소극적 손해 즉, 침해 행위가 없었더라면 얻을 수 있었을 이익의 상실액(시장 이익의 감소분)을 입증하는 것이 현실적으로 어렵기 때문에 침해자의 이익을 권리자의 손해액으로 추정하는 규정이다. 그러나 이러한 추정은 어떤 경우에나 무조건 적용되는 것은 아니고, 침해자의 판매 증대가 권리자의 판매 감소로 이어지는 시장 침해적 관계가 형성되어 있거나 형성될 여지가 있을 것을 전제로 하는 것이며, 만일 침해자가 저작권자와 침해자 이외에 경쟁관계에 있는 제3자가 있다는 사실, 침해자의 이익액이 피해자의 주장과 다르다는 사실, 침해자가 자신이 얻은 이익액이 권리 침해로 인하여 발생한 실제 손해액보다 많은 사실에 관하여 입증하면 위 추정은 번복될 수 있다.

둘째, 저작권자가 통상 자신의 저작물을 제3자에게 이용하도록 하는 등의 경우에 받을 수 있는 금액을 손해액으로 간주하여 그 금액을 청구할 수 있도록 하는 규정(저작권법 제125조 제2항)은, 저작권자가 침해 행위와 비슷한 형태의 저작물 이용계약을 맺고 이용료를 받은 사례가 있다면, 특별한 사정이 없는 한 그 이용계약에서 정해진 이용료를 저작권자가 그 권리의 행사로 통상 받을 수 있는 금액으로 보아 이를 기준으로 손해액을 산정할 수 있도록 한 규정이다.[81]

그러나 실무적으로는 침해자의 저작권 침해 수량 내지 침해 횟수 그리고 이를 통한 이익 산정에 있어서 저작권 침해 관련 부분의 불가결성, 중요성, 가격 비율, 양적 비율 등을 참작하여 정량적인 수치를 도출해내는 것은 매우 어려운 일인데다가 이를 입증하기 위한 관련 증거들이 모두 침해자의 지배 영역 내에 있으니 저작권자로서는 자료를 온전히 확보하는 것조차 불가능한 것이 현실이기 때문에 법원에서는 많은 경우 저작권법 제126조에 따라 손해액을 인정하고 있다.

그러나 법원에 의해 인정되는 손해액은 객관적인 자료가 아닌 법원의 재량에 의해 인정되는 금액이다 보니 그 손해액이 소액에 머무는 경우가 대부분이다. 이러한 이유로 저작권자 입장에서는 과다한 시간과 비용이 소요되고 엄격한 입증책임을 요구하는 민사소송보다는 절차적인 측면이나 합의 가

---

81) 대법원 2009. 5. 28. 선고 2007다354 판결

능성 등 여러 가지 면에서 용이하게 진행될 수 있는 형사고소를 택하는 경우가 일반적이다.

이에 저작권법에서는 보다 실효성 있는 민사적 해결방안으로 '법정손해배상의 청구'라는 규정을 신설하였다(저작권법 제125조의2). 손해액 산정과 관련된 엄격한 입증책임으로 인해 권리자가 저작권 침해에 따른 실손해액을 정확히 산정하기 어렵고 이를 입증하기 위한 증거 등을 제대로 확보할 수가 없다는 현실적인 문제점을 감안하여 권리자가 구체적인 손해액을 입증함이 없이도 법에서 미리 정한 일정한 금액의 범위 내에서 손해액을 청구할 수 있도록 하는 제도로, 저작재산권자 등이 실손해액 등에 갈음하여 저작물당 1천만 원(영리를 목적으로 고의로 침해한 경우에는 5천만 원) 이하의 범위에서 상당한 금액의 배상을 청구할 수 있도록 하고 있고(저작권법 제125조의2 제1항), 다만, 이러한 법정손해액을 청구하기 위해서는 침해 행위가 일어나기 전에 저작물 등이 등록되어 있을 것을 요건으로 하고 있다(저작권법 제125조의2 제3항).

그러나 우리 저작권법상의 법정손해배상 청구는 아직 시행된 지가 얼마 되지 않아 현재로서는 이와 관련된 법원의 판례가 충분히 축척되지 않은 상태이기 때문에, 실무적으로 그것이 어떻게 적용되고 얼마나 활용될 수 있을지는 앞으로 더 지켜볼 볼 필요가 있다.

(2) 저작인격권 침해에 따른 손해액의 산정

저작인격권은 공표권, 성명표시권 및 동일성유지권으로 구성되어 있고 각각의 침해에 대해 손해배상을 청구할 수 있다. 그러나 일반적으로 법원은 저작인격권을 구성하는 권리 침해에 대해서는 각각 판단하면서도 그 손해액은 저작인격권 전체에 대해서 일괄적으로 산정하고 있다. 보통 저작인격권 침해에 따른 손해액을 산정할 때, 법원은 침해자의 침해 행위의 방법과 기간, 침해 수량 및 종류, 저작권자와 침해자와의 관계, 무단 이용 범위, 저작권자의 경력과 저명도, 저작권자의 자존심 훼손의 정도, 침해자의 침해 행위의 상업적 의도, 기타 변론 전체의 취지를 통해 나타나는 다양한 사정 등을 종합적으로 고려한다.

(3) 관련 판례

지금까지 살펴본 바와 같이, 게임의 경우에는 관련 저작권 사건이 몇 안 되는데다가 프로그램저작물로서가 아니라 영상저작물로서의 게임의 규칙, 전개방식 등을 기반으로 한 시각적 표현들 간의 실질적 유사성이 인정되어 결과적으로 저작권 침해에 해당한다고 판결한 사례를 찾아 볼 수가 없기 때문에, 여기서는 비록 위와 같은 양 저작물 간의 실질적 유사성을 인정한 저작권 사건은 아니지만, 직·간접적으로 게임과 관련된 사건으로서 저작권 등의 침해에 따른 손해배상액이 인정된 사건에 대해 살펴보도록 하겠다.

1) 〈파이널판타지7 어드벤트 칠드런〉 vs 〈유혹의 소나타〉 사건

앞서 본 바와 같이, 이 사건은 게임 스토리를 기반으로 하여 만든 영상저작물과 뮤직비디오 상호간의 저작권 침해 여부가 문제된 사안이었다(195쪽 참고). 에피소드나 스토리까지 더해진 게임들 사이의 저작권 침해 여부는 게임의 규칙이나 전개방식 등 게임의 기본원리와 결합된 시각적·청각적 표현뿐만 아니라 극저작물에 해당하는 게임 시나리오의 내용도 함께 고려해서 판단해야 하는 것이기 때문에, 이 사건 뮤직비디오가 이 사건 영상저작물의 줄거리, 배경, 등장인물 등을 모방하여 저작권 침해가 인정된 위 사건에서 과연 법원이 손해배상액을 어떻게 산정했는지 알아보는 것은 나름 의미 있는 일이라 생각된다.

■ **저작재산권 침해로 인한 손해배상액**

① **저작권법 제125조 제1항에 기초한 손해배상**(침해자가 얻은 이익 상당의 손해액)(X)

 A회사의 주장

B회사 및 C(이하 'B회사 등' 이라고 함)는 뮤직비디오를 제작·방송하여 아이비의 2집 음반에 수록된 대표곡인 '유혹의 소나타' 를 홍보하였고, 이로 인한 음반과 음원의 판매량의 증가로 B회사는 더 많은 이익을 얻었다. 또 B회사 등은 뮤직비

디오를 제작·방송함으로써 활동을 중단하고 있던 아이비란 가수 자체를 홍보하였고, 이에 아이비가 방송 출연, 광고 출연 등을 할 수 있게 되어 아이비의 활동으로 인한 수익을 얻었다.

따라서 저작권법 제125조 제1항에 따라 B회사 등의 저작재산권의 침해로 인한 A회사의 손해액을 산정함에 있어 B회사가 뮤직비디오의 판매 등으로 얻은 이익이 아닌 아이비의 활동으로 얻은 이익 및 노래 유혹의 소나타가 수록된 음반과 노래 '유혹의 소나타'의 판매 등으로 발생한 이익을 기준으로 A회사의 손해액을 계산해야 한다.

 법원의 판단

B회사 등 뮤직비디오가 음반(유혹의 소나타가 수록된 음반)과 노래(유혹의 소나타)의 판매 및 아이비의 방송 출연 등으로 B회사가 얻은 이익에 일부 기여하였다고 하더라도, 음반·노래의 판매와 가수의 활동으로 얻은 이익 전부가 위 뮤직비디오 제작·방송으로 인한 것이라고 인정할 증거는 없다.

따라서 A회사는 이 사건 영상물에 대한 A회사의 저작재산권을 침해한 B회사 등에 대해 복제물인 뮤직비디오의 판매와 전송 등으로 얻은 이익을 손해액으로 구할 수 있을 뿐인데, 이를 인정할 증거가 없다.

② 저작권법 제125조 제2항에 기초한 손해배상(저작재산권의 행사로 통상 받을 수 있는 금액에 상당하는 손해액)(X)

 A회사의 주장

A회사가 일본에서 이 사건 영상물의 2차적 저작물 작성을 허락하는 경우에 통상 받을 수 있는 사용료는 1초당 627,446엔 정도이고, B회사 등의 뮤직비디오가 약 250초 정도의 길이이므로 대한민국과 일본과의 통상적인 사용료의 차이를 감안해도 6억 원 이상의 사용료를 받을 수 있을 것이므로 B회사 등의 저작재산권 침해 행위로 인해 A회사가 입은 재산상 손해액은 이를 기준으로 계산해야 한다.

 법원의 판단

A회사의 취지는, A회사의 자회사인 C회사는 D회사와 사이에 체결한 계약 내용에 따라 파이널 판타지 저작물의 사용료와 제작비를 합하여 1초당 약 3,690,860엔(110,725,810엔/30초)을 받았고, A회사와 국내 회사인 S회사와 사이에 체결한 국내 판매계약의 내용에 따르면, 우리나라에서의 저작물 사용료율(저작물의 사용료가 판매비에서 차지하는 비율)이 약 17%(5만 원/550엔~850엔)정도이므로 A회사가 일본에서 이 사건 영상물의 2차적저작물 작성을 허락하는 경우에 통상 받을 수 있는 사용료는 1초당 627,446엔(3,690,860엔 × 17%)정도라는 것이다.

그러나 C회사와 D회사 사이에 체결된 계약에서의 TV 광고물 제작비에는 광고에 사용할 노래에 대한 사용료도 포함되어 있고, '파이널 판타지 7'뿐만 아니라 '파이널판타지' 8, 9'를 사용하는 대가도 포함되어 있다고 보이며, A회사가 S회사로부터 받는 로열티는 영상물이 아닌 게임의 판매로부터 얻는 사용료이고, 저작물의 사용료율(저작물의 사용료가 판매가에서 차지하는 비율)이 광고물의 제작에 있어 제작비에서 저작물 사용료가 차지하는 비율과 같다고 볼 수도 없다.

따라서 A회사가 주장하는 금액을 A회사가 이 사건 영상물 사용 허락으로 통상적으로 받는 사용료라고 보기 어렵다.

③ **저작권법 제126조에 기초한 손해배상**(법원의 재량에 의한 손해액)(O)

앞서 본 바와 같이 이 사건에서 B회사 등의 이 사건 영상물에 대한 저작재산권 침해에 따른 손해액을 저작권법 제125조 제1항, 제2항에 의해 산정하는 것은 적절하지 않다. 따라서 저작권법 제126조에 따라 법원이 변론의 전 취지 및 증거조사의 결과를 참작하여 손해액을 인정함이 상당하다.

이 사건 영상물 가운데 B회사 등이 무단 이용한 범위와 정도, B회사 등의 저작권 침해 행위의 태양, 침해 정도, 침해 기간, B회사 등이 얻은 이익과 그 이익에 뮤직비디오가 기여한 정도, A회사가 이 사건 영상물과 비슷한 컴퓨터 게임인 '파이널 판타지 7'과 파이널 판타지 시리즈의 판매와 사용 허락으로 인해 얻을 수 있는 이익, 이 사건 영상물이 국내에서 알려진 정도, 그 밖에 이 사건 변론에 나타난 모든 사정을 고려하면, 그 재산적 손해액은 2억 5,000만 원으로 정함이 상당하다.

평석

이 사건에서 B회사 등의 저작권 침해에 따른 A회사의 손해액을 산정함에 있어, 법원은 먼저 이 사건 저작권 침해 행위로 인해 B회사 등이 얻은 이익을 A회사의 손해로 추정하는 것과 관련해서는, 이 경우 B회사의 이익이라고 할 수 있는 것은 음반 및 노래 판매 등으로 인한 이익이 아니라 뮤직비디오 자체의 판매 등과 관련된 이익이라고 할 수 있는데 이에 대해서는 A회사가 이를 입증할만한 증거를 제출하지 않아 이에 따라서 손해액을 산정할 수는 없다고 판단하였다.

다음으로 A회사가 이 사건 영상저작물을 기초로 하는 뮤직비디오 등 2차적저작물 제작을 허락할 때 통상 받을 수 있는 금액을 A회사의 손해로 보는 것과 관련하여, 법원은 이와 관련된 A회사의 손해액 산정방식은 이 사건에서는 적합하지 않기 때문에 이에 따라서 손해액을 산정할 수 없다고 판단하였다.

그래서 법원은 결국 여러 사정들을 종합적으로 고려하여 저작권법 제126조에 따라 이 사건 손해액을 인정하였다.

2) 〈바둑게임〉 사건

이 사건은 게임 관련 저작권 사건이긴 하지만, 영상저작물로서의 게임이 아닌 프로그램저작물로서의 게임에 관한 저작권 침해 사건이었다(270쪽 참고). 저작권 침해가 어떤 모습으로 이루어지든 그에 따른 손해액과 그 산정방식은 거의 비슷하기 때문에 이 사건에서 법원이 저작권 침해에 따른 손해액을 어떻게 산정했는지 알아보도록 하겠다.

■ 손해배상의 범위

원계약과 추가계약에 의하면, C회사는 이 사건 프로그램의 사용료로서 A에게 국내 판매액의 6%에 해당하는 금액을 지급하는 것으로 정하되, 우선 A에게 정액으로 계약금 미화 15,000달러를 지급하고, 위 비율에 의하여 계산한 사용료의 총액이 15,000달러를 초과하는 경우에는 그 초과액을 A에게 추가로 지급하기로 하였다. 이에 따라 C회사는 원계약에 따라 이 사건 프로그램 1996 버전의 사용료로 A에게 15,000달러를 지급하였고, 그 이후 추가사용료로 1,034달러를 지급하여 총 16,034달러를 지급하였다.

그러나 C회사는 추가계약에 따른 계약금이나 추가사용료는 더 이상 지급하지 않았고, B회사의 이 사건 프로그램 1996 버전 판매가격총액은 금 602,000,000원 상당(실제로는 할인하여 금 421,400,000원), 1997 버전 판매가격총액은 금 304,920,000원

상당(실제로는 할인하여 금 213,440,000원)이며, B회사는 C회사와의 독점판매권 부여 계약에 따라 이 사건 프로그램 1996 버전의 사용료로 C회사에게 금 141,945,455원을 지급하였다.

A가 이 사건 프로그램에 관한 프로그램저작권의 행사로 통상 얻을 수 있는 금액이 이 사건 프로그램의 판매가격총액에 6%의 비율을 곱하여 산출된 사용료 상당액과 미화 15,000달러 가운데 더 많은 금액이라면, 1996 버전에 관한 통상사용료는 금 36,120,000원(602,000,000 × 0.06)이고, 1997 버전에 관한 통상사용료는 금 19,320,000원(판매가격총액의 6%에 해당하는 금 18,295,200원은 원화로 환산한 미화 15,000달러에 미치지 못하므로, 미화 15,000달러를 통상사용료로 하기로 하고, 1997버전 판매는 C회사와 B회사 사이에 체결된 제2 독점판매계약 이후부터 현재까지 계속되고 있으므로, 이 사건 변론 종결 당시의 환율을 적용하여 원화로 환산한 금액)이다.

따라서 B회사의 이 사건 프로그램 저작권 침해 행위로 인해 A가 입은 손해액은 금 55,440,000원(36,120,000 + 19,320,000)이 됨은 계산상 명백하다.

한편, 실제 국내에서 이 사건 프로그램을 판매한 것은 C회사가 아니라 B회사인 점, B회사는 C회사에게 제1 독점판매계약의 내용에 따라 1996 버전의 판매가격총액에 일정한 비율을 곱하여 산정한 사용료 금 141,945,455원을 지급한 점, C회사는 다시 원계약의 내용에 따라 위 1996 버전에 대한 C회사의 판매가격총액을 기준으로 하여 산정한 사용료 미화

16,034달러를 A에게 지급한 점에 비추어 보면, A는 이 사건 프로그램 1996 버전에 관하여 B회사의 프로그램 저작권 침해 행위, 즉 국내 판매행위로 인하여 발생한 이익을 C회사로부터 사용료의 형태로 지급받아 취득하였다고 할 것이므로, 손익상계의 법리에 따라 A가 C회사로부터 지급받은 미화 16,034달러는 위 손해액에서 공제하는 것이 타당하고, 이를 원화로 환산하면 금 14,478,702원(이 사건 프로그램 1996버전의 판매 행위는 B회사가 C회사와 제2 독점판매계약을 체결하여 이 사건 프로그램 1997버전을 판매하기 시작한 시점에 종료되었다고 봄이 상당하므로, 그 당시의 환율을 적용하여 원화로 환산한 금액)이 되므로, 결국 B회사가 A에게 손해배상으로 지급하여야 할 금액은 금 40,961,298원(55,440,000 – 14,478,702)이다.

평 석

이 사건에서 법원은 A가 그 권리의 행사로 통상 얻을 수 있는 금액에 상당하는 금액을 손해액으로 보아 이에 따라 A의 손해액을 산정했다. A와 C회사 사이에 체결한 원계약 및 추가계약에 의하면 A회사는 이 사건 프로그램의 국내 판매액의 6%를 C회사로부터 지급받기로 했기 때문에, 이 금액이 A가 이 사건 프로그램의 권리 행사로 통상 얻을 수 있는 금액이라고 할 수 있다. 따라서 A는 이 금액에서 그동안 C회사로부터 받은 금액을 제외한 나머지 금액에 대해서만 손해를 입은 셈이 된다.

먼저 A가 통상 얻을 수 있는 금액은 55,440,000원(1996버
전에 관한 통상사용료는 금 36,120,000원이고, 1997버전에 관한 통상사용료
는 금 19,320,000원)이고, A가 C회사로부터 지급받은 금액은
14,478,702원이다. 따라서 A가 손해배상으로 지급 받을 수
있는 금액은 위 금 55,440,000원에서 금 14,478,702원을 공제
한 40,961,298원이 되는 것이다.

3) 〈팜히어로사가 vs 포레스트 매니아〉 사건

이 사건의 1심 법원은 B회사의 행위가 A회사의 〈팜히어로사
가〉에 대한 저작권 침해에는 해당하지 않지만, 부정경쟁방
지법 제2조 제1호 (차)목에 의한 부정경쟁행위에는 해당한다
고 판단하여 B회사에게 이에 대한 손해배상책임을 물었다.
그러나 2심 법원은 B회사의 행위는 저작권 침해에도 해당하
지 않는 것은 물론이고 부정경쟁행위에도 해당하지 않는다
고 하여 B회사에게 어떠한 손해배상책임도 물리지 않았다.
현재 이 사건은 대법원에 계류 중이다.

이 사건은 2심 법원에서 B회사의 손해배상책임을 인정하지
는 않았지만, 게임의 경우는 실제 저작권 사례가 몇 안 되는
데다가, 영상저작물로서의 게임들 간에 실질적 유사성이 인
정되어 저작권 침해가 인정된 경우가 없어서 손해액 산정에
관한 실례를 찾기가 어렵기 때문에, 여기서는 B회사의 부정
경쟁행위를 인정한 이 사건 1심 법원이 그 손해액을 어떻게
산정했는지에 대해 간략히 알아보도록 하겠다.

■ 손해배상의 범위

부정경쟁방지법 제14조의2 제1항 본문은 '부정경쟁행위로 영업상의 이익을 침해당한 자가 손해배상을 청구하는 경우 영업상의 이익을 침해한 자가 부정경쟁행위를 하게 한 물건을 양도하였을 때에는 그 수량에 영업상 이익을 침해당한 자의 단위수량당 이익액을 곱한 금액을 영업상의 이익을 침해당한 자의 손해액으로 할 수 있다'라고 정하고 있고, 같은 조 제2항은 '부정경쟁행위로 영업상의 이익을 침해당한 자가 손해배상을 청구하는 경우 영업상의 이익을 침해한 자가 그 침해 행위에 의하여 이익을 받은 것이 있으면 그 이익액을 영업상의 이익을 침해당한 자의 손해액으로 추정한다'라고 정하고 있다.

① 부정경쟁방지법 제14조의2 제1항에 따른 손해액 산정(X)

C회사가 A회사의 지주회사인 것은 사실이지만, C회사는 A회사와 별개의 법인이라 할 것이므로 부정경쟁방지법 제14조의2 제1항에 따라 A회사의 손해액을 산정함에 있어 C회사의 이익률을 곧바로 A회사의 이익률이라고 볼 수는 없을 뿐만 아니라, 이익률 산정의 근거가 되는 이익이 팜히어로사로 인한 이익에 한정되는 것인지조차 불분명하다. 따라서 부정경쟁방지법 제14조의2 제1항을 근거로 A회사의 손해액을 산정할 수는 없다.

② 부정경쟁방지법 제14조의2 제2항에 따른 손해액 산정(O)

문제가 되는 기간 동안 포레스트 매니아에 한정된 B회사의 영업이익(그 기간 동안의 매출액 – 포레스트 매니아와 관련하여 소요된 판매비 및 관리비의 합계)을 앞서 살펴본 부정경쟁방지법 제14조의2 제2항에 따른 A회사의 손해액으로 추정할 수 있다.

평 석

A회사는 부정경쟁방지법 제14조의2 제1항에 따른 손해액을 'B회사의 매출액 × A회사의 지주회사인 C회사의 평균 이익률'로 산정하였으나, 법원은 아무리 C회사가 A회사의 지주회사라고 하더라도 A회사와 동일시 할 수는 없다고 하며 평균 이익률을 곱할 때 A회사의 평균이익률을 곱해야 한다는 이유로 위와 같은 A회사의 산정방식은 타당하지 않다고 판단했다.

그래서 법원은 부정경쟁방지법 제14조의2 제2항에 따른 손해액으로 부정경쟁행위가 문제되는 기간 동안의 B회사의 영업이익을 그대로 A회사의 손해액으로 산정하였다.

PART

07

성명·초상권과
퍼블리시티권

개 요

연예인이나 스포츠 스타 등 유명인들의 초상이나 성명 등이 제품광고 등 영리목적으로 무단 이용되는 경우를 종종 볼 수 있다. 게임에서도 유명인의 성명 등을 무단으로 사용하는 경우가 있는데, 만일 그 사용에 대해 유명인의 동의가 없다면, 게임 개발사 등은 그 유명인의 퍼블리시티권 및 성명·초상권 침해에 관한 법적 분쟁에 휘말릴 수 있다.

한편, 퍼블리시티권이나 초상·성명권 등은 저작권과는 달리 그 무단 이용을 처벌하는 형사 법률이 따로 없기 때문에 순수한 민사 문제로 해결될 수밖에 없다. 그런데도 일반인들은 퍼블리시티권 등의 침해가 형사처분의 대상이 되는 것으로 오인하는 경우가 흔한데, 이번 기회에 정확히 알아두자.

초상·성명권 등 인격권에 기초를 둔 권리는 일반인들을 포함한 모든 인격적 주체가 누릴 수 있는 권리인데 반해, 재산권적인 권리인 퍼블리시티권은 대개 유명인들이 가지는 권리이다. 따라서 이하에서는 성명·초상 등과 관련하여 인격권적인 권리와 재산권적인 권리 모두를 가질 수 있는 유명인들을 중심으로 살펴보도록 하겠다.

12

성명·초상권 등

1 의의

헌법 제10조는 '모든 국민은 인간으로서의 존엄과 가치를 가지며, 행복을 추구할 권리를 가진다. 국가는 개인이 가지는 불가침의 기본적 인권을 확인하고 이를 보장할 의무를 진다'라고 규정하여 인간의 본질이며 고유한 가치인 개인의 인격권과 행복추구권을 보장하고 있다.[82] 일반적으로 인격권이라 함은 권리주체와 분리될 수 없는 인격적 이익, 즉 생명, 신체, 건강, 명예, 정조, 성명, 초상, 사생활의 비밀과 자유 등의 향유를 내용으로 하는 권리를 말한다. 사람의 성명, 초상 등은 한 개인의 인격적 상징이므로 개인은 성명, 초상 등을 함부로 이용당하지 않을 권리를 가진다.

헌법상의 기본권은 1차적으로 개인의 자유로운 영역을 공권력의 침해로부터 보호하기 위한 방어적 권리이지만 다른 한편으로 헌법의 기본적인 결단인 객관적인 가치 질서를 구체

---

82) 헌법재판소 1990. 9. 10. 선고 89헌마82 전원재판부 결정

화한 것으로서, 사법을 포함한 모든 법 영역에 그 영향을 미치는 것이므로 개인 사이의 법률관계도 헌법상의 기본권 규정에 적합하게 규율되어야 한다. 다만 기본권 규정은 그 성질상 사법관계에 직접 적용될 수 있는 예외적인 것을 제외하고는 사법상의 일반원칙을 규정한 민법 제2조, 제103조, 제750조, 제751조 등의 내용을 형성하고 그 해석 기준이 되어 간접적으로 사법관계에 효력을 미치게 된다.[83]

일반적 인격권을 정하고 있는 헌법상 기본권 규정 역시 민법의 일반규정 등을 통하여 사법상 인격적 법익의 보장이라는 형태로 구체화될 것이므로 개인의 허락이나 동의 없이 제3자에 의하여 성명을 이용당한 것이 그 개인의 인격적 법익을 침해하는 것으로 평가된다면 위법성이 인정된다고 볼 것이고, 그 개인은 위와 같은 인격적 법익을 침해하여 정신적 고통을 가한 자에 대하여 위자료 청구권을 가진다.[84]

2 유명인의 성명·초상권 침해에 관하여

일반인이 아닌 연예인 등 유명인들의 경우는 위와 같은 일반 이론이 다소 수정될 필요가 있다. 연예인 등의 직업을 선택한 사람은 직업의 특성상 자신의 성명과 초상이 대중 앞에 공개되는 것을 포괄적으로 허락한 것이므로 인격적 이익의

---

83) 대법원 2010. 4. 22. 선고 2008다38288 전원합의체 판결
84) 수원지방법원 성남지원 2014. 1. 22. 선고 2013가합201390 판결

보호 범위가 일반인에 비하여 제한되는 것이다. 그러므로 연예인 등이 자기의 성명과 초상이 권한 없이 사용됨으로써 정신적 고통을 입었다는 이유로 손해배상을 청구하기 위해서는 그 사용 방법, 태양, 목적 등이 연예인 등에 대한 평가, 명성, 인상을 훼손·저하시키는 경우이거나, 상품선전 등에 이용됨으로써 정신적 고통을 입었다고 인정될 만한 특별한 사정이 존재해야 한다.[85]

이와 같이 성명·초상 등에 고객흡인력을 가지는 사람은 사회적 이목을 집중시키는 사람으로서 그 성명·초상 등이 시사보도, 논설, 창작물 등에 사용되는 경우에 그 사용은 정당한 표현 행위 등에 해당하기 때문에 이해하고 받아들여야 할 때도 있다. 그러나 유명인들이라고 하더라도 그들의 성명·초상 등 그 자체를 독립하여 감상의 대상이 되는 상품 등으로 사용하거나, 상품 등을 차별화를 할 목적으로 성명·초상 등을 상품에 붙이거나, 상품의 광고에 사용하는 등 성명·초상 등이 가지고 있는 고객흡인력을 이용할 목적으로 한다고 말할 수 있는 경우에 인격권을 침해하는 것으로 볼 수 있다.[86]

---

85) 서울서부지방법원 2014. 7. 24. 선고 2013가합32048 판결 등
86) 서울중앙지방법원 2013. 10. 1. 선고 2013가합509239 판결

「3」
퍼블리시티권

1 의의 및 보호의 필요성

퍼블리시티권(Right of PuBlicity)은 사람의 초상, 성명 등 그 사람 자체를 가리키는 것(identity)을 광고, 상품 등에 상업적으로 이용하여 경제적 이득을 얻을 수 있는 권리를 말한다.

고유의 명성, 사회적 평가, 지명도 등을 획득한 배우, 가수, 운동선수 등 유명인의 성명이나 초상 등이 상품에 부착되거나 서비스업에 이용되는 경우 판매촉진이나 영업활동이 촉진되는 효과가 있는데, 이러한 유명인의 성명, 초상 등이 갖는 고객흡인력은 그 자체가 경제적 이익 내지 가치로 취급되어 상업적으로 거래되고 있으므로, 성명권, 초상권 등 일신에 전속하는 인격권이나 종래의 저작권, 부정경쟁방지법의 법리만으로는 이를 설명하거나 충분히 보호하기 어렵다.

우리나라에서도 연예, 스포츠 산업 및 광고 산업의 급격한 발달로 유명인의 성명이나 초상 등을 광고에 이용하는 것에 따른 분쟁이 적지 않게 일어나고 있으므로 이를 규율하기 위하여, 성명이나 초상, 성명 등이 갖는 재산적 가치를 독점적, 배타적으로 지배하는 권리인 퍼블리시티권이라는 새로운 권리 개념을 인정할 필요성은 충분히 수긍할 수 있다.[87]

다만, 유명인에 대한 프라이버시권의 제약이 일반적으로 용인되던 상황에서 유명인의 경제적 가치를 보호할 필요성에 의하여 인정된 퍼블리시티권의 인정 경위와 성문법주의를 취하는 우리나라에서 아직까지 퍼블리시티권에 관한 실정법이나 확립된 관습법이 존재하지 않는다는 점에 비추어, 퍼블리시티권은 무제한적으로 인정되는 절대적인 권리가 아니라 공공의 이익 또는 다른 사람들의 이에 상충하는 권리들에 의한 한계가 내재되어 있는 상대적 권리일 뿐이다.

따라서 퍼블리시티권 침해 인정에는 표현의 자유(상업적 광고 표현 또한 표현의 자유의 보호를 받는 대상이 됨[88])와 영업의 자유 등의 보장을 위하여 일정한 한계 설정이 필요하다. 유명인의 성명, 초상 등을 허락 없이 인격적 동일성을 인식할 수 있도록 상업적으로 이용하되 광고, 게임 속 캐릭터의 사용 등과 같이 유명인의 성명, 초상 등의 경제적 가치 즉, 유명인의 대중에 대한 호의관계 내지 흡입력이 직접 그 사용자의 영업수익으로 전환되었다고 볼 수 있을 정도로 이용하였다고 인정되어야 퍼블리시티권의 침해를 인정할 수 있을 것이며, 이와 달

---

87) 서울서부지방법원 2014. 7. 24. 선고 2013가합32048 판결 등
88) 헌법재판소 2000. 3. 30.자 99헌마143 결정 등

리 유명인의 성명, 초상 등을 이용한 상품 내지 서비스를 제공하면서 그 내용에 있어서 유명인의 인격적 동일성 범위 내의 요소가 아닌 그 외적 요소만을 사용하고, 그 표현에 있어서도 상품 내지 서비스의 설명을 위한 필요 최소한도에 그쳐 유명인의 성명, 초상 등의 경제적 가치가 직접 그 사용자의 영업수익으로 전환되었다고 볼 수 없는 경우에는 퍼블리시티권의 침해가 인정될 수 없다.

2 최근 퍼블리시티권을 부정하는 판례의 경향

민법 제185조는 '물권은 법률 또는 관습법에 의하는 외에는 임의로 창설하지 못한다'라고 규정하여 물권법정주의를 선언하고 있고, 물권법의 강행법규성은 이를 중핵으로 하고 있으므로, 법률(성문법과 관습법)이 인정하지 않는 새로운 종류의 물권을 창설하는 것은 허용되지 않는다. 그런데 재산권으로서의 퍼블리시티권은 성문법과 관습법 어디에도 근거가 없다. 따라서 법률, 조약 등 실정법이나 확립된 관습법 등의 근거 없이 필요성이 있다는 사정만으로 물권과 비슷한 독점배타적 재산권인 퍼블리시티권을 인정하기는 어렵고, 퍼블리시티권의 성립요건, 양도·상속성, 보호 대상과 존속기간, 침해가 있는 경우의 구제수단 등을 구체적으로 규정하는 법률적인 근거가 마련되어야만 비로소 퍼블리시티권을 인정할 수 있다.[89]

---

89) 서울서부지방법원 2014. 7. 24. 선고 2013가합32048 판결 등

14

관련 판례

야구게임에 프로야구선수들의 성명·초상 등의 인적 정보를 무단 이용하여 초상권 및 퍼블리시티권 침해가 문제된 사례를 살펴보자.

〈프로야구 선수 성명 등 무단 사용〉 사건[90]

A법인은 은퇴선수협의회 운영과 수입사업 대행 등의 사업을 목적으로 설립되어, 이 사건 소를 제기한 전직프로야구선수들(이하 '이 사건 선수들'이라 함)을 포함한 전직 프로야구선수들로 구성된 사단법인이고, B회사는 2007년경부터 2009년까지 이 사건 선수들 및 A법인의 허락 없이 이 사건 선수들의 성명 등을 이용한 인터넷 야구 게임(이하 '이 사건 게임'이라 함)을 운영하고 있다.

A법인은 B회사의 이 사건 게임 운영으로 인해 이 사건 선수들의 성명권 및 퍼블리시티권이 침해되었으므로, B회사는 이 사건 선수들의 성명권 등 사용을 포괄 위임 받거나 B회사에 대한 손해배상청구권을 양도받은 A법인에게 2007년부터 2009년까지의 기간 동안의 손해를 배상할 의무가 있다고 주장하면서, B회사를 상대로 손해배상청구 소송을 제기하였다.

■ 이 사건 선수들의 성명권 및 퍼블리시티권 침해 여부(O)

① 이 사건 선수들의 성명·초상 등에 대하여 형성된 경제적 가치가 이미 게임업계(CJ 마구마구, 프로야구매니저, 와인드업 등)에서 널리 인정되고 있는 점, ② 이 사건 게임은 실제 선수의 성명과 인적사항을 반영한 캐릭터를 사용하여 팀을 구성하는 점, ③ 이용자들에게 이 사건 선수들의 성명을 이용한 캐릭터가 이 사건 선수들을 지칭하는 것으로 쉽게 인식되고 있는 점, ④ 이용자들은 팀 생성 시, 선수선발 시, 매 게임 선발관리 시 선수명단에서 특정 선수를 선택할 수 있고, 게임 머니로 선수선발권을 획득하여 선수를 영입할 수 있는 점, ⑤ 이 사건 게임에서는 야구선수별로 게임 수행능력에 차이가 있는데, 이는 특정 야구선수의 특정 시즌의 실제 기록과 선수개인별 평가가 해당 선수의 능력으로 반영되기 때문인 점, ⑥ 이용자의 노력이나 능력뿐만 아니라 실제 선수의 성과도 이용자가 운영하는 팀의 성적에 영향을 미치는 점 등을 고려하면, 이 사건 선수들의 성명 등 인적사항이 갖는 고객흡입력은 이 사건 게임의 매출에 중요한 요소가 되었다고 할 것이므로, B회사가 2007년부터 2009년까지 이 사건 선수들 및 A법인의 동의 없이 이 사건 게임에 이 사건 선수들의 성명 기타 인적사항을 상업적으로 사용한 것은 이 사건 선수들의 퍼블리시티권 및 성명권을 침해한 행위이다.

---

90) 서울동부지방법원 2011. 2. 16. 선고 2010가합8226 판결

이 사건에서 법원은 B회사가 이 사건 선수들의 성명 등을 이 사건 게임에 이용하는 행위는 상업적 이용에 해당하고, 이는 공공의 관심이나 이익과 관련된 것이 아니기 때문에 이 사건 선수들의 성명권 및 퍼블리시티권을 침해한 것이라는 이유로 B회사는 A법인에게 손해를 배상할 책임이 있다고 판결하였다.

그 후 이 사건의 2심 법원에서는 A법인과 B회사 사이의 합의에 따라 A법인이 소송을 취하하면서 이 사건은 이렇게 일단락되었다.

그러나 앞서 본 바와 같이 현재 퍼블리시티권에 관한 법원 판례의 경향에 따르면, 재산적 권리에 해당하는 퍼블리시티권은 그 침해가 인정되지 않을 여지가 높다고 할 수 있다. 다만, 초상권 및 성명권은 인격적 권리에 해당하기 때문에 이에 대해서는 구체적·개별적 사안에 따라 그 침해가 인정될 수는 있을 것이다.

· · ·

이 사건 이후 A법인은 이 사건의 원고들이 아닌 다른 프로야구선수들의 성명권 및 퍼블리시티권 침해를 이유로 하여 또 다시 B회사를 상대로 손해배상청구 소송을 제기하였는데, 이 사건에서도 법원은 일부 손해배상청구권과 일부 이미

합의된 부분을 제외한 나머지에 대해서는 앞선 사건과 마찬가지로 성명권 및 퍼블리시티권 침해를 인정하여 B회사가 A법인에게 손해를 배상하도록 판결하였다.[91]

한편, 이 사건들 이전에도 프로야구선수들이 야구게임에 자신들의 성명 등 인적 정보가 무단으로 사용됨으로써 자신들의 성명권 및 퍼블리시티권 침해를 이유로 해당 야구게임 운영회사를 상대로 하여 성명사용금지가처분을 신청한 사건이 있었는데, 이에 대해서도 법원은 프로야구선수들의 주장을 받아들여 가처분 신청을 인용한 사건이 있었다.[92]

그런데 그 후 해당 야구게임 운영회사는 그 야구게임에 프로야구선수들의 성명을 영문 이니셜로 변경하여 사용하였고, 이에 대해 또 다시 프로야구선수들이 해당 야구게임 운영회사를 상대로 영문이니셜 등 사용금지가처분을 신청한 사안에서, 법원은 이 또한 프로야구선수들의 퍼블리시티권을 침해하는 행위라고 판단하여 프로야구선수들의 가처분 신청을 인용하기도 했다.[93]

---

91) 서울동부지방법원 2016. 4. 27. 선고 2013가합18880 판결
92) 서울남부지방법원 2009. 12. 17.자 2009카합1108 결정
93) 서울서부지방법원 2010. 4. 21.자 2010카합245 결정

기타 게임
관련 사건

11
사설서버 운영자의
게임산업법 위반 여부

현재 다수의 온라인 게임회사가 불법 사설서버 또는 불법 위·변조 프로그램 등으로 금전적 손실은 물론 저작권까지도 침해받고 있으며 이용자 역시 위·변조된 게임으로 직·간접적 피해를 입고 있다. 프리서버 또는 사설서버로 불리는 불법 사설서버는 게임 운영회사가 구축한 서버에 여러 게이머들이 접속프로그램을 통해 서버에 접속하여 게임을 즐기는 정상적인 온라인 게임과는 달리 아무런 권한 없이 사용자를 모집하여 정식 게임과 동일·비슷한 게임을 할 수 있도록 구축해 놓은 서버를 의미한다. 특히 대규모로 운영되는 불법 사설서버는 유료로 운영되거나 거기에서 게임머니나 아이템이 판매[94]되고 있기 때문에, 이로 인한 게임업체들의 매출 감소는 물론이고 기준 연령 미달 청소년들이 불법 사설서버에 접속해서 게임을 하게 되는 문제까지 발생하고 있다.[95]

---

[94] 사설서버에 접속하는 게이머들은 무료로 게임을 즐기려는 목적보다는 짧은 시간동안 레벨업을 통해 게임 속 가상현실에서 최고가 되는 게 주된 목표이기 때문에, 서버가 언제 초기화 되든 상관하지 않고 아이템 거래가 이루어지고 있는 것이 현실이다.

[95] 게임산업진흥에 관한 법률 일부개정법률안 검토보고(2016. 11.), 교육문화체육관광위원회 전문위원 박용수(의안번호 : 1562)

그런데도 대법원은 불법 사설서버에 대해 저작권법 위반은 인정하면서도, 게임산업진흥에 관한 법률(이하 '게임산업법'이라고 함) 제32조 제1항 제8호[96] 위반에는 해당하지 않는다고 판결함으로써, 불법 사설서버에 관한 직접적인 규제입법의 결여가 그대로 노출되었다.

<사설서버> 사건[97]

A는 B회사의 인터넷 온라인 게임의 클라이언트 서버 프로그램을 개작한 클라이언트 서버 프로그램을 다운받은 후 A가 운영하는 프리서버에 접속하게 할 목적으로 인터넷 사이트에 위 개작한 클라이언트 프로그램을 게재하여 전송·배포하였다.

위 개작된 클라이언트 프로그램은 B회사가 운영하는 인터넷 온라인 게임의 정상서버에 접속하는 것을 막고 A가 운영하는 불법 프리서버에 접속할 수 있도록 개작된 것이다.

이에 A는 B회사가 제공 또는 승인하지 않은 컴퓨터프로그램을 배포하였다는 이유로 게임산업법 제32조 제1항 제8호 위반 및 저작권법 위반으로 기소되었다.

---

96) 제32조 (불법게임물 등의 유통금지 등)
① 누구든지 게임물의 유통질서를 저해하는 다음 각 호의 행위를 하여서는 아니 된다. 다만, 제4호의 경우 「사행행위 등 규제 및 처벌특례법」에 따라 사행행위영업을 하는 자를 제외한다.
8. 게임물의 정상적인 운영을 방해할 목적으로 게임물 관련사업자가 제공 또는 승인하지 아니한 컴퓨터프로그램이나 기기 또는 장치를 배포하거나 배포할 목적으로 제작하는 행위
97) 대법원 2013. 10. 24. 선고 2013도5800 판결

■ 저작권법 제136조 제1항 위반 여부(O)

■ 게임산업법 제32조 제1항 제8호 위반 여부(X)

① 게임 이용자들은 인터넷 사이트에서 개작된 클라이언트 프로그램을 직접 내려 받아 A가 운영하는 프리서버에 접속하는 점, ② 만약 게임 이용자들이 B회사가 제공하는 게임을 이용하려면 B회사의 사이트에서 제공하는 클라이언트 프로그램을 별도로 내려 받아 B회사가 운영하는 온라인 게임의 정상서버에 접속하면 되는 점(즉, A의 프리서버와 B회사의 정상서버는 상호 독립적으로 운영되어 각각 게임서비스가 제공되고, 어느 서버에서 게임을 할 것인지는 게임 이용자들의 선택에 달려있으며, 개작된 클라이언트 프로그램 자체가 위 온라인 게임의 정상서버에 접속하는 것을 막는 것은 아니다), ③ A의 클라이언트 프로그램과 B회사의 클라이언트 프로그램은 서로 충돌을 일으키지 않는데다가, 게임 이용자가 A의 클라이언트 프로그램을 통해 A의 프리서버에 접속하여 게임을 하더라도 B회사의 정상서버에서 제공하는 게임물의 내용 자체에 아무런 영향이 없고, 정상서버에 접속한 게임 이용자들도 문제없이 게임물을 이용할 수 있는 점 등에 비추어 보면, A가 게임 내용 자체에 부정적인 영향을 줄 목적으로 게임물 관련사업자가 승인하지 않은 클라이언트 프로그램을 배포하였다고 단정하기는 어렵다.

불법 사설서버가 문제된 이 사건에서 법원은 A의 클라이언트 프로그램이 B회사의 정상서버에서 제공하는 게임 내용에 아무런 영향도 미치지 않는 등에 비추어, A의 클라이언트 프로그램으로 인해 B회사 게임의 정상적인 운영이 방해되는 것은 아니라는 이유로 A의 행위는 게임산업법 제32조 제1항 제8호에 해당하지 않는다고 판단했다. 다만, 법원은 A에 대해 저작권법 위반은 인정했다.

· · ·

이에 게임물의 유통질서와 게임산업 진흥 및 건전한 게임문화 확립을 위해 불법 사설서버 운영에 대한 보다 직접적인 규제를 위해 게임 관련사업자가 제공 또는 승인하지 않은 게임을 제작, 배급, 제공 또는 알선하는 행위 및 이와 같은 불법행위를 할 목적으로 컴퓨터프로그램이나 기기 또는 장치를 제작 또는 유통하는 행위를 금지하는 게임산업법 제32조 제1항 제9호 및 제10호가 신설되었고, 그에 관한 벌칙 규정인 동법 제44조 제1항 제2호도 함께 개정되었다.

2

만화의 게임화 계약

만화를 기반으로 한 게임들의 등장과 그 성공사례로 인해 만화에 관한 저작권 등을 가진 권리자들과 게임개발사 사이에 게임개발에 관한 계약을 체결하는 경우가 늘어나고 있다. 그러나 게임개발에는 상당한 시간과 비용이 소요되다보니 게임개발 도중에 하게 되는 여러 가지 테스트 결과 해당 게임과 관련하여 얻게 될 수익성이 부족하다고 판단이 되면 어쩔 수 없이 게임개발을 중단해야만 하는 경우도 있다. 이러한 경우 게임개발사에게 계약위반의 책임을 물을 수 있을지가 문제된 사건이 있었다.

<h1 align="center">〈마법천자문〉 사건[98]</h1>

A회사는 C회사와 사이에 A회사가 B회사로부터 스토리 만화 '마법천자문'의 등장 캐릭터 및 제호를 포함한 지적재산권 일체를 사용하여 특정 온라인 게임을 생산·판매할 수 있는 독점적 권리를 부여받는 내용의 '마법천자문 온라인 게임 라이선스 계약(이하 'C회사와의 계약'이라고 함)을 체결하였다.

그 후 A회사는 B회사와 사이에 마법천자문 온라인 게임(이하 '이 사건 게임'이라고 함) 개발 계약(이하 '이 사건 계약'이라고 함)을 체결하였다.

B회사는 이 사건 게임을 개발하다가 내부 직원들을 상대로 시연을 하였고, 미리 참가 신청을 한 일반인들을 대상으로 이 사건 게임을 실행해 보는 '프리미엄 체험행사'를 개최하기도 했다.

그러나 B회사는 상당한 자금을 투자하여 이 사건 게임을 개발하였지만 여러 가지 테스트를 한 결과 수익성이 부족하다는 판단 하에 개발을 중단하기로 하였으며 이에 따라 A회사에게 이 사건 계약을 종료하고자 한다는 내용의 통지를 하였다.

이에 A회사는, B회사는 이 사건 계약에 따라 이 사건 게임을 개발하고 이를 상용화하여 그 서비스로 발생한 수익을 A회사에게 배분할 의무가 있음에도 이를 이행하지 않음으로써 이 사건 게임의 상용화로 인한 상당한 매출 기회를 상실케 한 손해 및 이 사건 계약에 따른 수익배분에 상응하는 손해를 입혔다고 주장하면서, B회사를 상대로 손해배상청구 소송을 제기하였다.

---

98) 서울고등법원 2014. 11. 11. 선고 2013가합540155 판결

■ B회사가 A회사에게 손해를 배상할 의무가 있는지 여부(X)

① 이 사건 계약은 B회사가 A회사에게 대가를 지급하고 이 사건 게임의 개발을 위한 라이선스를 취득하는 것을 내용을 할 뿐, 그 라이선스를 활용하여 어떠한 성과물을 완성할 것까지 내용으로 한다고 보이지 않는다.

② 이 사건 계약 어디에도 B회사가 이 사건 게임의 개발을 반드시 완료하여야 한다는 내용은 찾아 볼 수 없고, 게임개발의 기한도 정해져 있지 않는 등에 비추어 볼 때, A회사로서도 이 사건 계약을 체결할 당시 B회사에게 이 사건 게임의 완성의무를 부담시키지는 않을 의사였다고 보인다.

③ B회사가 이 사건 게임개발에 따른 손실을 전부 부담하고 성과의 대부분을 향유하는 점에 비추어 보면, B회사는 이 사건 계약에 따라 스스로의 책임과 권한으로 이 사건 게임을 개발할 지위에 있었다고 보는 것이 거래관념과 경험칙에 부합한다.

④ B회사가 A회사에게 예상되는 게임 완성 시기를 말했다 해도, B회사에게 이 사건 게임을 개발할 의무가 없는 이상, 그것이 이 사건 게임을 그 기한까지 완성하여 A회사에게 제공하겠다는 의무를 부담하는 의사표시라고 보기는 어렵다.

⑤ A회사는 B회사가 구조조정을 실시하는 과정에서 부당하게 이 사건 게임의 개발을 중단하였다고 주장하나, B회사는 '프리미엄 체험행사'를 통하여 이 사건 게임의 수익성이 높지 않다고 판단하여 이 사건 게임의 개발을 중단한 것으로 보인다.

⑥ 이 사건 계약에 따른 B회사의 수익배분의무는 이 사건 게임이 완성되어 상용화됨으로써 B회사가 이로 인해 수익을 취득하는 경우에 한하여 발생한다고 해석되는데, B회사는 이 사건 게임이 개발되지 않아서 이로 인한 수익을 취득하지 못하였으므로, A회사에게 수익을 배분할 의무가 발생하지 않는다.

평석

이 사건에서 법원은 이 사건 계약의 내용을 합리적으로 해석한 결과, B회사가 이 사건 게임개발과 관련된 모든 책임과 권한을 가지고 있기 때문에, B회사가 내부적으로 이 사건 게임의 수익성이 부족하다는 판단 하에 이 사건 게임개발을 중단한 것은 이 사건 계약을 위반한 것이 아니라고 판단하였다.

비록 이 사건에서는 B회사가 게임개발을 중단했음에도 불구하고 계약위반의 책임을 부담하지는 않았지만, 이는 이 사건 계약의 내용이 그러했기 때문일 뿐, 계약 내용에 따라 전혀 다른 결과가 발생할 수도 있는 것이다. 그러므로 게임개발에 관한 계약을 체결할 때 게임개발사는 향후 예상 가능한 모든 상황들을 고려하여 계약위반 행위로 인한 손해배상책임이 발생하지 않도록 신중을 기하여 계약서를 작성할 필요가 있을 것이다.

〔3〕
온라인 게임 중 비방글 게재와
정보통신망법 위반 여부

온라인 게임을 하다보면 서로 감정이 격해지면서 욕설을 하거나 상대방의 명예를 훼손할만한 글을 채팅방에 올리는 경우가 있다. 대부분은 게임 운영자에게 신고해서 해결하지만, 심한 경우에는 형사적인 문제로 비화되기도 한다. 이럴 때 적용되는 법률 규정이 바로 '정보통신망 이용촉진 및 정보보호 등에 관한 법률' (이하 '정보통신망법'이라고 함) 제70조이다.

정보통신망법 제70조(벌칙)

① 사람을 비방할 목적으로 정보통신망을 통하여 공공연하게 사실을 드러내어 다른 사람의 명예를 훼손한 자는 3년 이하의 징역 또는 3천만원 이하의 벌금에 처한다.
② 사람을 비방할 목적으로 정보통신망을 통하여 공공연하게 거짓의 사실을 드러내어 다른 사람의 명예를 훼손한 자는 7년 이하의 징역, 10년 이하의 자격정지 또는 5천만원 이하의 벌금에 처한다.
③ 제1항과 제2항의 죄는 피해자가 구체적으로 밝힌 의사에 반하여 공소를 제기할 수 없다.

온라인 게임 도중에 상대방을 비방할 목적으로 불특정 다수인이 볼 수 있는 채팅방에 사실에 관한 글을 올려서 명예를 훼손하는 경우에는 위 제70조 제1항에 의해 처벌받고, 사실이 아닌 거짓에 관한 글을 올려서 명예를 훼손하는 경우에는 위 제70조 제2항에 의해 처벌받게 된다. 다만, 이는 반의사불벌죄(상대방이 처벌을 원하지 않을 때에는 검사가 공소제기를 할 수 없는 죄)에 해당하기 때문에 당사자 간의 합의로 종결될 가능성이 높아서 의도적으로 상대방을 자극하여 욕설 등 명예훼손적인 글을 채팅방에 올리게 만든 다음 이를 미끼로 합의금 장사를 하는 경우도 있으므로 각별한 주의를 요한다.

현대에는 인터넷이라는 사이버 공간을 통하여 사람들 사이의 접촉이 광범위하게 이루어지고 있는 만큼 그 공간에서 이루어지는 대화나 표현도 사회의 건강성을 해치지 않아야 하고 타인의 권익을 부당하게 간섭하거나 침해하지 않는 절제와 규범이 있어야 한다. 따라서 깨끗한 게임 환경을 만들고 건전한 e스포츠로서의 게임의 위상을 지켜나가기 위해서는 게이머들 스스로도 달라져야 하겠고, 게임 운영자들 또한 욕설, 비방 등에 대해 보다 엄격한 제재 기준을 마련할 필요가 있을 것으로 생각된다. 그러나 사이버 공간에서 글을 게시하는 것도 헌법상 보장된 표현의 자유에 의한 보호의 대상에 당연히 포함되는 것이므로, 게시한 글에 대한 형사적 제재에 관한 규정은 엄격하게 제한적으로 해석·적용해야 하고, 그로써 인터넷이라는 사이버 공간에서의 의사표현이 지나친 제약을 받지 않도록 유의할 필요가 있다.[99]

〈온라인 게임 중 명예훼손〉 사건[100]

온라인 게임 상에서 닉네임 '촉'을 사용하는 B와 감정이 좋지 않았던 A는 B를 비방할 목적으로 그 게임에 접속하여 게임을 하는 불특정 다수인이 볼 수 있는 채팅방에 '촉, 뻐꺼, 대머리'라는 내용의 글을 올려 정보통신망을 통하여 공공연하게 거짓의 사실을 드러내어 B의 명예를 훼손하였다는 이유로 기소되었다.

■ A가 정보통신망법 제70조 제2항을 위반한 것인지 여부

 2심 법원의 판단(X)

보통 사람들이 '대머리'라는 표현을 들었을 때 부정적인 의미로 받아들일 여지가 없지 않아서, 이를 두고 사회적 가치 평가를 저하시키는 표현이 아니라고 할 수 없다. 또한 A가 B를 '대머리'로 지칭한 것은 단순한 가치 판단이나 평가를 내용으로 하는 의견 진술이 아니라 사실을 드러낸 것으로, 사이버 공간에서 상대방을 '대머리'로 지칭할 경우 당사자가 실제로는 대머리가 아님에도 대머리인 것으로 오인될 소지가 있어 거짓의 사실을 드러내었다고 볼 수 있으므로, 이는 정보통신망법 제70조 제2항을 위반한 행위에 해당한다.

---

99) 대법원 2011. 10. 27. 선고 2011도9033 판결
100) 대법원 2011. 10. 27. 선고 2011도9033 판결, 대법원 2012. 4. 13. 선고 2012도901 판결

A는 온라인 게임을 하다가 게임 접속자들 모두가 볼 수 있는 채팅창에 B가 A에게 먼저 욕설을 했기 때문에 화가 나서 그 채팅창에 '촉, 뻐꺼, 대머리' 라는 글(이하 '이 사건 표현'이라 함)을 올리게 된 것이라고 경찰에서 주장하였다.

이 사건 표현 가운데 '촉' 은 B가 온라인 게임을 이용하면서 사용하는 닉네임이고, '뻐꺼' 는 A가 평소 직장동료들과 사이에 '대머리' 를 지칭하는 의미로 사용해 온 은어일 뿐이고 일반적으로 통용되는 표현도 아닌 것으로 보인다. A는 이 사건 전에 인터넷을 온라인 게임에 접속하여 '촉' 이라는 닉네임을 사용하는 B와 게임을 한 적은 있으나, B를 직접 대면하는 등으로 B의 외모에 대하여 알고 있는 바가 없었다.

명예훼손죄가 성립하기 위한 '거짓' 은 개인의 주관적 감정이나 정서를 떠나서 객관적으로 볼 때 상대방의 사회적 가치나 평가를 저하시키는 내용에 해당하는 것으로 평가될 수 있어야 함은 물론, 그 표현을 하게 된 상황과 앞뒤 맥락에 비추어 그 표현 자체로 '구체적 사실' 을 드러낸 것이라고 이해될 수 있어야만 할 것이다.

그런데 이 사건 표현 가운데 문제가 되는 '뻐꺼' 나 '대머리' 라는 표현은, 그 표현을 하게 된 경위와 의도, A와 B는 직접 대면하거나 사진이나 영상을 통해서라도 상대방의 모습을 본 적이 없이 단지 인터넷이라는 사이버 공간의 게임 상대방으로서 닉네임으로만 접촉하였을 뿐인 점 등에 비추어 볼 때, A가 B에 대한 경멸적 감정을 표현하여 모욕을 주기 위하여 사용한 것일 수는 있을지언정 객관적으로 그 표현 자체가 상대방의 사회적 가치나 평가를 저하시키는 것이라거나 그에 충분한 구체적 사실을 드러낸 것으로 보기는 어렵다 할 것이다.

평 석

이 사건에서 2심 법원은 '대머리'라는 표현은 상대방에게 불쾌감을 줄 수 있고, 또한 이는 단순한 가치 판단이나 평가 등 의견에 불과한 것이 아니라 사실을 표현한 것인데다가 이 사건에서는 거짓에 해당하기 때문에 B의 명예를 훼손할 여지가 있다고 판단하여, A의 행위를 정보통신망법 제70조 제2항 위반에 해당한다고 판단했다.

그러나 대법원은 명예훼손은 단순히 상대방이 기분 나쁘다는 등의 주관적인 감정만으로는 성립되지 않고 상대방의 사회적 가치나 평가를 저하시켜야 하는데, 이 사건 표현은 B에게 불쾌감을 줄지는 몰라도 B의 사회적 가치나 평가를 저하시켰다고 볼 수 없으며, 그러한 표현이 구체적인 사실에 관한 표현이라고 보기도 어렵다는 이유로, 정보통신망법 제70조 제2항 위반에 해당하지 않는다고 판단하였다. 다만, 형법상 모욕죄에는 해당될 수 있다는 여지를 남겼다.

이에 위 사건이 파기 환송 되어 2심 법원 재판 중에 검사는 이 사건 공소 사실의 적용 법조를 정보통신망법 제70조 제2항에서 형법 제311조(모욕)로 변경하는 공소장 변경 허가 신청을 하였고 법원은 이를 허가하였다. 그러나 위 2심 법원은 모욕죄에서 말하는 모욕이란, 사실을 적시하지 않고 사람의 사회적 평가를 저하시킬 만한 추상적 판단이나 경멸적 감정을 표현하는 것을 말하는데, '촉, 뼈꺼, 대머리'라는 표현은 사람의 사회적 평가를 저하시킬 만한 추상적 판단이나 경멸적 감정을 표현한 것으로 볼 수 없다고 보아 A의 행위는 형법상 모욕죄에도 해당하지 않는다고 판단하였고, 이에 대해 대법원도 동일한 입장이었다.

이 사건에서는 결과적으로 A가 정보통신망법(명예훼손) 및 형법(모욕)을 위반한 것이 아닌 것으로 결론이 났다. 그러나 파기 환송 전 2심 법원에서 이를 정보통신망법(명예훼손) 위반으로 인정한 점에 비추어 볼 때, 어떤 말이나 행동이 상대방의 명예훼손이나 모욕에 해당하는지 아닌지 명확히 구분하는 것은 쉬운 일이 아니기 때문에, 온라인 게임을 하는 게임 이용자들은 채팅을 할 때 자신이 하려는 말이 혹시 상대방에게 불쾌감을 줄 수 있는 말은 아닌지 생각하면서 채팅을 하는 것이 위와 같은 사건에 휘말리지 않는 가장 좋은 방법이라 생각된다.

⌂4

계정 도용에 의한 아이템 상실에 대한 게임 운영사의 책임 여부

게임을 하다 보면 계정이 도용되는 경우를 직·간접적으로 경험하게 된다. 해킹에 해당하는 계정 도용은 정당한 접근 권한 없이 또는 허용된 접근 권한을 넘어 정보통신망에 침입하는 행위로서, 정보통신망법을 위반하는 행위에 해당한다(정보통신망법 제48조 제1항 및 제71조 제1항 제9호). 이러한 계정 도용은 이용 고객의 관리 소홀이나 부주의에 의해 발생할 수도 있고, 게임 운영사의 과실에 의해서도 발생할 수 있으며, 이용 고객과 게임 운영사 둘 다의 잘못으로 발생할 수도 있다. 만일 계정 도용이 누구의 잘못으로 발생했는지 명확하게 밝혀진다면 이에 대해서는 게임 이용약관과 운영정책[101]에 따라 처리하면 되지만, 계정 도용의 귀책당사자가 명확하게 밝혀지지 않거나 이용 고객 및 게임 운영사 모두에게 계정 도용에 대한 잘못이 있는 경우에는 그 사후처리 등에 관한 책임을 누구에게 지울 것이지가 문제될 수 있다.

---

101) 게임 운영사가 원활하고 안정적으로 게임을 운영하고, 게임 내에서 발생할 수 있는 문제 상황에 대해 일관성 있게 대처하기 위해 약관에 정해진 게임 이용자의 의무위반에 대한 제재기준 등을 정한 게임 운영사의 내부규정

A는 B회사가 운영하는 온라인 게임(이하 '이 사건 게임'이라 함)을 이용하던 유료 게임 사용자인데, 그의 계정을 도용당하여 아이템들(이하 '이 사건 아이템'이라 함)을 상실했다. 이에 A는 B회사가 그에 관한 조치를 지연함으로써 이 사건 각 아이템을 상실 당하는 피해를 입었다고 주장하면서, B회사를 상대로 이 사건 아이템의 원상복구 및 위자료를 청구하는 소송을 제기하였다.

■ 이 사건 게임의 주요 이용약관 및 운영정책

○ 계정 및 비밀번호의 관리책임은 이용 고객에게 있고, 이를 소홀히 하여 발생하는 손해 또는 제3자에 의한 부정이용 등에 대한 책임은 이용 고객에게 있으며, B회사는 그에 대한 책임을 지지 않는다.

○ B회사의 잘못이 아닌 이용 고객의 관리 소홀이나 부주의로 인한 계정관리 문제가 발생되었을 시에 도움을 받지 못할 수도 있으며, 그에 따른 책임 또한 이용 고객에게 있다.

○ B회사 측의 기술상 오류로 인하여 아이템 등이 소실된 경우는 복구하도록 되어 있으나, 계정 도용으로 인해 발생된 피해는 대고객 서비스 차원에서 조사가 완료된

102) 서울고등법원 2011. 5. 12. 선고 2010나77530 판결

이후 회수 조치가 가능한 범위 내에서 처리한다.

○ 계정 도용 사건이 발생한 경우 계정 도용 신고센터를 통하여 신고하여야 한다.

○ B회사는 이용 고객으로부터 제기되는 의견이나 불만이 이용약관 및 회사의 게임 운영정책에 준거하여 정당하다고 인정될 경우에는 즉시 처리하여야 한다.

○ 서비스는 연중무휴, 1일 24시간을 원칙으로 한다.

■ B회사에게 이 사건 아이템 상실에 대한 과실이 있는지 여부(X)

A가 계정 도용 사고 당일 이를 신고했지만 사고 발생일이 일요일이라 담당직원이 근무하지 않아서 신고 즉시 조치가 이루어지지 않은 사실은 인정된다. 그러나 위 계정 도용 사고는 B회사가 보관하는 정보가 직접 누출되어 이루어진 것이 아니라 A의 관리 소홀로 인하여 발생하였을 가능성을 배제할 수 없고, B회사의 관리·감독의 범위에 이용 고객의 사정에 의한 계정 도용의 경우까지 대비하여 24시간 내내 직원이 대기하면서 신고를 처리해야 한다거나 B회사가 지배할 수 없는 영역에서 발생한 사항에 대하여 즉시 조치해야 한다고 볼 수 없다. 또한 당시 상황을 판단하여 통상의 주의를 가지고 처리하면 주의의무를 다한 것이라고 보아야 한다.

이러한 점 등에 비추어 볼 때, A의 계정 도용신고에 대한 B회사 조치가 적기에 이루어지지 못한 귀책사유로 A가 이 사건 아이템을 상실하였다고 볼 수는 없다.

평석

이 사건 법원은 A의 계정 도용이 A와 B회사 가운데 누구의 관리 잘못으로 발생했는지 명확히 알 수 없는 상황에서, ① A는 계정 도용 사건 발생 당시 고객센터에 신고했고, 담당직원의 안내를 받고 난 후에야 계정 도용신고센터에 신고했는데, 온라인 게임의 특성상 단순 고객문의와 계정 도용신고센터를 별도로 운영하는 것은 부득이한 조치로 보이는 점, ② 일부 아이템은 A가 계정 도용센터에 신고하기 전에 이미 소멸된 점, ③ 이용 고객의 개인 컴퓨터는 B회사의 지배 영역에 벗어나 있어 이에 대한 보안책임은 기본적으로 이용 고객에게 있는 점, ④ B회사가 이용 고객의 관리소홀로 발생했을 가능성이 있는 경우까지 즉시 조치해야 한다고 보기는 어려운 점, ⑤ 온라인 게임의 특성상 신고인의 주장만 믿고 정상적으로 이용할지도 모를 게임 이용자들의 계정을 즉시 정지시킬 수는 없는 점, ⑥ B회사는 회수할 수 있는 A의 이 사건 아이템은 모두 회수하여 준 점 등에 비추어, B회사에게 이 사건 계정 도용을 적기에 조치하지 못한 과실이 있다고 보기는 어렵다고 판단했다.

계정 도용은 누구의 잘못으로 발생했는지 알기 어렵기 때문에, 이용 고객들은 개인 컴퓨터 보안에 좀 더 신경을 쓸 필요가 있고, 게임 운영사의 입장에서는 계정 도용신고를 접수받으면 이용 고객의 아이템 등의 상실이 최소화될 수 있도록 최대한 신속하게 조치를 취할 필요가 있을 것이다.

⌂5⌂
게임 운영사의 게임 계정
영구 이용정지 조치의 정당성 여부

온라인 게임 등의 이용자가 게임 이용약관 및 운영정책에서 금지하고 있는 행위를 하는 경우에 게임 운영사로부터 계정 이용제한 등 일정한 제재를 받을 수 있다. 게임 운영사는 게임 이용자와 게임에 관한 이용계약을 체결할 때 게임 이용자로부터 이용약관에 대해서는 동의를 받지만, 게임 운영사의 내부규정 운영정책에 대해서는 별도의 동의를 받지는 않는다. 이러한 상황에서 게임 이용자의 행위가 게임 이용약관 및 운영정책에 위반된다는 이유로 게임 운영사가 게임 이용자에게 계정 영구 이용정지 등의 제재를 가하는 경우, 그것이 게임 이용자의 정당한 이익과 합리적인 기대에 반하는지 여부가 문제될 수 있다.

따라서 게임 운영사 입장에서는 게임 이용약관과 운영정책에서 정하고 있는 제재 수위가 적절한지, 해당 제재가 게임 이용약관과 운영정책에서 정한 내용에 따른 것인지 및 그러한 제재가 게임 이용자의 정당한 이익과 합리적인 기대에 반하는 것은 아닌지에 관해 면밀히 살펴볼 필요가 있다.

〈게임 계정 영구 이용정지 조치〉 사건[103]

A는 계정1과 계정2, 2개의 계정으로 C회사가 제공하고 있는 온라인 게임(이하 '이 사건 게임'이라고 함)을 하면서 특정 프로그램(이하 '이 사건 프로그램'이라고 함)을 사용했다는 이유로 계정2에 대해 10일간 이용제한 조치를 받은 바 있다.

그 후 A는 계정1을 B에게 대여하였다.

B는 A의 계정1 내에 있는 캐릭터로 B의 계정 내 캐릭터와 파티를 맺은 다음 이 사건 게임을 하면서 이 사건 프로그램을 사용하였다.

이에 C회사는 A의 계정1에 대해 영구 이용정지 처리했고, B의 계정에 대해서도 같은 이유로 영구 이용정지 처리했다.

A와 B(이하 이들을 통칭할 때는 'A 등'이라고 함)는 C회사의 위와 같은 제재 조치는 부당하다고 주장하면서, A의 계정1과 B의 계정에 대한 영구 이용정지 조치의 해제와 그 영구 이용정지 조치로 인하여 A 등이 입은 정신적 손해에 대한 위자료 청구소송을 제기했다.

103) 서울고등법원 2007. 6. 5. 선고 2006나20025 판결

■ 이 사건 프로그램에 관한 설명

이 사건 프로그램을 이용하면 캐릭터의 에너지가 자동적으로 보충되고, 높은 레벨의 캐릭터와 낮은 레벨의 캐릭터가 파티를 맺은 다음 이 사건 프로그램을 사용하여 높은 레벨의 캐릭터로 '파티사냥'[104]을 하면 높은 레벨의 캐릭터는 혼자 사냥하는 것보다 높은 경험치를 얻고, 낮은 레벨의 캐릭터는 조종하는 사람 없이도 자동으로 경험치를 얻는다.

■ A의 계정1과 B의 계정에 대한 C회사의 계정 영구 이용정지 조치가 부당한지 여부

 당사자들의 주장

① C회사의 운영정책은 C회사가 일방적으로 만든 것으로써 A 등이 그 운영정책에 대해 동의한 바가 없으므로, C회사는 운영정책에 근거해서 A 등에게 대해 제재를 가할 수 없다.
② C회사의 운영정책에 따르더라도, 이 사건 게임 이용자는 이 사건 프로그램을 사용하다가 1차 적발될 경우에 10일간 이용제한 조치를 받고, 2차 적발될 경우에 계정 이용정지조치를 받는데, A는 A의 계정1과 관련해서는 이 사건 프로그램을 사용하다가 적발된 것이 처음이고, B는 이 사건 프로

---

104) 둘 이상의 캐릭터가 파티를 형성하여 구성원들이 일정한 거리 내에서 함께 사냥을 다니면 한 명이 사냥을 하더라도 파티 구성원 모두의 경험치가 올라가고, 경험치도 혼자 사냥할 때보다 많이 올라가게 된다.

그램을 1회 사용했을 뿐인데, C회사가 A의 계정1과 B의 계정에 대해 각각 계정 이용정지 조치를 취한 것은 부당하다.

 법원의 판단

(1) 이 사건 게임 이용약관에 위반한 행위에 대해서 C회사의 운영정책에서 정한 제재내용에 따라 제재하는 것이 가능한 것인지 여부

이 사건 게임 이용약관에 따르면, C회사는 이용약관에 의해 게임 이용자의 계정이용에 제한을 가할 수 있다. 그러나 운영정책은 C회사가 게임 이용자의 개별적인 동의 없이 만든 것이므로, A 등과 C회사 사이의 계약 내용에 직접적으로 편입될 수는 없는 것이 원칙이다. 다만, 운영정책에서 정한 제재사유와 제재의 정도가 이용약관에 의한 계정 이용제한의 가능성 범위 내에 있고, 계약 상대방의 정당한 이익과 합리적인 기대에 부합하는 한도 내라면 제재가 허용될 수 있다.

(2) 이 사건 게임 이용약관 위반에 대한 제재가 게임 이용자를 기준으로 하는지 아니면 계정을 기준으로 하는지 여부(계정 기준)

이 사건 게임은 게임 이용자가 계정을 3개까지 보유할 수 있고, 각 계정별로 이용요금을 내며, 각 계정은 별개의 것으로 관리되는 점 등, C회사의 운영정책도 계정별 원칙으로 하고 있는 점 등을 종합하면, 게임 이용자가 이용약관 위반행위를 한 경우 그 제재는 계정을 기준으로 함이 상당하다.

(3) A의 게임 계정 영구 이용정지 조치가 부당한지 여부(부당함)

A는 A의 계정2로 이 사건 게임을 하면서 이 사건 프로그램을 사용하다가 적발되었고, B에게 A의 계정1을 대여하였는데 B가 A의 계정1을 차용하여 이 사건 게임을 하면서 이 사건 프로그램을 사용하다가 C회사에게 적발되어, C회사가 A의 계정1에 대하여 계정 영구 이용정지 조치를 취하였다.

앞서 본 바와 같이, 제재는 원칙적으로 계정을 기준하므로, A의 계정1과 관련하여 A의 이용약관 위반행위는 A의 계정1을 B에게 대여하여 계정거래를 한 것뿐이다.

그런데 계정거래는 계정의 무상 또는 유상 양도, 계정의 무상 또는 유상대여, 호의거래 또는 영업목적거래 등 계정 거래의 목적, 경위에 따라 다양한 형태가 있을 수 있는데, 이러한 다양한 형태를 무시하고 단순한 1회 계정 대여 행위에 대하여 계정 이용제한을 할 수 있고 그 계정 이용제한의 내용이 계정 영구 이용정지 조치라고 한다면 이는 계약 상대방인 A의 정당한 이익과 합리적인 기대에 반하는 내용이라 할 것이므로, C회사의 A의 계정1에 대한 계정 영구 이용정지 조치는 부당하다고 할 것이다.

따라서 C회사는 A의 계정1에 관한 영구 이용정지 조치를 해제할 의무가 있다.

(4) B의 게임계정 영구 이용정지 조치가 부당한지 여부(정당함)

이 사건 게임 이용약관에서는 이용자가 계정, 캐릭터 등을 타인에게 양도, 대여하거나 받는 행위, 이 사건 프로그램과 같은 게임의 내용에 관여하는 프로그램을 사용하는 행위 등을 각각 금지하고 있고, 이용자가 이용자의 의무 조항을 위반한 경우에는 C회사가 이용자의 계정이용에 제한을 가할 수 있다고 규정하고 있으며, 운영정책에는 C회사는 이용자의 계정거래의 경우 1차 적발 시 계정이용제한을, 이 사건 프로그램의 이용 1회 적발 시 경고조치(10일 제재), 2회 적발 시 계정이용제한을 할 수 있음과 위반사례가 중복되는 경우에 대하여는 가중 처리될 수 있음을 규정하고 있다.

B는 A로부터 A의 계정1을 차용하여 그 계정 내 캐릭터로 B 계정 내 캐릭터와 파티를 맺은 다음 이 사건 게임을 하면서 이 사건 프로그램을 하였고, 이에 따라 C회사는 B의 계정에 대하여 계정 영구 이용정지 조치를 취하였다.

B는 위와 같이 이용약관상의 불법프로그램 사용금지조항을 위반한 외에, A의 계정1을 차용하여 이 사건 프로그램을 사용한 것으로 약관에서 금지하고 있는 사항을 중복하여 위반하였는데, 이러한 B의 행위는 제재의 필요성이 큰 점 등을 고려하면, C회사가 B의 계정에 대하여 영구 이용정지 조치를 취한 것은 B의 정당한 이익과 합리적인 기대에 반하지 않는다고 할 것이다.

이 사건은 C회사가 A 등의 이용약관 위반에 대하여 A의 계정1과 B의 계정에 대해 각각 계정 영구 이용정지 조치를 취한 것이 A 등의 정당한 이익과 합리적인 기대에 반하는 것인지 여부가 쟁점이 된 사건이었다.

법원은 이용약관 위반에 관한 구체적인 제재는 C회사가 A 등으로부터 동의를 받지 않고 만든 운영정책에서 정하고 있는 것이긴 하지만, 위 운영정책에서 정한 제재사유와 제재의 정도가 이용약관에 의한 계정 이용제한의 가능성 범위 내에 있고, 게임 이용자의 정당한 이익과 합리적인 기대에 부합하는 한도 내에 있다면 제재가 허용될 수 있다고 판단하였다.

법원은 A의 계정1과 B의 계정에 대한 계정 영구 이용정지 조치의 정당성 여부에 관해 구체적인 판단을 하기에 앞서, C회사의 이용약관의 위반에 대한 제재가 게임 이용자를 기준으로 하는 것인지 아니면 계정을 기준으로 하는 것인지를 살펴보았는데, 그 이유는 어떤 것을 기준으로 하느냐에 따라 제재의 정도가 달라질 수 있기 때문이라고 할 수 있다. 예를 들어 계정을 3개 보유하고 있는 이용자가 각 계정별로 각각 1회씩 이 사건 게임 이용약관을 위반한 경우에, 게임 이용자를 기준으로 하면 3회 위반한 것이지만, 계정을 기준으로 하면 계정별로 각 1회씩만 위반한 것이다. 이에 대해 법원은 계정을 기준으로 봄이 상당하다고 판단하였다.

이를 바탕으로, A의 계정1과 B의 계정에 대한 계정 영구 이용정지 조치의 정당성 여부를 살펴보면 다음과 같다.

A의 경우, 비록 A가 A의 계정1에 관한 계정 영구 이용정지 조치를 받기 전에 10일간 이용제한 조치를 받긴 했지만, 이는 A의 계정2와 관련된 것이고, 이용약관 위반에 대한 제재는 게임 이용자가 아닌 계정을 기준을 한다고 보았으므로, A의 계정1과 관련된 이용약관의 위반행위는 계정1을 B에게 대여한 것밖에는 없다. 그런데 C회사는 이용약관에 계정의 대여에 대해 그 다양한 형태를 무시하고 단지 1회만 계정을 대여하더라도 계정 이용제한을 할 수 있도록 규정하고 있고, 그러한 계정 이용제한의 내용이 계정 영구 이용정지 조치라고 해서 A의 계정1에 대해 계정 영구 이용정지 조치를 취한 것이라면, 이는 A의 정당한 이익과 합리적인 기대에 반하는 제재로써 부당한 것이라는 것이 법원의 판단이다.

그러나 B의 경우는 A의 계정1을 차용하고, 이 사건 프로그램까지 이용하였기 때문에 이 사건 게임 이용약관을 2회 위반한 것이고, 위반사례가 중복되는 경우에는 가중처리가 가능한 C회사의 운영정책에 비추어, 법원은 C회사가 B의 계정에 대하여 계정 영구 이용정지 조치를 취한 것은 B의 정당한 이익과 합리적인 기대에 반하는 것은 아니라고 판단한 것이다.